现代公共关系学

XIANDAI GONGGONG GUANXIXUE

（第六版）

张荷英◎编　著

首都经济贸易大学出版社
Capital University of Economics and Business Press
·北　京·

图书在版编目(CIP)数据

现代公共关系学/张荷英编著. —6 版. —北京:首都经济贸易大学出版社,2017.7

ISBN 978 - 7 - 5638 - 2650 - 6

Ⅰ.①现… Ⅱ.①张… Ⅲ.①公共关系学—教材 Ⅳ.①C912.31

中国版本图书馆 CIP 数据核字(2017)第 115060 号

现代公共关系学(第六版)
张荷英　编著

责任编辑　刘　欢
封面设计　砚祥志远·激光照排 TEL: 010-65976003
出版发行　首都经济贸易大学出版社
地　　址　北京市朝阳区红庙(邮编 100026)
电　　话　(010)65976483　65065761　65071505(传真)
网　　址　http://www.sjmcb.com
E - mail　publish@cueb.edu.cn
经　　销　全国新华书店
照　　排　北京砚祥志远激光照排技术有限公司
印　　刷　北京九州迅驰传媒文化有限公司
开　　本　880 毫米×1230 毫米　1/32
字　　数　320 千字
印　　张　12.5
版　　次　1996 年 10 月第 1 版　**2017 年 7 月第 6 版**
2021 年 3 月总第 25 次印刷
书　　号　ISBN 987 - 7 - 5638 - 2650 - 6/C·133
定　　价　28.00 元

第六版前言

非常感谢广大读者对本书的厚爱。

从本书的出版到刚刚修订完稿的第6版，已过去了整整20年。在这20年中，本书多次再版、多次印刷，也在不断地调整、完善。今天，修订完成的第6版又将与读者见面了。

在使用过程中，发现了一些问题，如文字疏漏、用词不准确、资料陈旧、一些内容还需更新等。第6版对这些问题进行了修改与调整。

在修订过程中，作者参阅了大量国内外的著作和文章，并引用了其中的一些资料，在此谨向有关作者深表谢意。

由于作者水平有限，书中纰缪、疏漏之处在所难免，敬请前辈专家和读者批评指正。

本书的出版发行一直得到首都经济贸易大学出版社的大力支持，特别是责任编辑对本书的修订提出了许多宝贵的意见，付出了辛勤的劳动，在此一并表示衷心的感谢。

张荷英

2016年3月于北京

目录

第一章

公共关系概述

本章所述内容起一个入门作用，主要介绍公共关系的基本概念，公共关系的产生条件，公共关系学研究的对象、范围和方法，公共关系与其他相近事物的比较。

第一节 公共关系的基本概念

一、什么是公共关系

公共关系一词源于美国，译自英文 Public Relations，英文缩写为 PR。它被译为“公众关系”，或被简称为“公关”。

1. 公共关系概念的双重含义

由于社会的分工，任何一个社会组织想生存，必然要同周围的其他组织和个人发生联系，形成某种社会关系，这种社会关系可以被称作公共关系。

公共关系中的“公共”一词是相对于“私人”而言的。它表明，公共关系主要是处理组织与组织、组织与公众之间的社会关系，而不是一般的私人关系。

就公共关系本身的内涵而言，这个范畴包含双重含义：

(1)公共关系是一种客观状态。它具有如下特点：

第一，它不以人的主观设想为转移，其本性是一种客观状态，具有客观性。

第二，它是一种既有的现象，同时也是一种正在发生、发展的现象，既有既成性又有发展性。

第三，它既可以处于尚未被人们自觉意识的状态中，也可以处于已被人们认识并加以利用的状态中；既可能是自发的，也可能是自觉的。

确认公共关系是一种客观状态，将使我们认识到研究公共关系的必要性和依据。事实上，任何社会组织都是某种公共关系的产物，离开了公共关系这种客观状态，便不会有社会组织生存和发展的可能。但是，公共关系的实际意义还在于它成为一种活动之后。

(2)公共关系是一种活动。当一个社会组织自觉认识到自身处在公共关系这种客观状态中，并根据自身的实践需要去采取措施改善这种状态时，便出现了公共关系活动。公共关系是一种活动，具有特定的内涵：它只是社会组织自觉改善自身公共关系状态的行为。这种活动具有如下特点：

第一，目的性。任何公共关系活动都有明确的目标——通过实践去建立良好的公共关系状态。

第二，技术性。任何公共关系活动都要依赖一定的手段，通过特定的活动方式去进行，方能实现自己所追求的目标。

第三，团体性。任何公共关系活动都以结成团体的社会组织为主体，以一定的组织机构为支点，去开展对其他社会组织和个人的工作。

可以看出，一方面，公共关系作为一种活动，它的发生基础还在于公共关系状态，状态在先，活动在后，没有公共关系的客观状态，就不会发生公共关系活动；另一方面，公共关系状态的存在又必然产生公共关系活动，这体现的是人类社会由必然王国走向自由王国的过程。

2. 公共关系的定义

关于公共关系的定义，国内外公关学者没有一个公认的统一的标准，仁者见仁，智者见智，众说纷纭。我们列举国内外流行的几种公共关系的定义，通过不同定义所强调的侧面，可以看到公共关系的多维实质。

(1)美英公共关系学会、协会和国际公共关系协会所下的定义。

美国公共关系学会所下的四个定义：

其一，“公共关系是企业管理机构经过自我检讨与改进后，将其态度公诸社会，借以获得顾客、员工及社会的好感和了解这样一种经常不断的工作。”

其二，“首先，公共关系是一个人或一个组织为获取大众的信任与好感，借以迎合大众的兴趣而调整其政策与服务方针的一种经常不断的工作。其次，公共关系是将此种已调整的政策与服务方针加以说明，以获得大众了解与欢迎的一种工作。”

其三，“公共关系是一种技术，此种技术在于激发大众对于任何一个人或一个组织的了解而对之发生信任。”

其四，“公共关系是工商管理机构用以测验大众态度，检查本企业的政策与服务方针是否得到大众的了解与欢迎的一种职能。”

英国公共关系协会所下的定义：“公共关系是实施一种积极的、有计划的以及持久的努力，以建立及维护一个机构与其公众之间的相互了解。”

国际公共关系协会所下的定义：“公共关系是分析趋势，预测结果，为组织领导提供决策咨询，执行既有利于组织又有利于公众的行动计划的艺术和科学。”

(2)大型辞书上的定义。

《韦伯斯20世纪新辞典》的定义：“公共关系，通过宣传与一般公众建立的关系；公司、组织或军事机构等向公众报告它的活动、政策等情况，企图建立有利的公众舆论的职能。”

《大英百科全书》的定义：“公共关系是旨在传递有关个人、公司、政府机构或其他组织的信息，并改善公众对其态度的种种政策或行动。”

(3)一些著名学者所下的定义。

斯科特·卡特李普和阿伦·森特在他们合著的《实用公共关系学》中所下的定义:“公共关系是一种通过优良的品格和负责的行为来影响公众舆论的有计划的努力,它建立在双方满意的双向交流的基础上。”

莱克斯·哈罗博士在分析了472个公共关系定义后提出:“公共关系是一种特殊的管理功能。它在一个组织及其公众之间建立并保持双向的传播、谅解、接受与合作;它参与处理各种问题与矛盾;它帮助管理部门及时了解舆论并做出反应;它明确和强调管理部门为公众利益服务的责任;它帮助管理部门随时掌握并有效地利用变化的形势,帮助预测发展趋势,以建立早期警报系统;它以研究方法和健全的、正当的传播技术为主要工具。”

弗兰克·杰弗金斯在他撰写的《公共关系学》一书中提出:“公共关系就是一个组织为了达到与它的公众之间相互了解的确定目标,而有计划地采用一切向内和向外的传播方式的总和。”

(4)中国学者所下的定义。

居延安所著《公共关系学导论》中的定义:“公共关系是一个社会组织用传播手段使自己与公众相互了解和相互适应的一种活动或职能。”

毛经权主编的《公共关系学》中的定义:“公共关系是一个组织运用各种传播手段,在组织与社会公众之间建立相互了解和依赖的关系,并通过双向的信息交流,在社会公众中树立良好的形象和声誉,以取得理解、支持和合作,从而有利于促进组织本身目标的实现。”

方宏进所著的《公共关系原理》一书认为,没有必要在众多的公共关系定义之外再重编一个定义,但提出了定义式的对公共关系的四个方面的理解,“目的:争取公众的理解与支持;作用:发挥管理的职能；工作方式：有计划的主动行动；具体工作：对话与交流等双向沟通。”

上述公共关系定义没有哪两条是完全重合的，它们各有侧重。归纳起来，我们基本上可以从中看出公共关系的本质、任务、职能、目标和基本精神，从而得出一个理想的公共关系的全貌。

第一，公共关系在本质上是一个组织借助传播手段开展的一种管理活动。

第二，公共关系的任务是协调一个组织和它的各类公众之间的关系。

第三，公共关系的职能是在收集信息的基础上，评估一个组织实施的政策和行为在公众中产生的影响，进而提出公共关系活动的具体目标和计划，通过传播沟通的实践活动将其目标和计划付诸实施，最后通过收集反馈信息，对下一步新的行动进行设计。

第四，公共关系的目标是为组织树立良好形象，获得内外公众的信任与支持，创造最佳的社会环境。

第五，公共关系的基本精神是诚实、开放、互惠互利。

根据上述认识，我们这样给公共关系下定义：公共关系是一个社会组织用传播的手段使自己与公众之间形成双向交流，使双方达到相互了解和相互适应的管理活动。这个定义反映了公共关系的三个本质特征：公共关系是一种“公众”关系；公共关系是一种传播活动；公共关系是一种管理职能。

二、公共关系的构成要素

公共关系由社会组织、公众、传播三大要素构成。

社会组织是指各种政治组织、经济组织、军事组织、文化团体及民间组织等具体机构。社会组织可以发起和从事公共关系活动，是公共关系的主体。

公众是指与公共关系主体发生相互作用的，其成员面临着某种共同问题、共同利益的社会群体。公众对社会组织的生存、发展具有实际的或潜在的利害关系。社会组织的公共关系活动，就是要与这些有关公众搞好关系，它们是公共关系活动的对象，是公共关系的客体。

传播是指社会组织为了达到某个目标而运用现代化大众传播媒体和传播工具与公众进行信息、思想和观念传递的过程。传播手段是沟通联络公共关系主客体的中介和桥梁。

社会组织、公众、传播这三个要素存在于同一个社会环境中，并构成了公共关系，如图 1－1 所示。

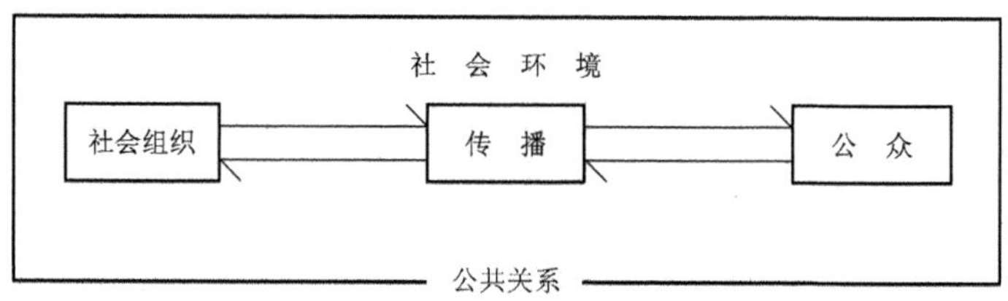

图 1－1 公共关系结构图

三、公众及其分类

1. 什么是公众

公众是公共关系学中最基本的概念之一。公共关系学所指的"公众"与我国传统意义上的"公众"的含义有所不同，它不是指群众、老百姓，也不是指社会上的大多数人，而应具体地称为"组织的公众"。其特定含义是：任何因面临某个共同问题而与一个社会组织发生相互作用的社会群体。这个定义涉及公众的四个基本特点：同质性、群体性、互动性和可变性。

(1)同质性。公众是由于共同的问题而形成的，这些问题对公众的成员产生了很大的影响，使得原本不属于某一社会群体和社会组织的若干人，成为一个组织的公众。一个组织可能同时出现许多问题，从而涉及各种不同的公众，形成若干类不同质的公众。这些不同质的公众是相对不同问题而言的，而由某一问题所涉及的公众，其本身却是同质的。

(2)群体性。公共关系的“公众”是个体的集合，由组织的行为所涉及的公众是以群体的形式出现的。这种集合有三种具体表现形式：社会组织、初级社会群体组合和其他群体组合。

社会组织是公共关系的主体，但社会组织也可以成为公共关系的客体，可以被当作“公众”来对待。因此，社会组织是公共关系要处理的第一类群体关系。

初级社会群体组合。初级社会群体是由面对面的交往而形成的、具有亲密人际关系的群体，如家庭、邻里。如果出现了轮船失事之类的事故，受难者家属会自然地组合起来，成为公共关系的工作对象。

其他群体组合指的是面临着相同问题，但不能归入社会组织或初级社会群体组合的人群集合体。如商店里的顾客，同一架飞机、同一列火车上的乘客，也可以构成公共关系的工作对象。

(3)互动性。公众和组织之间呈互动状态。公众的意见和行动对组织的目标、发展具有影响力和制约力；反之，该组织的目标、行动对公众所面临的共同问题的解决也具有影响力和制约力。

(4)可变性。公共关系要处理的公众始终处于变化之中。今天是某个组织要处理的公众，明天可能就不是了。由于公众的形成取决于共同问题的出现，因此一旦问题解决，公共关系意义上的公众就不复存在了。而且公众也会随着组织的目标和行为的变化而变化，更不必说在数量上的变化了。

2. 公众的分类

公众的分类是一个重要的问题，可以从不同的角度去划分。各种不同的划分方法对公关人员开展工作都有一定的实际意义。

(1)根据公众与组织的所属关系，可以将公众划分为内部公众和外部公众。

内部公众是指组织内部的各类成员，如企业中的员工、股东等。外部公众是指组织外围的公众，如企业面临的顾客、原料供应商、产品经销商、政府部门、同行企业、新闻界等。

（2）根据公众对组织的不同态度，可以将公众划分为顺意公众、逆意公众和独立公众。

顺意公众是指对组织的政策和行为持同意态度并积极支持的公众。对顺意公众，公关人员需经常与他们沟通联系，争取他们对组织的继续支持。逆意公众是指对组织的政策和行为持否定态度的公众。对逆意公众，公关人员应慎重对待，对他们对组织的看法要冷静、客观地进行分析，通过有效的工作，使其逐步转变对组织的态度。独立公众是指对组织的政策和行为持不明朗态度，既不明确赞同，也不明确反对的公众。对独立公众，公关人员应高度重视，要将其作为工作的重点，争取使其逐渐转变成为顺意公众。

（3）根据公众对组织的重要性不同，可以将公众划分为首要公众、次要公众和边缘公众。

首要公众是指对组织的生存和发展起决定作用的公众。对组织的生存和发展虽有一些影响，但不起决定作用的公众称为次要公众。边缘公众是指与组织有关系，但又不是首要公众和次要公众的公众。对于公关人员来说，应将主要精力用来沟通首要公众，把他们作为工作重点，对次要公众也不应忽视。在一般情况下，首要公众数量不一定多，而次要公众是比较多的。在公关工作中，要把主要精力用在占公众人数比例较少的首要公众身上，要投入大部分人力、财力、物力维持和改善同他们的关系。

（4）根据组织对公众的态度，可以将公众划分为受欢迎的公众、被追求的公众和不受欢迎的公众。

受欢迎的公众是指那些和组织两厢情愿的公众。这些公众主动地表示对组织的兴趣，而组织对他们也非常重视，如股东、赞助者等。被追求的公众，即组织对其一厢情愿的公众，如新闻机构。对于组织追求的公众，要采取积极的公关活动去争取，但要注意方式方法。不受欢迎的公众，指组织力图躲避的公众，如索取赞助费的团体。对不受欢迎的公众可以采取回避的办法，与其保持适当距离，不必闹得沸沸扬扬。

(5)把公众作为一个过程来划分，可以将公众划分为非公众、潜在公众、知晓公众和行动公众。

非公众是指对组织不产生影响，也不受组织影响的公众。区分这类公众可以减少公关工作的盲目性，增强针对性。非公众有可能发展成潜在公众。潜在公众是指组织的目标和行为已影响到这些公众，而其本身尚未意识到。潜在公众在一定时期内，至少在意识到他们面临的问题之前，不会采取行动，他们对组织的影响力只是潜在的。在公关工作中及时发现潜在公众可以"防患于未然"。知晓公众是由潜在公众发展而来的，是指这些公众不仅面临着同一问题，并且已经意识到问题的存在。知晓公众一旦形成，他们就会急切地想了解问题的真相、原因和解决的方法。在公关工作中，能否以积极的态度、正确的方法对知晓公众开展公关活动，关系到公关工作的及时性，往往是成败的关键。行动公众是由知晓公众发展而来，是对组织的影响已做出反应，并且准备采取行动和正在采取行动的公众。行动公众的形成可以对组织的生存发展构成直接威胁，对他们开展公关工作难度很大。

确定公众并对公众进行分类的意义在于：

第一，可以使公关人员明确工作对象，认清主攻方向，抓住主要矛盾，从而为有针对性地开展公关活动提供先决条件。

第二，能使公关人员根据各类公众的不同特点选择有效的传播方式进行沟通，从而保证公关工作有较高的效率和较好的效果。

四、公共关系实务

通过对公共关系概念的学习，我们知道公共关系是一种客观状态，任何组织都有公共关系，都是处于一定的公关状态中的。有的组织公关状态较好，有的则较差。要想维持或改变这种公关状态，使好的更好，较差的变好，就必须进行一系列的工作（或开展一系列的活动），这些工作（或活动）就称为公共关系实务。

公共关系实务是指组织为获得良好的公关状态所进行的一系列工作（或开展的一系列活动）。

我们通常所说的要搞好公关，实际上就是要通过公关工作（或活动）使组织获得一个良好的公关状态。

公共关系实务包括的内容非常广泛，但从本质上讲它是一种双向沟通工作。就是说，在有关系的两个组织之间必须有对话和交流，才能建立起一种良好的相互关系。这种对话和交流的过程，也是信息的传播过程，即沟通的过程。

通过沟通，组织为公众提供各种信息。我们生活在信息时代，信息对组织生存和发展至关重要。很多社会组织（或个人）都感觉到，他们常常得不到他人公正的评价和了解，而改变这种状况最好的办法就是主动沟通。社会组织应主动地向公众提供组织运作的各种信息，让公众了解组织，认可组织，信任组织，支持组织。因此，沟通是社会组织与公众联系的纽带和桥梁，是社会组织开展公关工作的重要手段，对建立和维护组织形象起着非常重要的作用。

吉姆·麦克纳马拉（Jim Macnamara）在他所著的《管理者公共关系手册》一书中指出："对很多机构而言，要么有组织地相互沟通，要么走向毁灭，情况就是这样。公共关系是策划和实施沟通策略的过程，这些沟通策略确定并强调了重点公众的信息需求。公共关系也不能做无米之炊。"

对公共关系实务的理解，还应从以下四个方面把握：

目的:争取公众的理解、支持,树立组织的良好形象;
作用:发挥管理的功能;
工作方式:有计划地主动行动;
具体工作:对话与交流的双向沟通。

五、公共关系学

公共关系与公共关系学是两个不同的概念。公共关系是一种社会存在,是客观存在的一种关系;而公共关系学是一门新兴的学科。这两个概念在使用时要注意区别。

公共关系学是专门研究社会组织和与其相关的公众相互作用、相互协调、彼此合作的规律性及工作技法的一门科学。

第二节　公共关系学研究的对象、范围和方法

一、公共关系学的研究对象

任何一门科学,都有自己独立的研究对象,而且是客观的、带有规律性的。公共关系学作为一门科学,也应有自己的、带有客观规律性的研究对象。那么,它的研究对象究竟是什么呢?

公共关系学的研究对象实际上包含在它的定义中,就是研究社会组织与其相关公众的关系的规律及各种公关活动的技巧。具体讲,它包括四个方面的内容:

第一,研究各种具体的“公众”关系,如员工关系、股东关系、政府关系、媒介关系、顾客关系、社区关系等。

第二,研究社会组织与公众之间的信息传播规律,如研究信息传播的原理、信息传播的形式、信息传播的机制及传播的技巧、信息传播体系等。

第三,研究公共关系作为社会组织的管理职能的种种规律,如

帮助组织建立并维持与公众之间的交流、理解、认可、合作，帮助管理部门了解民意，使公关工作本身具有目的性、计划性、连续性等。

第四，研究公关活动及其策划、实施的艺术与方法，如确立公关的目标、制定公关工作的程序、进行公关谈判、策划公关广告、撰写新闻稿件等。

二、公共关系学的研究范围

公共关系学的研究范围是由历史、理论、应用三部分组成的。

公共关系的历史研究，主要是研究公共关系是如何产生、如何发展的。目的是从历史的变迁中了解公共关系是如何随着社会的进步、环境的变化而改变自己的工作内容、工作重心和工作策略的，了解哪些做法应予坚持，哪些做法应予修改，哪些做法应予抛弃，以便探索、掌握公共关系的发展规律。

公共关系的理论研究可分为基础理论研究和核心理论研究。公共关系学是一门综合性的交叉边缘学科，它涉及社会学、心理学、广告学、传播学、管理学、市场学、舆论学、新闻学、伦理学、民俗学等。因此，这些学科的许多理论就构成了公共关系学的基础理论部分，它虽然不是公共关系学理论“本身”，但却是公共关系学必须加以研究，公关从业人员必须予以掌握的。例如：公共关系学要研究一个社会组织与环境之间的关系，研究组织本身如何自觉地与环境相适应、相协调，这就需要有社会学、环境学的理论；在公关工作中与人打交道，要了解人的心理，这就需要介入心理学的概念和理论；公关工作在营销上有非常重要的作用，这就需要市场学的理论……公共关系学的综合性、交叉性、边缘性，决定了它的基础理论的广阔性，学科知识的广博性。公共关系学的基础理论是其创立的理论基础。公共关系学的核心理论就是紧紧围绕公共关系学这门学科的核心而提出的理论。它的核心理论部分比较狭窄，内核较小，但却反映了该学科的质的规定性，如研究公共关系的构成要素及工作过程、方法，考察公共关系的地位、职能、基本原则等，是紧紧围绕公共关系本身的理论体系及其结构进行的。

公共关系学的应用部分内容最为丰富，主要研究如何应用公共关系学的原理去指导实践，以提高公关活动的效果，达到公关活动的目标。应用部分的内容包括如何制定公关目标、活动的程序、具体内容及组织方法与技巧等。公共关系学是一门应用性强的学科，它注重实践。公共关系学所有的原理、技能、工作方法等都是从实践中总结出来又被应用于实践中去的。当今国际、国内流传较广的公共关系学著作大多也是以应用研究为重点展开讨论和阐述的。

三、公共关系学的研究方法

明确了公共关系学的学科性质，我们再来探讨公共关系学的研究方法。也正是公共关系学的学科性质，才决定了公共关系学的研究方法。在对公共关系学的研究中，掌握科学的研究方法很重要。巴甫洛夫曾说过：关于方法的问题，乃是一个重要的问题——方法是首要的、基本的东西。研究的关键决定于方法和进行的方式。一切事情都在于有好的方法，在有好的方法时，才能不大的人，也能做出许多事情，而在没有好的方法时，即或是有天才的人来工作，也是徒劳无益的，得不到有价值的成果。

公共关系学的一般研究方法有以下几种。

1. 辩证唯物主义和历史唯物主义的方法

第一，坚持用全面的观点看待公共关系中的现象和问题，防止任何主观片面性。因为公共关系现象是多方面的，在了解它时，一定要一分为二，既要看到它的有利一面，也要看到它的不利一面，对一件事物，既要看到它的长处，也要看到它的短处，要全面地分析，实事求是地分析。

第二，要用普遍联系的观点来分析各种公共关系现象。因为公共关系现象不是孤立的，它们是普遍联系的，它们之间都具有直接或间接的联系。所以，要随时注意从事物现象内在的、普遍的联系去观察问题，分析各种公共关系现象，切忌用孤立的观点去观察、去分析。

第三，要用发展变化的观点来分析公共关系现象。因为公共关系学所研究的客体——公众——是不断变化的，组织与公众的关系在不同的历史阶段以及不同的经济发展时期不一样。另外，公共关系学所研究的对象将随着经济关系的变化而调整，公共关系学的内容也将随着实践的发展而不断丰富和完善。因此，这些动态变化要求我们必须用发展变化的观点去分析，否则，对这门学科的认识就不可能深化。

第四，要抓住公共关系现象中的主要问题或问题的主要方面。因为大量的公共关系现象是纷繁复杂、错综交织的，如果主次不分，胡子眉毛一把抓，用大量次要的东西掩盖主要的东西，只研究细枝末节，而丢掉主要的东西，就抓不住问题的关键。

2. 定性与定量相结合的方法

公共关系学的学科性质（社会科学）决定它采用的方法主要是定性分析，但由于它有管理功能，现代化管理要求对管理对象从定性分析提高到定量分析，这就要求我们采用科学的手段和工具，对分析对象做出精确的度量，这样才能使我们对客观事物的认识更加深化和精确，才能预见某些现象发生变动的结果。因此，定性分析不能脱离定量分析，两者必须有机地结合起来。

3. 调查的方法

公共关系学离不开调查。公关计划和对策的制定，有赖于调查，确定组织即将面临的变化和问题，也需要调查。具体地说，组织在公众中的形象如何，组织需要调查了解，以便组织确定问题，为公共关系工作指明方向。同时，公共关系作为一种顺从民意、引导民意、影响民意的工作，必须以了解民意为基础，因而也需要运用调查的方法。参加社会实践，开展公共关系调查，这也是理论联系实际的一条重要途径，因为公共关系学是一门应用性学科，实践性很强。当然，调查研究也是我们党一贯倡导的科学方法。在调查过程中，既要有广泛的社会调查（全面调查），也要有典型的个案调查（重点调查）。通过调查，系统、详细、周密地占有第一手资料，特别是要找出组织还存在哪些问题，然后把组织存在的问题做静态和动态分析，通过分析研究，加工整理，寻求公共关系现象的内在联系和各种事件的本质，弄清需要认识的对象或需要解决的问题，找出它们发生、发展和变化的规律。

4. 抽象的方法

从具体到抽象，再从抽象到具体，这是一种重要的逻辑思维方法。研究公共关系学，要全面了解公共关系现象，掌握各种必要的统计数据，在此基础上进行理论分析，科学抽象，去粗取精，去伪存真，才能得出科学的结论。然后把这种结论带回到实践中去检验，逐步探索出它的规律性。

5. 观察的方法

所谓观察的方法，就是运用人的视觉器官，按照一定的科学程序和规则，有目的地对正在发生的社会现象进行系统的观察，从中得出正确结论的一种科学研究方法。这种方法，所得结论真实可靠，既能直观、生动地反映公共关系现象，又能感受人们的思想感情；既能及时反映社会领域中的许多现象，又能充分发挥观察者个人的主动性、能动性。

6. 比较的方法

所谓比较的方法，就是对事物发展过程中的异同点进行比较的一种基本的逻辑思维方法。有比较才有鉴别。将公共关系学与其相关的学科，如市场营销学、管理学、传播学、行为科学、心理学、人际关系学、广告学等相比较，找出它们的相同点与不同点，可以从公共关系学与相关学科的比较中认识、掌握公共关系学的本质特点和自身规律。研究当代中国的公共关系，应该同中国传统的交往观念比较，看看有哪些是合理的，有生命力的，应当继承弘扬；哪些是保守的、落后的，应当坚决抛弃。因为，传统的交往观念会影响人的思维方式和心理状态，当然也就影响当代公共关系学的发展。只有通过历史与现实的对比研究，才能完善和发展符合当代中国特点的公共关系学。同时，在公共关系活动中，通过对各种公共关系现象进行比较、分析，可以揭示出这些现象后面的本质，以便采取正确的公关决策。

7. 综合的方法

最后，还必须运用综合的方法。由于公共关系学是一门综合性的学科，理论间的相互渗透、相互交叉、相互影响，使单一的研究方法不能适应学科发展的需要，必须运用综合的研究方法，才能使这门学科的研究更加深入。

第三节　公共关系的起源与发展

一、公共关系的起源

公共关系的源头到底在哪里？究竟起于何时？目前大致有三种不同的观点。

第一种观点认为，公共关系在远古时代就出现了。1985 年版的《简明不列颠百科全书》公共关系条目中指出："公共关系这一名词是在 20 世纪创造使用的，而公共关系的历史却和人类相互交往一样悠久。"弗雷特里克·惠特尼在《社会的大众媒介与大众传播》一书中说："公共关系开始于古希腊，在那里诗人即公共关系人员。有韵律的诗歌便于记忆也便于流传。"有钱的王公贵族为了树立自己的形象，便雇诗人给他们写赞美诗。在古希腊，用诗歌操纵舆论的做法是很普遍的。

罗马第一个运用公共关系的著名人物是恺撒。他被派往高卢去统帅军队，在罗马军团进军途中，他派人把他和军队的情况写成报告送往罗马。这些报告使用人民的语言，十分生动，常常在罗马广场被人们传诵。当他带领胜利的军队返回罗马以后，人民拥护他做了皇帝。

约翰·马斯特在《公共关系的实质》一书中，也把公共关系的渊源上溯到古希腊的演说家："他们认真仔细地钻研演讲的技巧和写作方法，能够把他们那些有经验的对手驳得哑口无言，从而在投票选举会左右局势。"

弗雷齐尔·穆尔等人合著的《公共关系学》一书提出："公共关系在今天看来是20世纪美国的一种特有的现象，但是，实际上，它的起源可以一直追溯到文明的开端。当代社会中公共关系的基本要素——告诉人们、说服人们、使人们结为整体——也是人类最古老社会中的基本要素。"

第二种观点认为，公共关系在我国4 000多年之前的原始社会就出现了。在原始社会，部落联盟的首领们在遇有重大事务进行决策时，要"咨四岳"，即召开部落联盟首脑会议，沟通信息，协调关系，统一认识。

大禹为了治水，"合诸侯于涂山"，通过会议使大多数部落首领认识到治水是为了各部落的共同利益，得到了大家的支持。大禹治水的成功是我国历史上公共关系的巨大功绩。

在公共关系实践方面，史书上的记载更是琳琅满目，俯拾即是。如《荀子·王制》有"水则载舟，水则覆舟"的论述，把政权组织对公众的依赖关系讲得形象而深刻。《孟子·公孙丑下》有"天时不如地利，地利不如人和"之说，把"人和"摆在克敌制胜诸多条件的首要位置上，突出了"和"在社会组织公共关系中的重要作用。《孟子·离娄上》提出："桀纣之失天下也，失其民也。失其民者，失其心也。得天下有道：得其民，斯得天下矣。"孟子在这里提出的"得人心者得天下"的论断，为政权组织的公共关系原理确定了基本的核心,成为政权组织和一切社会组织开展公共关系工作的出发点和归宿。诸如此类的例子举不胜举,公共关系的源头应在于此。

第三种观点是大家普遍接受的,即公共关系的前身是19世纪初在美国风行起来的各种组织的报刊宣传活动,这是公共关系的源头。

所谓报刊宣传活动,是指某一组织所雇用的人员为了本组织的利益在报刊上所进行的宣传活动。

19世纪30年代,在美国由《纽约太阳报》领头掀起了一场便士报运动。所谓便士报,就是用一便士(一美分)就能买到的报纸。由于报纸的售价很低,成为一般社会大众可以购买阅读的读物,实现了报纸的大众化。便士报运动的开展,给那些急于宣传自己、为自己制造神话的公司、组织以可乘之机。当时最有代表性的人物就是菲尼斯·巴纳姆。

菲尼斯·巴纳姆是经营马戏团生意的,他利用报刊为自己的马戏团编造了许多离奇的故事。例如:称马戏团里有一个名叫海斯的黑人女奴,100多年前养育过美国第一位总统乔治·华盛顿;马戏团里有一矮小的汤姆将军,他当年曾率领一批侏儒,赶着矮种马拉的车去觐见维多利亚女皇等。于是人们抱着好奇心争相阅读有关海斯、汤姆等的荒诞故事。菲尼斯·巴纳姆每周通过报纸宣传使马戏团获得1 500美元的巨额收入。我们现在来看,菲尼斯·巴纳姆的所作所为是很不光彩的,同真正的公共关系相差甚远,但菲尼斯·巴纳姆的做法却为很多对公关了解不深的人所误用。菲尼斯·巴纳姆作为一个为赢利而滥用现代传播手段的典型,对于现代公共关系的产生客观上起了一定的促进作用。因此,有人认为现代意义的公共关系的源头在于此。

二、公共关系的产生与发展

1. 公共关系的产生

1903年,美国记者艾维·李在美国开办了第一家正式的公共关系事务所，标志着现代公共关系的问世。他被奉为“公共关系之父”。

19 世纪下半叶，美国经济由自由竞争走向垄断集中，美国 3/5 的经济命脉都掌握在垄断巨头手中。这些巨头们采用种种卑劣手段积累财富，根本不考虑社会大众的利益和需要，引起了社会大众的强烈不满。在新闻界，一批受过正规教育的年轻人加入到记者的行列中，他们追求社会的公正与平等。在一段时间内，他们专门搜集、报道工商巨头们的丑闻，揭露巨头们的不法行径和不道德的商业活动，形成了现代新闻史上著名的“揭丑”运动。从 1903 年到 1912 年，有 2 000 多篇揭露企业丑闻和阴暗面的文章发表，使得一些大公司声名狼藉，难以维持，一些具有远见卓识的企业家，开始意识到能否得到社会公众的支持，是一个企业生存的关键。他们纷纷向新闻界请教，希望他们帮助企业宣传自己的形象，求得公众谅解。于是，向社会传递信息、沟通企业与公众之间联系的公共关系应运而生。

真正使公共关系成为一门职业并获得社会广泛承认的，应是艾维·李。艾维·李是佐治亚州一个牧师的儿子，在普林斯顿大学毕业后进入新闻界工作，曾是《纽约日报》《纽约时报》和《纽约世界报》的记者。他是第一个提出“说真话”的宣传思想和第一位提供公关职业服务的人。1903 年，他辞去记者的工作，自己成立了一个宣传事务所，专门为客户提供公关咨询和传播服务，协助客户建立和维持与公众的良好关系，并收取一定费用。

艾维·李的公共关系宣传思想集中地反映在他于 1905 年向新闻界发表的《原则宣言》中。他声称：“我们所做的一切，都是公开的。我们的计划是坦白和公开地代表企业单位及公众组织，对与公众有影响且为公众关注的问题向报界及公众提供迅速而准确的消息。”他认为，一个社会组织，欲在公众之中获得良好的声誉，就必须“把真情告诉公众”，如果披露真情对公司不利，那么就应当调整公司自身的行为,求得社会谅解。他的宣传信条就是“公众应被告知”。在解决洛克菲勒公司劳资纠纷、无烟煤业大罢工、宾夕法尼亚州铁路公司伤亡事件中,他都遵循“讲真话”的原则,取得了卓越的成绩。这些成绩一方面为其事务所争取了更多的客户,更重要的是,他的活动使人们看到公共关系的重要性和必要性,从而使公共关系的作用被社会普遍认可,也为公共关系的进一步扩展和深入奠定了坚实的基础。

应该指出的是,由于时代的局限性和工作方法的限制,艾维·李的公共关系咨询工作存在许多不足。比如,他从未进行过对公众舆论的科学调查,而只是凭经验、凭直觉来进行工作。有人因此指出他的工作只是艺术,而无科学。这也反映出这一时期公共关系理论不健全、实践性较突出的特点。但作为一个出色的实践者,艾维·李无愧于“公共关系之父”的声誉。而且,正因为他的努力和其显而易见的成绩,公共关系才得到了一批有识之士的重视,被广大公众认可,并带动了一批企业开始自己的公共关系工作。这其中值得一提的有:在美国的企业中,首先认识到公共关系重要性的是美国的电话与电报公司。这家公司于 1908 年开始由一位副经理主管公共关系工作,并专门设置了公共关系部,聘用公共关系顾问达 70 多年之久。这家公司从工人到总经理都认为公共关系事关公司的前途,这在当时的企业中并不多见。此外,在 1929 年,资本主义世界爆发了前所未有的经济危机,沉重地打击了美国的工商业,大批的公司、银行、工厂纷纷倒闭。然而其中的部分企业却能顽强地生存下来,当探求其中的原因时,人们发现这些企业的生存“奥秘”在于在危机中进行了有效的公共关系活动,从而博得了工人、股东、政府和一般公众的信任、支持和合作。许多工商企业人士从中受到启发,因而在艾维·李时期,公共关系首先在工商企业中被人们广泛重视和应用。

2. 公共关系的发展

虽然在艾维·李以后，有了公关事务所和公关顾问的名称，但公关工作仍处于低层次和混乱的局面，只凭经验和直觉，缺乏科学的调查。

促使公共关系走向正规化、科学化的重要人物是美国著名的公共关系理论家和实践家爱德华·伯纳斯。

爱德华·伯纳斯原是奥地利人，1891 年生于维也纳，在他刚满周岁时，随父母移居美国。他一生致力于公共关系研究。他于 1913 年受聘于美国福特汽车公司，担任该公司的公关部经理。第一次世界大战期间，他又在威尔逊总统成立的官方公共关系机构"克里尔委员会"担任委员，专门负责向国外的新闻媒体提供有关美国参战情况的背景和解释性材料。第一次世界大战结束后，他和夫人在纽约开办了公共关系公司。1923 年出版了他的名著《舆论明鉴》，这是历史上第一本公共关系的专著。在该书中他第一次提出了"公共关系咨询"的概念，并对它做了详细的解释："公共关系咨询有两种作用：其一是向工商业组织推荐它们应采纳的政策，这种政策的实施可以保证工商业组织的行为符合社会利益；其二是把工商业组织执行的合理政策、采取的有益社会行为向社会广为宣传，帮助工商企业组织赢得公众的好感、信任和支持。"爱德华·伯纳斯的思想明确肯定了公共关系的重要职责是向组织提供政策咨询，而非仅仅向社会进行宣传。同年，他把公共关系带入大学教育，在纽约大学首次讲授公共关系课程。1925 年他又写了《公共关系学》教科书。

"投公众所好"是爱德华·伯纳斯公共关系思想的一个重要部分。他认为：首先应该了解公众喜欢什么，对组织有什么期待和要求，在确定公众价值观和态度的基础上，再进行有组织的宣传工作，以迎合公众的需要。爱德华·伯纳斯对公共关系原理与方法已形成一个较为完整的体系，他是公共关系走向正规化、科学化的关键人物。从此，公共关系作为一门科学得到蓬勃发展。

20 世纪 20 ~ 30 年代，公共关系在美国得到迅速发展。这可以从两方面看：一方面，工商界逐渐认识到公共关系可以在企业管理中起到重要作用，于是把公共关系纳入到企业管理中，在一般的企业里纷纷成立自己内部的公关部，从接受咨询走向主动地运用公共关系；另一方面，公共关系也很快成为政治家争取选民支持的手段。从 20 世纪 20 年代起，美国政府开始聘用公共关系方面的专家，例如，爱德华·伯纳斯夫妇曾受过多位美国总统以及实业界巨子的委托，帮助他们成功地塑造了形象。

1933—1945 年罗斯福担任总统期间，大量运用公共关系来推进"罗斯福新政"，他的"炉边谈话"通过收音机深入美国每个家庭，鼓舞了失望的人，同时也宣传了他的社会改革的基本思想。第二次世界大战中，他的政权较稳定，其中重要原因之一是他善于利用舆论发动群众，这也可以说是有效的公关活动的功劳。后来，肯尼迪采用罗斯福利用收音机的方法来利用电视，他通过电视向全国发表讲话，消除人们的疑虑，借此来获得公众的信赖与支持。

20 世纪 50 年代以来，公共关系的实践和理论研究都进入了一个全新的现代发展时期。这一时期的代表人物是柯特利和森特。

美国著名的公共关系专家柯特利和森特在 1952 年提出了"双向对称"公共关系模式，成为现代公共关系的重要标志。他们认为，公共关系的最终目的，是要在组织与公众之间建立一种和谐而良好的关系。因此，一方面必须把组织的想法和信息传播给公众，另一方面又必须把公众的想法和信息反馈给组织，只有这样，一个组织才能求得双向沟通和对称平衡的最佳生存发展环境。他们的代表作是《公共关系咨询》《当代公共关系导论》和《有效公共关系》等。

这一时期公共关系的教育事业也有了蓬勃的发展。这是与社会对公共关系人员的需求分不开的，同时也反映了公共关系行业的壮大与发展。英国著名的公共关系专家弗兰克·杰夫金斯是英国公共关系协会顾问、英国公共关系学院教授，他早年攻读经济学，曾在伦托基尔公司从事公共关系工作。自 1968 年以后，他在英国开办了公共关系学校，讲授公共关系课，从而成为一位出色的公共关系教育家。他著有许多公共关系方面的著作，主要有《有效的公共关系设计》《市场学和公共关系媒介设计》《公共关系学》《公共关系与市场管理》《公共关系与成功企业管理》等。此外，这一时期美国有了专门的公共关系学院，有 300 多所大学开设公共关系课程，其中一些大学培养了具有博士、硕士、学士学位的公共关系专业人才。

这一时期，公共关系的行业协会在各国纷纷成立。1948 年，美国的公共关系协会正式成立。同年，英国也成立了自己的公共关系协会。其他国家，如日本、法国等也仿效美国，建立了自己的公共关系行业组织。1955 年，国际公共关系协会（简称 IPRA）在英国伦敦正式成立，第一批会员包括欧、亚、美、非各大洲许多个国家和地区，这标志着公共关系已作为一门世界性的行业而独立存在。

20 世纪 50 年代，资本主义世界经济的恢复与兴盛使得各企业集团为其所积累的资金开拓新市场，国际上的经济、技术和劳务合作日趋频繁和紧密。此时，不同国家地区、不同的语言文化及风土人情要求企业必须对此加以了解，正如美国《公共关系手册》中指出的："打算进入外国市场的美国商人发现，他们的当务之急是公共关系问题"；因为"对外关系的交恶，十之八九不是出于利益的冲突，而是语言、文化、传统等方面的隔阂"。于是，各跨国公司纷纷增设了国际公共关系机构，也有些企业聘请有关方面的公共关系专家作为这方面的顾问。

自艾维·李在 1903 年成立了第一家公共关系事务所以来，在社会上独立存在的公共关系顾问公司或咨询公司在这期间也有了长足的进步与发展，出现了像伟达公司和博雅公司这样的国际性公共关系跨国集团公司。美国《企业周刊》在 1934 年发表了一份关于公共关系的研究报告，当时统计的公共关系专家有5 000人，公共关系顾问公司有 250 家。1960 年《企业周刊》又一次发表统计报告，公共关系从业人员达 10 万余人，顾问公司达1 350家，75%的大公司有自己的公关部。由此不难看出，公共关系的发展是相当迅速的。

随着公共关系发展的需要及科学技术的日新月异，公共关系所借助的传播媒体也有了新的变化。如大型电子计算机、通信卫星等，都为公关工作提供了现代化的有效手段和方法。尤其是 20 世纪 50 年代，电视的普及对公关工作产生了巨大的影响，在对舆论的控制方面，这一威力无比的媒体显示了惊人的说服力，因而更具有前途。

同时，公共关系也开始吸收传播学、行为科学、心理学等学科的知识，研究公众心理和公众舆论，策划公共关系活动，协调组织的内外部关系，使公共关系日益发挥出更重要的社会作用。

总之，在现代，公共关系的面貌发生了巨大的变化，经过几十年的发展，终于成为一门具有相当坚实基础和巨大发展前途的行业，真正走上了科学化和职业道德规范化的发展道路。

三、公共关系发展的新特点

近几十年来，公共关系随着世界经济的又一次飞速发展而获得了新的发展。正如联合国教科文组织国际交流问题研究委员会在一份报告中所写的："公共关系，最近几十年来，这种活动已发展成为一种价值达好几十亿美元的交流业。"美国汤姆生公司总裁曾预测，在未来的年代里，国际公共关系将成为全世界范围内发展最快的行业之一。

公共关系活动在近些年呈现出以下新的特点。

1. **国际化趋势的增强**

20世纪20年代，公共关系就从美国传播到其他国家，但真正被各国接受并认可还是在近几十年这段时期。由于世界各国在政治、经济和科学文化等方面交流的日趋频繁，促进了国际公共关系事业的蓬勃发展。公共关系不仅在发达国家受到普遍重视，而且也得到了发展中国家的日益重视。如我国就是在这一时期即20世纪80年代初引入了公共关系。此外，公共关系组织机构的发展也呈现出国际化的特点，国际性的公共关系公司和国际性的公共关系协会纷纷成立。一些大的公共关系公司的业务范围几乎遍及全球。1970年，国际公共关系协会的会员国达43个，拥有团体会员300多个。协会定期召开年会、讨论会，以交流信息、经验。而到1983年底，国际公共关系协会已发展到60个国家和地区，集体会员达760多个。另外，各大洲也有各自的公共关系协会，如欧洲的公共关系联盟以比利时、法国、英国、希腊、荷兰和原联邦德国等为核心。亚洲公共关系联盟成立于1967年，目前参加的国家有印度、泰国、中国，还有澳大利亚和夏威夷等国家和地区的代表参加。

2. **独立性不断增强**

在过去的几十年里，公共关系已成为一个公认的集实践、技术、技巧及理论于一体的独立行业。公共关系不仅在工业、商业领域发挥着其独特的功能，而且在几乎所有社会领域里发挥着作用，如工会、大学、社会服务性组织、宗教组织、政府机构，甚至立法、司法机构都有公共关系组织的独立存在。在这些领域内，公共关系部门成为协助决策机构实现目标的重要职能部门。尤其在人们的意识上和人们的价值判断上，已不再认为公共关系是可有可无的、不见成果的附属物，而认为它是可以发挥巨大经济效益的“朝阳事业”，在公共关系上投资大有可为，公共关系的从业者更将这项事业视为大有前途、可以施展抱负的事业。公共关系在整个社会中日益发挥着其独特的作用和功能,并呈现出普遍而广泛的特征。

3. 规模大、影响广

以美国为例,1960 年,公共关系从业人员 10 万余人,到 20 世纪 80 年代初达 12 万余人。据美国劳工部的统计数字,1985 年,美国公关人员已达 15 万人以上。美国政府更是不惜工本,雇用公关人员达 1.2 万人左右,经费开支近 10 亿美元。随着公共关系行业的发展,要求有更多的、素质较高的人加入到公共关系的队伍中。为此,自 1947 年波士顿大学创办第一所公共关系学院以来,美国各学校已培养了几千名有学位的公共关系高级专家和学者。1968 年,全美公共关系学协会成立,到 20 世纪 80 年代初已发展到 100 多个分会,会员达3 000多名,使公共关系的影响进一步深入。此外,80 年代初美国可统计到的公共关系公司达2 000余家。至于全世界有多少人在从事公关工作,虽然尚无统计数字,但可以肯定这支队伍是庞大的,因为在这时期公共关系在各地区的发展都是很迅速的。

4. 理论的科学化和系统化

在过去半个世纪的发展过程中,公共关系的理论已日臻成熟和完善。表现为:一方面,公共关系理论在吸收其他学科的成果的基础上逐渐实现了自身的科学化。如社会学、心理学、人类学、民族学、经济学、传播学、管理学及哲学等,都是现代公共关系理论赖以建立的科学基础。另一方面,公共关系理论在吸收其他理论的同时,已逐渐形成一个较为完整的理论体系,从而使自身的多学科性、边缘性及交叉性建立在整体系统性的基础之上。

5. 公关从业人员的素质和社会地位相应提高

公共关系的进一步科学化和专业化,使过去单凭经验开展公关活动已无法跟上时代发展的步伐,因而对公关从业者的素质提出了更高的要求,未经过系统专业训练者是难以承担公关工作的重任的。在美国，公关从业人员中，绝大部分是大学公共关系、经济、管理专业的毕业生，其中不少是这方面的研究生，有的获得了硕士学位，还有的获得了博士学位。同时，要获取某些公共关系职位还须经过公开的竞争考试，用人单位择优而录，由此可见对公关从业人员的素质要求是很高的。与此同时，公关从业人员的社会地位也得到了提高。当初，公共关系被看作花言巧语、笼络人心的职业。随着公关工作的重要性不断为人们理解和认识，这一看法已改变。据一项调查结果，美国公关从业人员认为自己的职业地位不低于物理学家、律师、工程师和大学教授，甚至高于飞机驾驶员、新闻记者、广告设计师和推销员。人们这种观念的转变无疑为公共关系的迅速发展提供了有利的社会条件。

6. 技术手段日益现代化

近几十年来，科学技术，尤其是电子、通信技术、网络技术及数字化技术的飞速发展，为公共关系的传播提供了更为先进的手段。在公共关系较为发达的国家中，人们竞相用电子技术、通信卫星、互联网等现代化大众传播媒介和信息传播手段，使用电脑储存、分析调查资料，进行市场和环境预测，为科学决策提供依据，从而大大提高了公关工作的科学性和有效性。

四、对未来公共关系发展的展望

通过对公共关系发展的历史过程的分析，我们不难看出，公共关系事业正方兴未艾，其前途将是十分广阔的，这是因为：

第一，当今世界范围内的新技术革命为公共关系事业的进一步发展提供了很好的社会条件。这表现为：首先，新技术革命推动了世界各国经济发展的速度，使市场竞争日趋激烈，对公共关系的要求将进一步提高。其次，新技术革命为公共关系的发展提供了更加便利的物质技术条件，使公共关系的技巧和手段更加完善，以提高工作效率。再次，新技术革命还促进了信息产业的大发展。

为了在市场竞争中赢得胜利，信息的获取尤为重要，而公关工作的重要内容之一就是对信息进行收集、加工、传递和沟通，这无疑将促进这方面工作的进一步发展。

第二，从目前来看，各国之间、各地区之间、各组织之间的交往与交流日趋频繁，而且关系更加复杂化、多样化。在此情况下，如何开展交往活动，如何处理各种各样的关系，解决冲突和矛盾，都是需要人们考虑的问题。这种社会的需要势必为公共关系在广度和深度上的进一步发展提供良好的社会条件。

第三，就世界范围而言，人们的公共关系意识也出现了普及化的趋势。任何理论只有达到一定程度的普及性，才能真正实现其社会作用，才能指导人的行为，这是一项事业获得进一步发展所必备的条件。

五、公共关系在其他国家的推广

20 世纪初期，在美国崛起的现代公共关系，以它特有的魅力很快就传入了英国。

1924 年，被称为“政府公共关系部的原型”的英国交易局开始利用大规模宣传来促进贸易。1926 年，英国成立了第一个正式的官方公共关系机构——“皇家营销部”，更是运用一切力量开展全方位的公共关系活动，并取得了惊人的成功。“买英国货”成为当时世界许多地区人们的口号。但公共关系在英国真正得到推广，则是在 1947 年英国公共关系协会成立之后。该协会现已发展成为欧洲最大的职业公共关系组织，拥有来自 50 多个国家或地区（以英联邦为主）的 2 500 多名会员。英国著名的公共关系专家弗兰克·杰夫金斯是英国公共关系协会顾问、英国公共关系学院教授。

欧洲各国的公共关系是在第二次世界大战后才得到推广的。法国、原联邦德国、意大利三国的公共关系，主要是以对外界开放的工厂或企业的形式推广开来的。法国在战后的建设复兴过程中,发现对市民和职工家属开放工厂往往能收到经济和社会效果,能更好地树立形象,提高知名度。为此,法国的工商企业纷纷拟订参观计划,积极与社会团体及教育机构保持密切的接触,加强与所在社区的联系。后来,原联邦德国和意大利也纷纷着手推行类似的开放工厂的公关计划,以博取大众的支持。

欧洲公共关系的另一个特点是注意把公共关系的传播与广告密切地结合起来,充分运用公共关系广告的作用。同时,还充分注意到公共关系的理论化,各国把公共关系当作一门科学,在学校中设立公共关系专业,聘请有经验的公关专家、社会问题专家和心理学专家等,以培养出素质较高的公关人才。

20 世纪 60 年代,意大利航空公司在开通日本航线时就十分成功地运用了公共关系。60 年代初,意大利航空公司在开通日本航线前 3 个月,就在日本举行盛大的记者招待会,公布开航消息,在会上把意大利著名的诗人、画家等社会名流介绍给日本公众。日本所有的新闻传播媒体都充分报道了意大利航空公司首航日本,代表团到京都桂宫与奈良参观、品尝日本茶道的活动。同时,意大利航空公司又盛情邀请日本各界人士前往罗马,并特别安排了两名天主教中学生到罗马参观梵蒂冈。这一系列精心安排的公关活动,极大地提高了意大利航空公司在日本的知名度,从而极为顺利地开拓了对日本航线的业务。

在拉丁美洲和大洋洲,20 世纪 50 年代中期,公共关系便发展起来。1959 年,墨西哥公共关系协会在墨西哥城召开泛美公共关系大会,美国和大多数拉美国家都出席了会议。1996 年,拉美国家公关从业人员团体在波多黎各的圣约翰聚会,成立了泛美公共关系协会联盟。与此同时,在澳大利亚和新西兰,相继建立了公共关系协会。

在亚洲,日本的公共关系是随着第二次世界大战后美军进驻日本而传入的。1947 年,美国当局为了向日本灌输西方文明,在日本各地政府设立"公共关系办公室",公共关系的观念与技术逐步开始在日本传播和发展。随后,日本电通广告公司首任公共关系部长田中宽次郎搜集了有关公共关系的资料加以研究,把公共关系灵活运用于广告宣传,从而成为日本最早推广公共关系的人。公共关系成为一个独立的行业在日本得到发展是在 1957 年以后,当时日本企业兴起了海外贸易的热潮,企业的经营管理人员认识到公共关系在争取公众支持公司工作和接受产品方面的作用。于是,由日本人自己开办的公共关系公司陆续诞生。1964 年,日本公共关系协会成立。其后,亚洲的其他一些国家和地区,如印度、印度尼西亚、菲律宾、泰国、新加坡、韩国、中国台湾和中国香港等,都纷纷开展了公共关系活动。

在苏联和东欧各国,自 20 世纪 70 年代开始,也引进和发展了公共关系。

公共关系在战后得到如此广泛的发展,充分表明公共关系已经成为一项全球性的事业,已经成为一种世界性的现代文明的重要标志。

第四节　我国公共关系发展概况

一、公共关系在我国的发展概况

公共关系传入我国是从 20 世纪 60 年代开始的。在 60 年代,日本、美国以及西欧国家的一些跨国公司,在我国台湾、香港建立子公司,在子公司中组建公关部,聘用受过专业训练的公关人员从事有关业务,在这样一种外来影响下,公共关系理论和实务工作方法,在港台地区发展起来。

1979 年,我国开始创办经济特区,大批港商到深圳了解投资环境，商谈合作协议。他们中很多人运用公关方法在特区广交朋友，争取新闻界的注意，组织各种公关活动，随后在深圳和广州兴建一批中外合资酒店，设立公关部门，从香港或海外聘请公关人员主持工作。至此，“公共关系”这个新鲜的名词，随着改革开放的大潮，在我国由南向北、由沿海向内地流传开来。

1984 年，广州中外合资的白天鹅宾馆率先按海外模式设立了公共关系部，它的公关活动在团结内部职工、吸引国内外顾客、提高知名度等方面很快就显示了现代公共关系的魅力。同年 11 月，广州白云山制药厂率先成立了中国内地第一家工业企业的公共关系部，决定每年拨出占总产值 1% 的款项作为公关专项费用，用于信誉投资。公关人员通过举办“文化沙龙”等公关活动，在调节领导者与员工、员工与员工之间的关系，增强企业凝聚力等方面取得了突出成绩。同年底，世界第二大公关公司“希尔—诺顿”公司在北京设立办事处，成为第一家进入中国市场的外国公关公司。

1985 年 8 月，世界最大的公关公司——博雅公司与中国新华社下属的中国新闻发展公司签订协议，共同为在中国的外国机构提供公关服务。为此，中方成立了中国第一家公关公司——中国环球公关公司。同年 9 月，深圳大学设立了国内第一个公共关系专业，公共关系学正式进入我国高等学府讲坛。

1986 年 1 月，在著名经济学家于光远的呼吁下，我国第一个公共关系民间团体——广州地区公关俱乐部成立；同年 11 月 6 日，我国第一家公共关系协会——上海市公共关系协会成立；同月，我国第一部比较全面、系统地论述公共关系理论与实践的专著《公共关系学导论》出版；12 月，王乐夫等人编著的《公共关系学》、曹小元等人编写的《实用公共关系手册》也先后出版。

1987 年 2 月，国家教委在广州召开的经济管理类专业目录审议会上，提出在高等院校设立公共关系专业，并把公共关系课程列为若干专业的必修课和选修课。同年 6 月，中国公共关系协会在北京成立。到目前为止,各省、市、地区性的公共关系协会已达200多家。

1988年1月,我国第一家公共关系专业报纸——《公共关系报》在杭州创刊,向全国发行。随后,在青岛又有一份公共关系专业报纸——《公共关系导报》问世。1989年1月,全国第一份向国内外公开发行的公共关系杂志——《公共关系》在西安创刊。

1991年4月,中国国际公共关系协会在北京成立。5月5日,中国公共关系工作会暨中国十大杰出企业公关评优颁奖大会、全国企业公共关系交流研讨会在北京人民大会堂隆重召开,由此拉开了中国公共关系稳步健康发展的序幕。

1992年初,邓小平南方谈话发表以后,再次引发了公共关系热潮。各种类型的组织通过不同的形式开展公关活动,赞助体育、教育、文化和社会福利等成为企业公关的热点。在公共关系理论建设中,有关专家和学者更注重研究中国特色的公共关系学体系的建立,如1992年10月出版的、由翟向东主编的《中国公共关系特色初探》,1993年5月出版的、由崔义中主编的《中国公共关系学》,1994年3月出版的《中国公共关系教程》等著作,都在创建中国特色的公共关系学科体系方面进行了可贵的探索和独到的论述,填补了我国公共关系理论领域里的一项空白。与此同时,我国公共关系的教育也得到了空前的发展。自1985年深圳大学设立第一个公共关系专业以来,目前全国已有30多所大学设立了公共关系专业,500多所高等院校开设了公共关系课程,从而使公共关系这种新的理论和观念在大学生中得到迅速普及,各种类型的培训班更是不胜枚举。

自1984年开始,公共关系从南到北,从东到西,遍及全国,有越来越多的企业、政府机构和各种社会组织在学习、研究和实践公共关系。可以预料,随着社会主义市场经济的建立和发展,中国的公共关系事业必将得到更大的发展。

二、建设有中国特色的公共关系学，为社会主义现代化建设服务

现代公共关系产生于西方发达资本主义国家，国外的公共关系理论并不完全适合我国的国情。事实上，扎根于中国土地上的中国公共关系，一开始就表现出与西方公共关系不同的特点。因此，只有结合我国社会的政治、经济、文化的特点，发展中国特色的公共关系，才能真正发挥公共关系在我国社会主义现代化建设中的作用。

1. 中国公共关系发展的现实条件

目前，我国的生产力尚不发达，社会主义市场经济体制还不够完善，社会主义精神文明水平有待于进一步提高，这些不足势必给公共关系的进一步发展带来一些障碍和困难。例如：在市场化过程中，经济法规的不健全、不完善，使正常的公共关系活动受到不正之风的影响和侵蚀，造成了一定的混乱，致使公共关系的健康发展受到影响。在一些组织中，"消费者至上""顾客第一"的观念和公共关系意识还局限在表面上，并没有真正树立起来。我国社会主义的政治民主和法制正处在逐步健全和完善的过程中，沟通不畅，社会不良现象在一定时期内还会存在，因此，公关活动也会受到制约和影响。

正由于目前我国的社会、经济、文化等发展条件的影响，我国公共关系在发展过程中出现以下几个方面的不足：

第一，全民的公共关系意识尚未形成，人们对公共关系尚缺乏全面了解，造成对公共关系学的一些误解。如将庸俗关系等同于公共关系，选聘人员时以年轻漂亮的女性为主等。

第二，公共关系发展的南北差异大，东西不平衡。由于我国经济发展的梯度结构和南北观念上的差异，南方的市场经济发展较快，必然对公共关系的需要更强烈，从而形成较强的公关意识和行

为；而北方的市场经济发展相对较慢，人们的公关意识相应淡薄。另外，从东西部经济的发展差异也可看到公共关系发展不平衡的特点，即东部地区的公共关系发展迅速，而西部相对落后。

第三，经济工作中的短期行为也阻碍了公共关系的正常实施，一些人看不到公共关系的长期效益和社会效益。

第四，技术手段的不完善给公共关系的传播造成了不利影响。

第五，公关人员的素质不高，尤其是既有理论又有实践经验的人才较少。

2. 中国公共关系的特点

经过10多年的吸收、改造、发展乃至形成自己的公共关系理论和实践，我国的公共关系呈现出与西方公共关系的不同特点。

（1）主体多元化。西方公共关系主体表现为经济组织、政治组织、文化组织和宗教慈善组织的多元化。中国公共关系除了组织的多元化以外，还表现为非职业部门的多元化。如工会、妇联、团委、办公室、信访办等单位虽不是职业的公关部门，但都有些属于公共关系性质的工作。当组织中的公关部建立后，这些非公关部门也仍是公共关系的主体，这对公共关系的开展是极为有利的。

（2）理论先行化。不同于西方的是，中国公共关系是先有理论后有实践，这使中国的公关实践可少走一些弯路。

（3）活动民族化。作为一种文化现象，公共关系首先要受到一个民族传统文化的影响。我国历史悠久，文化根底深厚而独具特色，这使得公共关系一开始在我国发展就打上了民族文化的烙印，从而表现出与众不同的特点，保证了中国公关事业符合中国人的心态和文化特点。

（4）教育社会化。西方的公关人员一般要接受正规的公关教育。在我国，由于起步晚，为满足社会对人才的需要，采取了以社会教育为主的方法，通过长、短期培训班，函授教育等途径培养人才。这是一种非学历教育，层次较低，但形式多样，参加人数较多，同时，也有为数不多的正规教育可以满足对公共关系高级人才的需要。

(5)人员年轻化。西方公关人员的年龄一般在28～45岁之间，且无性别不均的现象，而在中国，从事公关工作的人员年龄普遍在30岁以下，且女性占绝大多数，这是中国公关业发展不平衡造成的。由于中国的公关业起步于酒店、宾馆、旅游业，在这些行业中，年轻女性占有优势，从事接待工作的机会较多，这也是公共关系在传入我国不久便被人理解为交际工作的直接原因。

3. 充分发挥公共关系在我国社会主义现代化建设中的作用

要充分发挥公共关系在我国社会主义现代化建设中的作用，首先，要建设适合中国国情的公共关系。为此，要注意以下几点：

第一，从中国特定的文化背景探索公共关系之路。中华民族在5 000年的历史长河中，创造了灿烂丰富的文化，形成了中国人特有的文化、思维方式、行为准则、生活情趣和价值观念等。中国人重道义、重伦理、重人情、重友谊和讲礼仪以及“民为邦本”等思想和文化传统，都可以很好地吸取和发扬，突出我国公共关系文化特点。

第二，必须符合我国的社会性质，确立以国家和人民利益为最高准则的公共关系的道德规范和理论基础。

第三，必须根据我国经济发展水平和特点，建立适合我国具体情况的公共关系操作方法和体系。

第四，必须加快我国公共关系规范化和制度化建设的步伐。在职业规范、道德准则、工作制度、教育制度及选聘考核制度等方面要完善化、科学化，保障公共关系事业的健康发展。

其次，具有重要管理职能的公共关系可以在以下几个方面促进社会主义经济的发展，在企业的深化改革中发挥独特的作用。

第一，促进企业经营机制的转变，增强企业的活力。当前，我国企业的改革已进入了关键时期，而企业经营机制的转变是最为

迫切的。公共关系恰恰在这方面能起到其他职能无法起到的作用。公共关系能主动协调企业内部的各种关系及外部关系，使企业政策、行为得到内外部公众的理解和支持，从而减少企业生产经营活动的阻力。

第二，公共关系是赢得市场竞争的基本手段。随着我国市场经济的不断发展，竞争将日趋激烈。公共关系作为基本的竞争手段已逐步被人们所重视。发达国家早已把公共关系作为吸引公众、渗透市场、争取公众支持与合作的有效武器。如日本的丰田公司、三洋公司、三菱公司均用公共关系开路先后占领了欧美市场。因此，我国的企业，尤其是国有大中型企业要提高自己的竞争能力，必须将公共关系引入到企业的各项工作中去，才能获得市场，才能实现长久生存与发展的目标。

第三，发挥公共关系外引内联的作用。积极扩大对外经济技术交流，是我国对外开放政策的重要内容。为了提高我国科技水平和管理水平，缩短同发达国家的距离，我们不但要把技术引进来，还要将产品打入更广阔的国际市场，这都需要公共关系的技术与手段。如要做好市场的分析，要了解不同国家和地区的政治形势、政策法规、社会环境、文化背景、风俗习惯等，只有经过长期的、连续不断的公关工作，才能最终达到占领广阔的国际市场的目的。

同时，随着我国经济发展的需要，我们引进国外的资金、技术、人才及设备，建立了不少中外合资、合作企业。如何更好地发挥公共关系在这些企业中的作用，使联合双方真诚合作、互谅互让、消除误解、处理好利益关系是十分重要的。这将有助于树立我们国家的良好形象，改善投资环境，为更多的外国企业到我国投资建厂，促进我国的经济建设创造良好的条件。

总之，随着我国社会主义市场经济的不断发展、体制的不断完善，公共关系将在社会主义现代化建设中发挥更大的作用。

4.21 世纪中国公共关系行业的展望

21 世纪,我国的公共关系行业将迎来一个繁荣的春天。这是由于:

第一,中国的改革开放正在向纵深化和全面化发展。其中最明显的标志就是中国加入了世界贸易组织(WTO)和“一带一路”的战略构想,中国的各种政策、法规、行为准则等正在进一步同国际标准接轨。这促进了中国的公共关系市场的迅速国际化。

第二,中国的经济增长继续保持快速发展的态势。自 2000 年以来,中国 GDP 的年增长率达到了 7% 及以上,经济的持续强劲增长,为公关市场的成长提供了肥沃的土壤。

第三,中国的高新技术产业突飞猛进。高新技术产业的发展,除了要求站在国际技术的前沿之外,还需有同时处于前沿的管理理念和行为准则,这为中国公共关系行业的发展提供了广阔的空间。

第五节　公共关系产生的历史条件

通过公共关系的发展史可以看到,在短短几十年的时间里,现代公共关系已从美国发展到了世界各国。公共关系为什么会得到这样广泛而迅速的发展呢? 放到社会发展的背景上看,公共关系的产生有着深刻的社会历史条件。

一、商品经济的高度发展是公共关系产生、发展的经济基础

首先,现代商品交换关系的发展,要求企业对外建立稳定的联系。

在小农经济条件下,人们自产自用,自给自足,人与人之间的关系以家庭关系为中心。“鸡犬之声相闻,老死不相往来”是这种封闭、保守关系的写照。在这种自然经济条件下,公共关系既无产

生的基础，更无发展的需要。商品经济发展的初期，剩余产品的交换是小规模的，交换关系是偶然的、不确定的。随着资本主义商品经济的迅猛发展，开放性的社会化大生产成为经济发展的总趋势，生产出现了明确的专业性分工，交换关系变得越来越重要。作为个人，就不得不借助越来越多的交换关系以获得商品和服务。商品生产组织则必须通过大规模的交换来实现其产品的价值，维持企业正常运转。在商业化社会中，从个人到企业，交换关系已成为维持生存的必要方式。维护商品交换关系，并使这种关系趋于稳定化，要求在生产者与消费者之间建立另外一种"交换关系"，即通过交流感情、沟通信息，达到相互了解和相互信任，实现相互支持和合作。

其次，商品经济的发展，商品供给日益丰富，市场供求关系发生了深刻变化，使消费者有了越来越多的选择自由。生产企业不能再无视消费者的利益、需要和感情，随意地安排生产，必须考虑消费者的爱好、习惯、流行趋势等因素，以"消费主导"型替代"生产主导"型。在这种情况下，为争取树立组织良好形象的公共关系就成为企业争取消费者信任和支持的最重要的手段。

再次，随着商品经济的发展，消费者的消费水平也在不断地变化，这样，及时了解消费者的需求变化，与消费者直接见面就变得越来越重要。而且形式上的产销见面必须配合相应的公关工作，使二者相互了解和信任，才能保证生产者及时了解消费者的消费意向，生产出适销对路的商品。

最后，商品经济的发展带来了广泛深入的社会分工，生产、服务、管理等各部门专业化程度越来越高，这种经济格局的发展，要求企业在不断提高自身专业化程度的同时，增进跨行业、跨地区的经济联系，以求在相互协作、相互配合、相互促进中得到发展。这种联系和合作关系需要用公共关系的方法来建立、维系并使之稳定、有效地得到发展。

二、科学技术的发展是公共关系产生、发展的必要条件

自18世纪产业革命开始，科学技术不断发展，生产技术水平不断提高，使人在生产中的地位越来越高，这就使得管理观念和管理方式也发生了变化，从不重视人的管理转到以人为中心的管理。劳动者有思想、有感情、有需求、有尊严，这些必须受到管理者的重视。与此同时，关于人的科学研究获得突破性进展，特别是心理学和行为科学，揭示了人的行为规律、价值选择原则，为组织协调与公众的关系奠定了基础。

20世纪初，随着资本主义大工业时代的到来，科学技术日新月异，从而促进了交通工具和信息传播的飞速发展。火车、汽车、飞机的发明和应用，大大缩短了人们之间的空间距离；报纸、书刊等印刷品的大量发行，极大地增加了信息量，开阔了人们的视野；电报、电话、广播、电视的发展和普及使信息传播的范围和速度达到了一个空前的高度；电子计算机的发明、发展和应用，更开创了信息革命的一个全新的时代。所有这些都为人们之间的社会交往和经济交往提供了必不可少的现代化手段，成为现代公共关系产生、发展不可或缺的物质条件。

三、社会政治生活的民主化是公共关系产生、发展的政治条件

封建社会的政治生活是以专制为特征的。封建君王拥有至高无上的权力。人们之间没有平等的权利，老百姓只是任人宰割的“草民”。官府与民众的关系是绝对的统治与服从的关系。在这种专制社会中，根本无公共关系可言。资本主义制度对封建社会制度的否定，大大推进了人类社会民主化的进程，尽管这种民主政治具有局限性、虚伪性和欺骗性，但较之专制的愚昧的封建社会，仍是一个历史性的进步。资本主义民主政治的建立，破除了封建君主政权神圣不可侵犯的信条，使政府的合法性必须建立在民众

承认的基础上,政府首脑和各级官员必须取得民众的信任通过选举才能产生,政府的决策必须在赢得民众赞同的情况下才能得以顺利实施,从而使得政府和社会组织不得不注意塑造自己的形象,争取社会民众的理解、信任和支持。为此就必须通过公共关系活动,及时了解民情、民意,有效地向社会传播政府的施政纲领和各项政策,不断加强与社会公众的联系,提高个人或政府的声誉。

第六节　公共关系的界定

公共关系的界定是指通过将公共关系与相近事物的比较,来明确其相互之间的联系与区别,以回答公共关系不是其相近的事物。

一、公共关系与人际关系的区别和联系

公共关系与人际关系的主要区别在于:①主体不同。公共关系的主体是组织,处理的是组织与公众的关系;而人际关系的主体是个人,处理的是个人与个人之间的关系。②服务对象不同。公共关系服务于组织,关系的融洽或冲突、受益或受损的都是组织;而人际关系服务于个人,关系的融洽或冲突、受益或受损的则都是个人。③交往范围不同。公共关系要经常组织专门的活动,借助于新闻传播界扩大影响,沟通范围广;而人际交往的范围要小得多,也简单得多。

但是,公共关系与人际关系又有着十分紧密的联系。首先体现在公共关系通常表现为人际关系。因为组织整体之间的联系,往往表现为一个组织中的若干人同另一个组织中的若干人之间的联系,即表现为人际关系,所以,公共关系经常要借助人际沟通的方法来进行。如商店与消费者的关系,一般具体表现为售货员与消费者的关系。其次,公共关系目标的实现,离不开人际关系的协调。由于组织与公众的关系一般体现为人际关系,因此,只有协调好组织内外的人际关系,才能产生良好的公共关系效果。

二、公共关系与广告的区别和联系

公关活动经常要使用广告来扩大影响，但公关广告并非一般的广告，二者有着若干不同，具体来说有如下区别。

1. **目标不同**

广告的目标是以最小花费在最短的时间里推销出更多的产品和劳务。公共关系的目标是树立整个组织的形象，增进组织内外部公众的了解，从而使整个事业获得成功。

2. **传播方式不同**

广告的信息传播是以创造性的技巧将产品或劳务的信息撰写成文稿，设计成图案，或采用夸张的手法拍成广告影视片，“引人注目”是其基本原则。而公共关系的信息传播同新闻传播的方式一样，即靠事实说话，绝不能有任何虚假，“真实可信”是其基本原则。公关人员成功的诀窍，不在于运用什么文学的及艺术的传播方式或哗众取宠、耸人听闻的表现手法，而在于善于选择适当的时机，采用适当的形式，通过适当的媒体，把有新闻价值的信息及时地、准确地传递给特定的公众。

3. **传播周期不同**

一般来说，广告的传播周期是短暂的，通常一个时期集中宣传某一产品或劳务，它有比较明显的季节性和阶段性。相比之下，公共关系的传播周期则是长期的，因为公共关系的目标是树立组织形象和信誉，这绝非一时努力就能奏效，它需要长期的、有计划有步骤的公关工作。

4. **工作性质不同**

广告在企业管理中属于局部性工作，某一广告的成败一般并不会对企业经营全局产生决定性影响，但公关工作却在经营管理中处于全局地位，属战略性工作。公关工作的好坏，决定组织的形象和信誉，并因此而决定组织的生死存亡。

5. 效果不同

广告的效果是直接的、可测量的,一项广告的效益可用产品销售量的增加、利润额的上升等指标来衡量。公共关系的效果与广告大不相同,成功的公共关系使组织具有良好声誉,组织因此而受益无穷,但所得益处却难以用简单的硬指标来衡量,它既是一种社会效益,也常常通过整体效益表现出来。

公共关系与广告虽然存在着上述区别,但二者亦有密切联系,主要表现在:公共关系需要借助广告的形式,而广告业务也需要公关思想做指导。出于全局性的考虑,开展公关工作也经常需要做广告,即所谓"公关广告"。但这种广告不是推销企业的具体产品或劳务,而是重点介绍企业的管理、人员素质、服务宗旨以及为社会承担的义务和责任、所做的好人好事等,其目的是塑造企业的良好形象。一般商业广告需要接受公关指导,并纳入公关工作的整体战略中。一个企业公关工作的效果和成绩,可能因一则言过其实的广告而功亏一篑。

三、公共关系与商业推销的区别

公共关系作为一种推销手段越来越受到工商界的重视,并被广泛运用,但公共关系与一般的商业推销是有着重要的区别的:公共关系追求的是组织的社会效益和长远利益,而推销追求的是组织的经济效益和近期利益。提高组织的社会效益,考虑组织长远利益的行动,无疑有利于提高组织的经济效益和近期利益(虽然有时有矛盾)。

一般的推销术都带有明显的推销产品的味道,使消费者感到其背后藏有工商企业的自私目的。所以,无论是有奖销售,还是分期付款,使用的次数一多,消费者会本能地产生抵触心理,从而大大降低了这些推销术的效力;时间一长,消费者甚至会对这些推销手段产生厌恶情绪,认为是在推销积压商品,拒绝购买。因此,将公关实务与推销活动有机地结合起来则可以在一定程度上解决这一问题。公关实务着重的是同消费者沟通感情，让消费者对企业和企业的产品有一个正确、全面的了解，在此基础上树立起企业或其产品品牌的形象。公关工作取得进展后，推销人员在友善、信任的环境中再推销企业的产品，就可以收到良好的效果了。

四、公共关系与"拉关系"的区别

"拉关系"就是指人们常说的"套私情""找门路""走后门"等不正当的人际交往活动。从表面看来，公共关系与"拉关系"的直接目的似乎是一样的，都是希望通过人际沟通，使得本组织或企业得到有关方面的支持，以顺利解决问题。所以有人认为，只要这一目的能达到，采取什么手段都可以，什么公关或"拉关系"，只是称呼不同。但是从本质上看，公共关系的出现，正是对抗"拉关系"这种不良现象的。因此，两者有着本质上的区别。

第一，两者产生的社会基础不同。公共关系是商品经济高度发展、信息传播量急剧膨胀、现代经济活动空前复杂的产物。"拉关系"则是封闭、落后的封建经济的产物。它是在社会生产力水平低下、商品和服务极不充分的条件下产生的。

在商品经济高度发达的条件下，企业出现了竞争对手，传统的卖方市场逐步转化为买方市场，消费者有了选择的余地。树名牌、求信誉，就成为企业赖以生存和发展的重要社会条件。如何扩大企业在社会公众中的影响，开始成为现代企业家考虑的重要问题。由于信息传播量的膨胀，企业需要在信息的汪洋大海中把自己的信息及时、有效地传递到社会公众中去，也要把外界的信息及时、充分地反馈回来。由于现代经济活动的空前复杂，企业面临着一系列前所未有的新问题。所有这些问题，都需要深入研究和认真对待，需要一批熟知社会民意、信息传播的专业人员来解决。公共关系学就是对这类实践经验的总结。

第二,公共关系与“拉关系”的目的不同。公共关系追求的是企业的经济效益与社会公众利益的基本一致。通过长期的、有计划的、有效的公关工作,企业将在社会上树立起良好的形象,企业将在与社会公众利益一致的前提下不断发展。而“拉关系”的基本出发点是损人利己,损公肥私,谋取个人或小集团的私利,将社会交往作为谋取个人利益的特权,把种种社会关系本身看作个人或小集团的私有财产,看作个人或小集团的既得利益。结果往往是个别人中饱私囊,而社会利益和公众利益受到严重损害。

第三,公共关系与“拉关系”运用的手段不同。公共关系主要是依据信息传播的原理,向社会各界及时、有效地传递各种必要的信息,同时向企业决策者提供社会公众的反应、社会环境及其变动的预报,建立双向的信息流通网络,提高经济管理的科学性和效率。公共关系的主要手段是各种传播工具:报纸、广播、电视、网络、杂志、内部刊物、新闻纪录片、电视片等。而拉关系则偷偷摸摸地通过不正当的方式和途径,甚至用违法乱纪的手段,为满足个人或小集团的私利服务,无非是吃吃喝喝、拉拉扯扯、吹吹拍拍等一套俗不可耐的做法。拉关系的这些行为即使在资本主义社会也只能偷偷摸摸地进行。它在公共关系职业道德准则上,更是被明文禁止。至于在我们社会主义社会的公关工作中,就更不允许它们有任何市场了。

五、公共关系与新闻传播的区别和联系

公共关系与新闻传播的主要区别,在于两者的任务和必须为之负责的对象间的差异。公共关系是一个组织为了争取社会了解和支持所采用的活动方式,所以公共关系必须为本组织的利益服务;而新闻传播则必须对整个社会负责。

一个组织为了能够长久地在社会中生存下去,就不能只考虑眼前利益,而必须通过创造社会效益来获得社会的了解和支持,这

就是为什么组织需要公关实务。所以,公关工作的出发点是维护本组织的长远利益。但是,为了实现这一目的,公关工作又不得不对社会负责,向社会公众公开事实真相,让社会公众了解本组织。因此,尽管出发点不同,但是在具体行动上,公共关系和新闻还是有着十分相似的地方的,即必须以事实为基础说话。

通过大众传播媒体,新闻可以迅速地在社会中传播,产生广泛的影响力。因此,公共关系经常借助新闻传播渠道开展工作,拟写新闻稿、同新闻界人士建立良好的关系等,也就成了公关工作人员的日常工作之一。

公共关系新闻稿件同样要遵守新闻报道的原则,不能自吹自擂,必须具有真实性、及时性以及新闻性。

另一个十分引人注意的问题是公关活动中常常采用的“制造新闻”的做法。这种公关活动在企业和工商部门中采用较普遍。对于一个企业来说,要想得到更多的消费者的支持,就必须提高本企业的知名度和美誉度,而如果本企业经常可以在新闻报道中扮演主角,无疑对达到这个目的是十分有利的。因此,公关人员就需要在不弄虚作假的前提下,争取使本企业成为新闻报道的重点。这时,公关人员常要针对社会公众和新闻界的兴趣,有计划、主动地“制造”出一些新闻,以吸引新闻界和社会公众的注意。

相对于一般的新闻报道而言,这种“制造新闻”的特点在于:

第一,它是由公关工作人员主动策划和安排的,不是偶然发生的,因而更符合本组织的需要。

第二,由于是有计划的,这种新闻往往更富有戏剧性,更能迎合公众的兴趣,吸引公众的注意力。

第三,在前两点的基础上,“制造新闻”的效果往往较突出。作为新闻报道重点的组织常常成为人们一时交谈的中心,从而提高了组织的知名度。

一、资料阅读

著名的哑剧大师、喜剧表演艺术家
王景愚的自我介绍

我就是王景愚,表演《吃鸡》的那个王景愚。人称我是多愁善感的喜剧家,实在是愧不敢当,只不过是个"走火入魔的哑剧迷"罢了。你看我这40多公斤的瘦小身躯,却经常负荷许多忧虑与烦恼,而这些忧虑与烦恼,又多半是自找的。我不善于向自己所敬爱的人表达敬与爱,却又常常否定自己。否定自己既痛苦又快乐,我就生活在痛苦与快乐的交织网里,总也冲不出去。在事业上人家说我是敢于拼搏的强者,而在复杂的人际关系面前,我又是一个心无灵犀、半点不通的弱者。因此在生活中,我是交替扮演强者和弱者的角色。

二、自测题——测测自己的沟通能力

项　目	人际沟通能力测试1
测试目标	与难以相处的人之间的沟通能力
测试说明	如果你对这个测试感兴趣,就请对下面的测试题做出"是"或"否"的选择

续表

项　目	人际沟通能力测试 1
测试题	1. 有很多人明明做事方法不对，还非要别人按着他的意见行事。（　） 2. 和凡事都争强好胜的人在一起使我的生活感到紧张。（　） 3. 我不喜欢独断专行的上司。（　） 4. 有的人整天牢骚满腹，而我觉得这种处境全是他们自己一手造成的。（　） 5. 和天天抱怨的人打交道使我自己的生活也变得灰暗。（　） 6. 有很多人总喜欢对别人的工作百般挑剔，而不顾及他人的情绪。（　） 7. 当我辛辛苦苦做完一件工作而得不到别人的承认和夸奖时，我会大发雷霆。（　） 8. 有些粗鲁无礼的人常常事事畅通无阻，这事真令我看不惯。（　） 9. 生活中有很多人总是存心跟我过不去。（　） 10. 碰到朋友，当我向他打招呼而他视若无睹时，最令我难堪。（　） 11. 我讨厌和整天沉默寡言的人一块儿生活、工作。（　） 12. 有的人哗众取宠，说些浅薄的笑话，居然能博得很多人的喝彩。（　） 13. 生活中充满庸俗趣味的人到处都是。（　） 14. 和目中无人的人一起共事真是一种折磨。（　） 15. 生活中有很多人自己不很出色还总是喜欢嘲讽他人。（　） 16. 我不能理解为什么自以为是的人总能得到领导的器重。（　）

续表

项　目	人际沟通能力测试 1
测试题	17. 有的人笨头笨脑,理解缓慢,真让人生气。　( ) 18. 我不能忍受上课时老师为了迁就差生而把讲课的速度放慢。　( )
评分标准	选"是"记 1 分;选"否"记 0 分
诊断结果	0 ~ 6 分:你很善于与难以相处的人进行沟通,你的城府和修养已达到了一定高度。 7 ~ 12 分:你能容忍难以相处的人,虽然有时也会被激怒。 13 ~ 18 分:你与难以相处的人很难沟通,建议你加强宽容精神和处事灵活性的培养。
自我评价	

<table>
<tr><th>项 目</th><th>人际沟通能力测试 2</th></tr>
<tr><td>测试目标</td><td>留给别人的第一印象</td></tr>
<tr><td>测试说明</td><td>每个人都很在意自己留给别人的印象,尤其是第一印象,你一定也不例外,那就请进行下面的测试</td></tr>
<tr><td>测试题</td><td>1. 你谈话的声音是这样的:
A. 很低,对方难以听清
B. 温和而低沉
C. 大嗓门,高亢热情 ( )
2. 你与对方谈话时对姿态语言:
A. 偶尔用
B. 不用
C. 不时常用 ( )
3. 你与对方谈话的发音速度是:
A. 连珠炮
B. 慢慢吞吞,上句不接下句
C. 节奏适度,吐字清楚 ( )
4. 当对方谈及你没有兴趣的话题时,你:
A. 打断对方谈话
B. 表现沉默或不耐烦
C. 认真听下去,从中发现兴趣 ( )
5. 经过初次见面交谈,你能对对方的言行、知识、能力等方面做出适当的、肯定性的评价吗?
A. 不能
B. 不确定
C. 能 ( )
6. 你和对方告别分手时,下次见面时间、地点是由:
A. 对方提出
B. 双方谁也没提出
C. 自己提出 ( )</td></tr>
</table>

续表

项　目	人际沟通能力测试 2
测试题	7. 你和对方第一次约会时的表情是： A. 自然大方，热情诚恳 B. 大大咧咧，漫不经心 C. 心情紧张，羞怯拘泥　（　） 8. 在会面的最初几分钟里，你能迅速发现你和对方的共同点或感兴趣的话题吗？ A. 既快又准 B. 一直未发现 C. 很久才发现　（　） 9. 你和对方谈话时的坐姿是： A. 双膝并拢 B. 两腿叉开 C. 跷二郎腿　（　） 10. 你与对方谈话时： A. 眼睛总是盯着对方的眼睛 B. 眼睛总是盯着另外的人或物 C. 低头摸着自己的纽扣　（　） 11. 你与对方谈话的话题选择的是： A. 双方都感兴趣的 B. 对方感兴趣的 C. 自己感兴趣的　（　） 12. 你和对方谈话时间的分配是： A. 对等 B. 对方多于自己 C. 自己多于对方　（　）

续表

<table>
<tr><th>项　目</th><th>人际沟通能力测试 2</th></tr>
<tr><td>评分标准</td><td>

得分 答案 题号	A	B	C
1	3	5	1
2	3	5	1
3	1	3	5
4	1	3	5
5	1	3	5
6	1	3	5
7	5	1	3
8	5	1	3
9	5	1	3
10	5	1	3
11	3	5	1
12	3	5	1

</td></tr>
<tr><td>诊断结果</td><td>12～22 分:你给人的第一印象不是很好,虽然这不是你故意的,但你的行为却容易使人误解。建议你学习一下与人交往的艺术。
23～46 分:你给人的第一印象一般。在情场上,你要努力展现自己的形象,从而使第一印象有所改观。
47～60 分:你给人的第一印象很好。你优雅的举止,不凡的谈吐,能给人留下美好的印象。</td></tr>
<tr><td>自我评价</td><td></td></tr>
</table>

项　目	人际沟通能力测试3
测试目标	交谈能力
测试说明	善于交谈的人，能够左右逢源，不善于表达的人，总是很被动。如果你想知道自己与他人的交谈能力，就请进行以下测试。请将你选好的答案代号填入括号内。
测试题	1. 你是否时常避免表达自己的真实感受，因为你认为别人根本不会理解你？ A. 肯定 B. 有时 C. 否定　（　） 2. 你是否觉得需要自己的时间、空间，一个人静静地独处才能保持头脑清醒？ A. 肯定 B. 有时 C. 否定　（　） 3. 与一大群人或朋友在一起时，你是否时常感到孤寂或失落？ A. 肯定 B. 有时 C. 否定　（　） 4. 当一些你与之交往不深的人对你倾诉他的生平遭遇以求同情时，你是否会觉得厌烦甚至直接表现出这种情绪？ A. 肯定 B. 有时 C. 否定　（　） 5. 当有人与你交谈或对你讲解一些事情时，你是否时常觉得百无聊赖，很难聚精会神地听下去？ A. 肯定 B. 有时 C. 否定　（　）

续表

<table>
<tr><th>项　目</th><th>人际沟通能力测试3</th></tr>
<tr><td>测试题</td><td>6. 你是否只会对那些相处长久,认为绝对可靠的朋友才吐露自己的心事与秘密?
A. 肯定
B. 有时
C. 否定　（ ）
7. 在与一群人交谈时,你是否经常发现自己驾驭不住自己的思路,常常表现得注意力涣散,不断走神?
A. 肯定
B. 有时
C. 否定　（ ）
8. 别人问你一些复杂的事,你是否时常觉得跟他多谈简直是对牛弹琴?
A. 肯定
B. 有时
C. 否定　（ ）
9. 你是否觉得那些过于喜爱出风头的人是肤浅的和不诚恳的?
A. 肯定
B. 有时
C. 否定　（ ）</td></tr>
<tr><td>评分标准</td><td>选A记3分;选B记2分;选C记1分</td></tr>
<tr><td>诊断结果</td><td>9~14分:你很善于与人交谈,因为你是一个爱交际的人。
15~21分:你比较喜欢与人交朋友。假如你与对方不太熟,刚开始可能比较少言寡语,可一旦你们熟起来,你的话匣子就再也关不上了。
22~27分:你一般情况下不愿与人交谈,只有在非常必要的情况下,才会与人交谈。你较喜欢一个人的世界。</td></tr>
</table>

续表

项　目	人际沟通能力测试 3
自我评价	

三、技能训练

公共关系技能训练——自我介绍。

时机:第一节课。

方法:教师示范,学生自己登台,面对大家简要介绍自己。

要求:在短时间内以简洁、形象的语言介绍自己,给大家留下深刻印象。

目的:培养学生的公关意识,训练如何有效地向别人介绍自己。

第二章

公共关系的职能

公共关系既是社会组织与其相关公众的一种特殊关系，也是一门经营管理的艺术，它在经营管理的各个环节上都发挥着重要的职能作用，这些职能主要是：采集信息、传播沟通、协调关系、咨询建议。

第一节　采集信息

一、什么是信息

关于信息的解释有几十种。在日常生活中，信息一般被解释为消息。消息是通过一定的语言、文字、图形、符号等形式表现出来的客观存在的事实。但是，并不是说所有的图形、符号都是信息。事实上，只有经过使用者选择、加工并对实体运动产生影响的数据、图形、色彩、符号等，才能称为信息。

二、信息的重要性

在信息社会里，任何组织的生存与发展都离不开信息，就像一个人的生存离不开空气和水一样。关于信息的重要性，可以用下面的例子来说明。

20 世纪 60 年代，我国刚刚开始建设大庆油田时，地址是保密的。但日本人从零零星星的关于大庆的公开资料中非常准确地知道了大庆油田的地址。日本人看到《中国画报》封面上的王铁人，身穿大棉袄，头戴大皮帽，周围下着鹅毛大雪，断定大庆油田在东北靠北边。他们看到《人民日报》一篇报道，说铁人到了马家窑说了一声"好大的油海啊，我要把中国石油落后的帽子扔到太平洋里去"，确定马家窑是大庆的中心。由此他们确定了大庆油田较具体的位置。从我国对日出版的《人民中国》杂志中报道的"中国工人阶级发扬了'一不怕苦，二不怕死'的精神，大庆设备不用马拉车推，完全是肩扛手抬"中，确定大庆车站离马家窑不远。从1964年王铁人出席第三届全国人民代表大会这一情况断定大庆油田已经出油了，否则王进喜当不了人民代表。他们又根据《人民日报》上一幅钻塔的照片，从钻台手柄的架式推算出油井的直径大小，再根据油井直径和国务院《政府工作报告》中的全国石油产量减去原来的石油产量，确定了大庆的石油产量。在此基础上，他们很快设计出适合中国情况的石油设备。等到我国向世界市场征购设备时，其他国家没有准备，日本人却胸有成竹，很快谈判成功，赚了一大笔钱。这项贸易的成功，靠的就是信息的采集以及精确的信息分析。

当今的社会是信息社会，信息就是资源，就是财富。我们应积极主动地寻找信息，搜集信息，有效地利用信息，并具有掌握和处理现代社会信息资源以及取得应有价值的能力。

三、采集信息的内容

从公共关系的角度看，采集的信息主要包括以下几方面的内容。

1. 组织形象信息

公共关系活动的建立以维护组织的良好形象为目的。组织形象是指社会公众心目中对一个组织机构的全部看法和评价。

组织形象信息主要包括以下内容:①公众对组织机构及其效率的看法或评价。公众和组织的交往通常是通过组织某一机构进行的,在交往过程中,公众对于组织机构的看法,如设置是否合理,人员办事效率的高低等,这一切都会给公众留下深刻的印象,是形成组织形象的重要因素。②公众对组织管理水平的评价或看法。管理水平的高低代表着这个组织在社会中的地位。公众对一个组织的管理水平的评价,主要是看其领导机制是否健全、经营方针是否明确、决策的方向是否正确、市场目标的选择是否合理、市场预测是否准确、生产计划是否完成、用人制度是否科学等,这一切都体现出企业的管理水平。高超的管理水平是组织机构优化的基础,也是求得公众信任、建立良好组织形象的重要前提。③公众对组织人员素质的评价或看法。组织人员的素质主要是指企业决策层及各部门人员的工作能力、业务水平、文化水平、工作效率、创新精神、人际关系、观念意识、工作作风等。组织领导人和管理人员素质的高低,决定了组织管理水平的高低。因此,组织人员的素质是社会组织生存和发展的重要主体条件,因而也是决定社会组织形象的重要因素。④关于服务质量的评价,包括服务态度、对顾客要求的责任感、提供咨询建议的诚实感及售后服务等。如果顾客对组织的服务工作满意,就会对组织产生好感,从而使组织在顾客心目中获得良好的形象,因此,良好的组织形象,也直接表现在社会组织良好的服务行为上。

2. 产品形象信息

产品是组织的缩影,组织的存在价值通过其产品被公众接受和喜欢而得到确认。通过了解公众对组织产品的形象评价,就能反映出组织的市场形象的好坏。产品不仅具有实用价值,也具有一定的形象价值。产品形象信息主要包括:产品的知名度信息和美誉度信息。知名度是被相关公众认知与了解的程度,包括:公众对品牌商标的认知率、公众对产品功能和外观特征的了解程度、公众对产品包装的印象、公众对产品广告的记忆等。有了一定的认知和了解,公众对产品才会有进一步的评价意见:好还是不好,喜欢还是不喜欢,信赖还是不信赖等。美誉度是以知名度为前提的,主要指产品的质量、性能、用途、包装、款式、售后服务等因素在公众评价中的美丑、好坏、被赞誉与被诋毁的程度。良好的产品形象可以使组织获得社会公众的充分信任,从而有效地树立起组织的良好信誉。

3. 社会环境信息

社会环境信息包括政策指导性信息、社会政治动态、经济金融信息、文化科技情报、新闻舆论热点、时尚潮流变化等动态信息。还要注意分析各种社会动态对组织的直接或间接的影响,充分利用环境中的有利因素和有利时机,及时避免环境中的各种不利因素的影响。

4. 组织内部员工信息

组织内部员工信息是指员工对本组织的决策及各项活动的看法,员工的思想状态、愿望、工作态度以及他们对组织的期望、设想和建议。组织通过对员工信息的采集和分析,可以使组织的管理工作建立在现实的基础上,克服因情况不明而产生的各种问题。

5. 市场环境信息

组织搜集市场环境信息是为了适应千变万化的市场环境,谋求最佳的市场策略。市场环境信息的内容有:市场的需求、供给、价格方面的信息;市场竞争方面的信息;用户意见与态度方面的信息;消费者心理与消费习惯方面的信息;其他方面的市场信息,如家庭收入、技术情报等。

四、采集信息的渠道和方法

一个组织采集信息的范围是非常广泛的,涉及许多方面。信息的广泛性,决定了采集信息的渠道和方法的多样性。

1. **采集信息的渠道**

从公共关系角度看，采集信息的渠道主要有：新闻媒体的反映，政府部门和上级主管部门的提供，公关人员的社会交往和调查，专家分析，各种类型的座谈会，产品展销会、订货会，征订广告，兼职信息员等。

2. **采集信息的方法**

采集信息的方法多种多样。主要有以下几种：

(1)文献资料法。文献资料法就是从文献、档案、报纸、书刊、报表、各种报告等已有的记录材料中去搜集所需要的信息资料的一种方法。这些记录材料的来源包括：组织内部的来源，如各种报告，往来业务函电，财务、产品成本记录以及报纸、杂志的剪辑，文件等；专门来源，如政府部门、信息机构、情报所等机构所提供的资料；文献来源，如年鉴、工商企业名录、百科全书等。国外很多厂家非常注重运用这种方法，如日本三井物产株式会社，其总部拥有 4 公里长的书架、卡片柜、报栏，各种文献目录、统计期刊名录、报纸、工具书等应有尽有，这对获取信息起到了巨大作用。

(2)访谈调查法。访谈调查法是通过与被访问者有目的的谈话来搜集有关组织信息的方法。这种方法又可以有多种形式，如召开座谈会、对公众进行走访、当面谈话、电话询问等。深受广大家庭欢迎的儿童食品——“亨氏婴儿营养米粉”和“亨氏蛋白营养米粉”，就是美国亨氏集团与我国的合资企业通过公关人员召开“母亲座谈会”，在了解母亲们对儿童食品的意见和要求的基础上确定产品的配方、规格和价格之后投放市场的。广州白云山制药厂则通过调查，广泛听取和征求用户的意见，在 3 个月内走访了黑龙江、四川等 8 个省区，免费送出价值 5 万多元的药品，征集了 1 000多个单位4 000 多人的意见，大大密切了与公众的关系，收到了良好的经济效益和社会效益。

(3)问卷调查法。问卷调查法就是通过书面文字，提出与组织有关的问题,向公众进行调查的方法。这是目前世界上十分流行的调查方法之一。它又可分为当面调查、信件调查、电话调查及邮件调查等几种方法。有关详细内容在第五章中再介绍。

第二节　传播沟通

公共关系在组织经营管理中发挥着传播沟通的作用,即通过各种传播媒介,将组织的有关信息及时、有效、准确地传播出去,争取公众对组织的了解、信任与好感,树立良好的社会形象。

一、传播沟通的模式

有关传播沟通的模式很多,在此只列举出两种有影响力的模式以及一般模式。

其一,香农和韦佛的"传播数学理论"模式。其模式如图 2 - 1 所示。

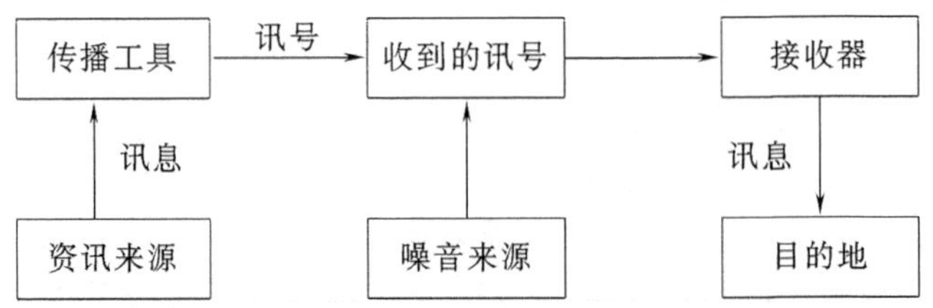

图 2 - 1

依据这个模式,传播是从左边开始到右边结束的简单过程。资讯来源(亦即说话者)从所有可能的资讯中选择了一个他所想要的讯息,把讯息通过传播工具(如麦克风)传播出去,变成讯号,如果在电话中传播,这些讯号就是电的振动,而传播的通道就是电线。讯号接收器(如耳机)收到后又变回一种讯息,然后传达到目的地——接听的人。在传播过程中,这些讯号一定会受到某种程度的干扰和误解，称为“噪音”。

香农和韦佛的这种传播模式一直是最重要且最有影响力的模式，导致了许多其他传播模式的产生。但这种模式忽略了反馈的因素，把传播过程描述为一个直线的单向传播过程。

其二，施拉姆的“反馈传播”模式。其模式如图2－2所示。

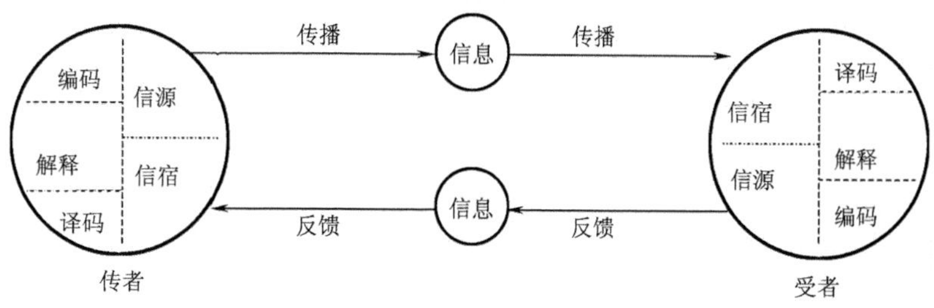

图2－2

“反馈传播”模式是一种双向的循环式运动过程。它与“传播数学理论”模式的根本区别在于：

(1)引进了反馈机制，将反馈过程与传受双方的互动过程联系起来，把传播理解为一种互动的、循环往复的过程。

(2)在这一循环系统中，反馈还对传播系统及其过程构成一种自我调节和控制。传受的双方要使传播维持发展下去，达到一定的目的，就必须根据反馈信息，调节自身的行为，从而使整个传播系统基本上始终处于良性循环的可控状态。如两人交谈时，甲向乙说话，甲想知道信息是否被乙接受，而乙方会很自然地以简单的话语或表情，对甲传播的信息给出反应，甲对乙反应的了解就是“反馈”。一个经验丰富的传播者会时刻注意反馈，并且会时刻依据反馈来修改他的信息。所以，“反馈”在传播过程中担任着很重要的角色。

其三,公共关系传播沟通的一般模式。其模式如图 2 - 3 所示。

这种模式表明:信息来源是组织;传播的内容是为了实现组织公共关系目标的信息;传播渠道是人际传播媒介、大众传播媒介等;传播对象是组织所面临的公众;根据反馈的信息不断调整、修改下一个传播计划,目的是树立组织的良好形象。

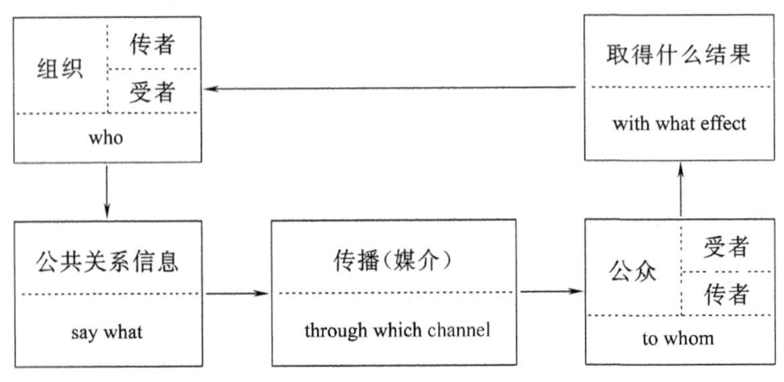

图 2 -3

二、传播沟通的特点

1. 双向性

公共关系传播沟通的最大特点是它的双向性,不仅单方面向外界发布信息,而且注意搜集、反馈外界的信息,以便监测环境,并对外界的变化随时做出反应。

2. 广泛性

当今社会,一个组织如不尽最大努力让尽可能多的公众了解自己,支持自己,那就意味着把自己封闭了起来。因此,任何一个社会组织,在它的宗旨、政策、产品、服务等刚刚推出,别人还不十分了解的时候,就应开展传播工作,通过新闻媒体进行广泛的宣传活动，让“社会公众知道”，这样才能够打开局面，并最终获得效益。例如：近年来新出现的证券交易所，其业务内容是大多数人所不熟悉的，但通过媒体的传播，很快就门庭若市了；一些新产品的出现，也是运用了广告、现场展示等传播沟通手段，很快就打开了市场。

3. 及时性

社会组织与其内部、外部公众始终是处在既对立又统一的状态中。公关不是谋求无矛盾的境界，而是致力于化解矛盾、协调关系，通过双向沟通达到平衡。如目前企业普遍进行的人事、用工、分配制度的改革，必然会触及一些人的切身利益，引起新的矛盾，这时组织者及时进行宣传教育就显得十分重要。一方面，他们要把组织的政策向员工解释，理顺员工情绪；另一方面，又要把员工合理的意见和要求反馈到决策层，对现行政策进行必要的调整与修改。这时传播沟通的及时性就显得很重要，如果忽视了及时沟通，就会使矛盾扩大升级，影响全局。

在组织危机公关中，对影响组织声誉和根本利益的重大事件或发生了重大事故的时候，传播沟通的及时性显得尤其重要。

传播沟通还强调准确性、公开性和真实性。1992 年 3 月 22 日 18 点 40 分，全世界都在关注着中国发射“澳星”，这是中国航天史上重要的一页。在全国数以亿计的观众盼望看到“澳星”发射成功的画面时，却目睹了惊心动魄的令人惋惜的一幕——首次“澳星”发射没有成功。面对这一突如其来的异常事件，现场采取了冷静、妥善的处理，并及时、公开、真实地进行了报道，把澳星中止发射的原因做了准确的说明，特别是公开介绍了火箭本身的计算机自动关闭控制系统，在事故发生的瞬间有效地实施关机，保证了火箭的安全，保住了澳星，使广大公众既知道了事故的概貌，又了解了我国航天技术先进的一面，从而坚信“长二捆”火箭以后一定能够发射成功。

三、传播沟通的方式

1. 人际传播

人际传播指的是人与人之间的交流沟通，包括双方处于同一空间，彼此面对面的交谈、交往，也包括彼此不见面，通过电话、电报、书信进行的沟通。这种传播沟通的优点是：

(1)使人感到真挚、亲切，容易建立感情。

(2)信息真实，不易"变形"和"走样"，说服力强，人们常用"亲眼所见""耳闻目睹"来强调信息的可信性。

(3)信息反馈及时。由于直接交往，发出去的信息可以及时地反馈。传播者可通过对方的姿态、动作、表情及语言等，了解信息发出后在对方引起的反应，并据此来检查自己的传播行为，纠正偏差和强化效果。

人际传播这种方式在树立形象上有它特殊的功效。人们往往把自己的亲身体验相互传播，无论是好事还是坏事，常常一传十，十传百，有时比官方发布正式消息的作用还要大。比如，西方国家总统竞选时，总统一定要与选民直接接触，沟通与选民的感情，达到改变其态度、影响其行动的目的。再如，服务性企业强调"微笑服务"，就是为了通过人际交往，树立良好形象。因此，任何组织都应该充分利用人际传播这种方式，直接与广大公众沟通。人际传播具体的形式是多种多样的，例如：

(1)对话活动。就公众关切的问题，组织有关人员直接征询公众的意见，回答公众的问题，解释有关政策和行为，寻求共识。

(2)举办开放日活动，即组织机构定期向公众开放，接待参观、咨询、投诉、来访等，增进公众对组织的了解。

(3)信访和热线电话。

(4)互访活动。

(5)会议交流。

2. 组织传播

组织传播指的是组织与其成员、组织与其所处环境之间的沟通交流。我们每个人都是生活在组织之中的，组织内部成员的关系和谐与否，组织与组织之间的关系和谐与否，关系到组织能否健康发展。组织的形成本身，就有赖于传播活动，没有传播，就无法形成组织。组织传播一般有三种形式：

(1)上行沟通，是自下而上的沟通形式，是员工向上级领导反映情况、汇报工作、提出建议的正常渠道。上级领导主动搜集信息、征求意见、听取汇报，也属于上行沟通。上行沟通最好采用"直通"的方式，以减少间接的传递，避免出现失真和误时等现象。

(2)下行沟通，是自上而下的沟通形式，是上级领导将政策、决议等传达给下级，传达的方式是多种多样的，如口头、书面、直接、间接等。下行沟通一般信息量较小，干扰较多。

(3)平行沟通，是同级之间的一种沟通形式，是组织内外的同级机构或同级人员之间，相互配合、彼此支持、消除误会、避免扯皮、消除冲突的重要方式。平行沟通可以促进组织内部部门之间、组织与组织之间的协调，从而有利于工作效率的提高和组织目标的实现。

3. 大众传播

大众传播是指传播者通过大众传播媒体(主要是报纸、广播、电视)将大量复制的信息传递给分散的公众的一种传播活动。从媒体角度看，它有两大类：印刷类大众传播媒体和电子类大众传播媒体。这种传播的特点是：传播主体的高度组织化、专业化，传播手段的现代化、技术化，传播对象众多、覆盖面极广，传者和受者之间的"人际关系"不复存在，信息反馈比较缓慢、间接等。大众传播的迅猛发展，是现代社会科学技术高度发展的产物。

4. 网络传播

网络传播是指社会组织通过 Internet 将大量的信息传递给受

众的传播活动。网络传播作为一种全新的传播形式，具有以下特点：

公众更具广泛性和随意性(无边界)；传播的速度更迅捷；信息的超大容量和完整性；功能的多样化；更趋个性化；互动性更强。

四、传播沟通的具体类型

纵观公共关系传播沟通活动，组织与公众之间无非是为了达到这样的目标：由不知到了解，由疏远到亲近，由对立到一致，由误解到理解(由不理解到理解)，由怀疑到信任，由反对到支持……公共关系传播沟通活动，可以依照这些具体的模式进行。我们把这些具体模式按照公关目标进行分类，可分为以下四种类型。

1. 传播信息型

传播信息型是组织最基本的公关目标。不少组织在一段时间内，大量的公关工作就是围绕着传播信息这一目标而展开的。北京电视台曾经播出的电视系列片《同心曲》就是一个例子。在北京人的日常生活中离不开衣食住行，全家看电视赶上停电，高层楼房突然断水，乘公共汽车把扣子挤掉了……人们不满意，发几句牢骚，并不奇怪，但是有许多事情人们并不太清楚，如乘车难，为什么不多买汽车、多修路呢？老听说北京有电的危机、水的危机，是真的“狼来了”还是假的？北京市有钱盖那么多高级宾馆，为什么不给市民多盖些宿舍呢？……行业之间也有互不理解之处：当人们在家里享受着使用煤气和暖气的方便与舒适时，却很少了解管道工、锅炉工和液化石油站职工们工作条件的艰苦；人们往往只看到交通民警态度生硬，一见违章便罚款，但忽略了他们正是“为了您和他人的幸福”才严格执法，他们经常值勤在外，工作非常辛苦。俗话说：“家家有本难念的经。”人们很容易体会本行业的甘苦，却往往很难理解其他行业的艰辛。因此，应如实地把北京的发展成就通报给大家，把各行各业的困难和矛盾告诉大家，把希望和前景指给大家。这里的“通报”“告诉”“指给”，就是传播信息。通过传播信息达到上下左右的了解、沟通和理解。在这个节目里，普通市民七嘴八舌，说出了自己的喜和忧、希望和建议，市政府和各级领导也向大家交了底。知情才能理解，理解才能同心，同心才能够一起去努力。

国外有关公关专家指出，良好的公关是优良行为与诚实、正确的报道的结合，这说出了传播沟通的重要性。因此，公关人员必须掌握、利用各种传播媒体、传播手段广泛宣传自己；同时还要注意把握好传播的时机，达到“立竿见影”、事半功倍的效果。

2. 联络感情型

联络感情型是组织通过感情投资，以获得公众对组织的信任与爱戴。在现代社会中，一个组织要生存和发展就必须重视人与人的交往。许多信息就是在人与人的接触和交谈中传播的，良好的感情也是在人与人的接触和交谈中逐渐建立的，如各种各样的招待会、座谈会、工作午餐会、宴会、茶会、专访活动、舞会、个人书信往来等。这些富有人情味的行为方式，使得人与人的沟通进入“感情”的层次。

有些企业为更好地与消费者联络感情，采取了各种各样的新的方法，如为大件（如彩电、冰箱）购买者代上保险、“提意见”有奖；有的厂家规定：凡接到要求服务的电话，如果两小时之内不予理睬，扣除值班人员奖金；还有的企业积极参加和举办一些有意义的社会公益活动，如在教师节来临之前慰问优秀教师，免费登门为优秀教师安装热水器，参与或赞助文体活动等。这些都是赢得公众好感的行之有效的方法。

联络感情型传播的作用特别明显地表现在服务性行业，如服务人员一个甜甜的微笑，一声热情的问候，顾客就有可能产生购买物品的愿望，或增加对该组织的好感，进而为树立组织的良好形象打下基础,这就是“感情投资”的结果。

3. 改变态度型

改变态度型是组织通过传播沟通活动以改变公众对组织的原有态度,重新建立一种新的态度。

当公众对某一组织一无所知时,谈不上什么态度,只有通过组织的大量传播活动,使公众对其有所了解后,才会产生一定的态度。公众对一个组织的态度从向度上讲有三种情形,即正态度、负态度和中立态度。改变态度就是要求通过一定的传播沟通活动,不仅要强化公众对组织的信任、赞许的态度,而且还要改变公众对组织的轻视、偏见、冷漠、反对的态度为认可、关注、支持和赞许的态度,从而为引发公众对组织的积极行为奠定基础。

4. 引起行为型

引起行为型是在传播信息、联络感情、改变公众态度的基础上进而追求的目标,因此,它应该是组织的最高目标。如通过公关广告可以联络感情,改变公众的态度,但最终还是期望公众接纳组织,购买组织的产品,支持组织的发展。有人说:公关目标越高,公关工作人员责任就越重,他们的工作成绩也就越容易检验。一个企业推出一种新产品,渴望能尽快地在市场上打开销路,可以通过新闻发布会、展销展览会、各类广告等形式开展传播活动。如果公关传播活动效果好,就能够吸引更多的消费者前来购买,从而达到引起消费者行为的公关目标;如果公关传播活动效果不好,该产品就打不开销路,也就没有达到公关目标。

五、传播沟通的原则

1. 实事求是的原则

实事求是的原则是传播沟通的首要原则,也是公关工作的生命。实事求是,就是要求组织在传播沟通活动中,不能隐瞒事实,不能故弄玄虚,不能借口“特定目的”而弄虚作假,而必须实事求是,有忧报忧,是喜报喜,不欺世盗名,不自欺欺人。只有这样,才能达到公关传播沟通活动的目标。组织在公众中的良好形象是以理解和信任为基础的,诚实无欺是达到理解和信任的前提。

2. 向社会负责的原则

任何社会组织都是整个社会的一个组成部分,组织做任何事情都要本着向社会负责的原则。一个组织之所以能够生存和发展,要靠自身的努力和社会各界的大力支持与协助。所以,组织在传播沟通活动中,要坚持向社会负责的原则,树立起有社会责任感、为社会做贡献的组织形象。

3. 紧密联系公关工作目标的原则

公关传播沟通活动要紧紧围绕着组织不同时期的公关工作目标去进行。如果公关工作目标是提高组织的知名度,那么传播沟通就应想方设法寻找各种机会亮牌子;如果公关工作目标是缓解员工之间的矛盾,那么就要耐心与员工交谈,疏通关系;如果公关目标是提高产品的美誉度,传播沟通就要详细地向公众进行产品或服务质量的宣传。

4. 经济性原则

公关传播沟通工作应以最少的投入获取最大的效益,要“少花钱,多办事”,在保证传播沟通效果的前提下,提倡尽可能地选择需要经费少的传播方式和传播媒体。有关的内容将在有关章节里详细介绍。

5. 实效性原则

公关传播沟通工作要注意实际效果,坚持实效性原则,不要只追求形式,搞花架子,要力求使公关传播沟通工作取得预期的实际效果。

第三节　协调关系

在现代社会中,任何组织都是一个开放性系统。在这个系统中,需要有与各方面的公众交往,因此,协调各方面的关系尤为重要。

一、协调的含义

公共关系中的协调是在沟通的基础上,经过调整,达到组织与公众互惠互利的和谐发展。协调的重要作用在于保持组织管理系统的整体平衡,使各个局部能步调一致,以利于发挥总体优势,确保计划的落实和目标的实现。协调分为广义协调和狭义协调。广义协调不仅包括组织内部的协调,而且包括组织对外的协调,如组织与政府、社区、消费者等的协调活动。狭义协调主要是指组织内部的协调,如组织内部上下级之间的协调,组织内部同一层次中的各部门、各单位之间的关系协调。内求团结,外求和谐,是公关协调工作的宗旨。

二、协调关系的内容

1. 协调组织内部领导与员工的关系

组织内部领导与员工关系的好坏,直接关系到员工积极性、主动性、创造性的发挥和领导者职责的实现,也关系到组织全体员工能否形成良好的团结奋斗精神和产生有效的协同作用。因此,组织的公关部门和人员应努力协调好领导者与员工的关系。具体说来,一方面,公关人员要经常向员工宣传本组织的方针、政策,传达领导层的经营战略,并尽可能充分地对组织的方针、政策、战略意图做出相应解释和说明,使员工了解、理解,并自觉执行。如果由于某种原因使员工和领导之间产生了误会,公关人员就应及时进行调解,消除矛盾。另一方面,公关人员还要不断地、广泛地从员工中搜集对组织的意见和看法,及时将这些情况转达给领导,以改进组织的工作,保证领导与员工的关系和谐发展。

2. 协调组织内部各环节之间的关系

由于分工的缘故，组织内部各部门之间往往缺乏“一盘棋”的全局观念，各自为政，由此产生一些矛盾，给组织带来不必要的麻烦和损失。部门之间的协调工作，虽然主要由领导去做，但公关部门也要积极配合，通过沟通加强部门之间的联系、了解，使之相互支持、相互信任、相互谅解，协同努力，提高组织绩效，实现组织目标。

3. 协调组织与外部公众的关系

任何一个组织，在其发展过程中，都会由于各种原因而与外部公众发生一些矛盾和冲突，一旦出现这些现象时，公关部门就要及时了解情况，进行协调，妥善解决各种矛盾和冲突，否则组织的发展就会受到影响。

三、协调关系的方法

1. 反馈调节法

反馈调节法即根据信息的反馈来适当调整组织的行动，以协调关系。在反馈调节过程中，公关人员要把组织的政策、计划情况以及其他信息告之内外公众，同时还要把执行情况以及内外公众的看法及时反馈给组织的决策层，以填补漏洞或进一步修正计划。

2. 自律法

组织与公众之间有时因关系处理不当而引起种种矛盾，如组织内部的干群矛盾、部门之间的矛盾，组织外部的与社区的矛盾、与消费者的矛盾、与政府有关部门的矛盾等。这时，组织要善于自律，实行自我检查、自我监督，严于律己，发现问题主动纠正。

3. 感情疏通法

人是有感情的，组织与公众之间具有情感关系。如果双方感情好，任何事情都好办；感情不和，就会造成阻力。因此，公关人员要重视心理情感的协调，善于运用感情疏通法拉近公众与组织的心理距离。例如，美国著名的推销汽车的能手乔·吉拉德成功的一个重要原因，是与顾客之间建立起一种“唇齿相依”的特殊关系。他说：“当顾客把车开回来要求给予修理或提供服务时，我尽一切努力为他们争取到最好的东西，这时，你必须像一位医生，顾客的车出了毛病，你应该替他感到心痛。”吉拉德还向从他手里买车的顾客每月赠寄一张大小不同、格式精美的明信片。小小明信片紧紧系着吉拉德与顾客的心，使他与顾客保持着密切的关系。周到的服务，情感的协调，是组织建立与公众良好关系的好方法。

4. **信息分享法**

信息分享法即通过建立和完善组织内部的各种传播沟通渠道和协调机制，促进组织内部的信息交流，上情下达，下情上达，横向联络，分享信息，使全体成员在思想上认同和行为上一致，提高组织的向心力、凝聚力。如某厂在厂门口办了一个《每日新闻》专栏，早上 8 点半之前贴出，除了厂休日和节假日之外从不中断，职工每天上班一进厂，先花上几分钟看看这份《每日新闻》，就能及时了解全厂主要的动态和信息，其中既有最新的决策意见、重要的人事变动、生产经营的最新动态，也有关于干部职工福利的消息和文化娱乐消息，还有各部门、各车间的情况通报以及本厂职工的批评建议等。大家感到这个新闻墙报比开大会更有用，比看报纸更“解渴”，一天不看就感缺憾。由于职工们的喜爱和信任，大家都积极地为《每日新闻》编辑部提供信息，大大加强了组织内部的沟通和横向联系，理顺了人际关系，有效地将全体职工凝聚在一起。可见，内部关系的协调有赖于良好的内部信息沟通，信息的分享度越高，关系就越和谐。

5. **协商法**

协商法就是通过协商的方式来避免或减轻组织与员工之间、组织与组织之间的矛盾和冲突，以及由此造成的损失。这也是常用的一种方法。

四、协调关系的原则

1. *及时原则*

组织的领导者和公关人员要能及时发现和解决组织之间、部门之间、人员之间的矛盾和问题。这样既能防止矛盾激化,也便于解决问题。否则,对问题和矛盾视而不见、听而不闻,或拖延时间,到问题成堆才去解决,不仅扩大了矛盾,而且也会使问题变得复杂化,加大了解决矛盾的难度。因此,协调关系必须遵循及时的原则。

2. *平等原则*

组织的领导者和公关人员在协调各方面的关系时,要公平合理,而不是以关系的亲疏来进行协调。只有在同等的条件下参与协调活动,才能协调好各方的关系。

3. *讲真求实原则*

讲真在这里有两层意思:一是指要讲真话,二是指要真诚。讲真话,就要求是一说一,是二说二,是好说好,是坏说坏,既不夸大,也不缩小;讲真诚,则要求对公众真心相待,坦诚相见,不虚情假意,也不敷衍搪塞。

求实,就是尊重事实,据实反映,既不以主观想象代替客观事实,也不遮掩真相。

4. *互惠互利原则*

互惠互利,顾名思义,是双方互相有利,互相给予好处,共享好处。一个组织在同公众的接触中,不可能不发生这样或那样的矛盾。问题是矛盾产生后,应如何对待。如果只考虑自己一方的利益,则难以使矛盾解决。正确的做法应是:站在一切从公众利益出发的立场上,明辨是非,相互谅解,使矛盾得以尽快解决。

在公共关系纠纷中,大部分是利益纠纷。解决利益纠纷的基本要求是协调利益关系，使利益均沾，双方接受。以损害一部分公众利益来弥补组织的利益，这种做法是不可取的。因为损害了公众的利益，公众不满意，不接受，不再与组织打交道，最终还会损害组织自身的利益。只有利益均沾，才能化解矛盾，共同发展。

5. 全局原则

全局原则是协调组织与公众关系的出发点和基本要求。协调组织与公众关系的全局性原则集中体现在两个方面：一方面，要有利于党和国家政策法令的贯彻，在处理组织与公众各方关系时，凡是涉及党和国家政策的问题，都应态度明确，坚决按照党和国家的政策法令执行，一切从大局出发，不迁就某一方，满足某些人的无理要求；另一方面，要在保证国家利益不受损失的前提下，正确处理组织内外的各方关系，决不容许假公济私、化公为私等违法违纪行为。

6. 求同存异原则

在解决矛盾冲突时，双方分歧可能涉及较多方面。在这种情况下，公关人员应分轻重缓急，先易后难，先急后缓，予以妥善解决。如果对有些矛盾冲突一时很难达成一致的协议，也可求同存异，逐步解决。

第四节　咨询建议

公共关系作为一种管理职能，其重要意义还体现在它在经营管理决策中，发挥着咨询、建议和参谋的作用。所以，咨询建议是公关的一项重要职能。

一、咨询建议的含义

所谓咨询建议，是指公关人员向决策管理部门提供有关公关方面的情况和意见，它是从社会公众的角度、组织形象的角度和传播沟通的角度为决策提供咨询服务的。

公共关系的咨询建议与采集信息是密切相连的。获取信息是咨询建议的前提，没有足够的信息，一切咨询和建议只能是空谈；只有通过向组织提供咨询和建议，采集的信息才能充分发挥其功能，实现其价值。

二、咨询建议的内容

1. 为确立决策目标提供咨询建议

决策的第一步是确立决策的目标，公关的咨询参谋作用首先表现在为制定目标提供咨询建议。这种参谋的作用不是从技术、财务、人事等专业角度，而是从社会公众的角度去评价决策目标的社会制约因素和社会影响效果，努力地使决策目标与公众利益和环境因素相容。特别是现代组织的决策日益专门化，各职能部门的管理人员将决策的焦点放在本部门的专业目标上，往往疏于从全局和社会的角度考虑决策可能导致的社会效果。因此，亟须公关部门站在公众和社会的立场上，综合评价各职能部门的决策目标可能引起的社会问题，从公众利益的角度去观察组织及其职能部门的缺陷，敦促有关部门或决策者依据公众需要和社会价值及时修正导致不良社会后果的决策目标，使得组织决策目标既反映组织发展的要求，也反映社会公众的需求，使公关本身成为整体决策目标系统中的组成部分。

2. 关于组织形象的咨询

组织形象的咨询在于诊断组织存在的问题，为塑造组织形象提出合理化的建议。组织形象的好坏是组织生存的一个重要因素。如果一个组织具有较高的知名度和美誉度，那么就容易被社会公众所理解和支持。因此，公关人员要全面搜集公众对组织形象的信息，加以慎重分析后，及时向组织决策层提供参考，从而帮助组织正确决策。特别是当组织形象受损时，公关人员更要及时反映现状,提出建议,改善组织形象。

3. 提供关于市场动态和公众意向的预测咨询

在现代社会中,市场日新月异、变化极快,公众的心理状态、趋向也在不断变化。能否迅速把握市场变化动态和公众意向的变化趋势,决定着一个组织能否生存和发展。因此,公关人员要凭借自己丰富的经验和广泛的活动,根据已获得的大量信息,进行科学的分析,预测市场变化趋势、公众的心理及意向,向决策部门提出建议;而决策部门只有在掌握这些信息的基础上,才能做出适应时代潮流和"领导"时代潮流的战略决策。如前些年,美国市场研发人员发现,美国25~40岁的男女,相当多的人是单身,同时又是各行各业的骨干,他们工作紧张,时间观念强,薪水高,重视体形和仪态,舍得花钱。这类人对食品的要求是:方便、低热能、营养高、味道好,这实际上也反映了一般人对食品要求的趋势。一家食品厂搜集到这些信息后设计出一种食品盒,把它放进微波炉,两分钟后即可取出,成为可口的美餐。这种食品盒符合消费者对食品要求的趋势,投放市场后销路很好。

4. 为决策提供各种建议

如果组织与公众的关系紧张,并有发生摩擦的苗头时,公关人员要以积极的态度和进取的精神,为组织出谋划策,协助有关部门协调好各方面的关系,以防发生失误,使组织形象受到损坏。

三、咨询建议的形式

1. 成立咨询服务部

咨询服务部是组织的智囊团,其主要任务是向组织提供各种咨询建议,为领导科学决策发挥参谋作用。如广东对外经济贸易总公司曾为广州人民造纸厂引进一套造纸设备提供咨询,通过认真比较,分析国际行情价格,使这一项目为国家节约外汇100万美元。

2. 帮助组织选择决策方案和活动的时机

公关的咨询作用表现在运用公关手段，为决策者评价、选择和实施有关的决策方案，特别应关注决策方案在经济效益和社会效益方面的统一和协调，提醒决策者重视决策行为的社会影响和社会效果。同时，调动公关手段，广泛征询各类公众对象的意见，促进决策过程的民主化和科学化。

组织要提高知名度，就必须多参加和举办各种各样的公关活动，如举办记者招待会、商品展销会、博览会、策划新闻稿件等。公关人员可根据自己的实践经验，为组织选择恰当的时间、地点和方式参与这些活动。通过活动，使组织广结良缘，提高声誉。

3. 参与决策

公关人员不仅要向组织提出一般的咨询建议，而且要尽可能参与决策，为领导决策提供必要的信息建议，直接影响决策过程，这才是公关咨询建议的最高形式。公关人员要努力开展工作，在决策之前，广泛征询内外公众的意见，获取全面信息，以供决策者参考，使决策方案具有较强的社会适应性和灵活性，并争取以决策方案中能够较完整地反映出公关人员的工作成绩及其思想而引起领导层的重视，为公关人员更多地参与决策活动提供机会。

以上我们介绍的四大职能，仅仅是从经营管理的角度看公共关系所具有的职能。除此之外，公共关系还具有其他的职能，如教育、交往、危机事件处理等。这里，我们就不一一叙述了。

第三章 公共关系工作的基本原则

公共关系是一门科学，任何组织在策划和实施公关活动时，都必须遵循其共同的基本原则。这些基本原则有：以事实为基础，以公众研究为依据，以科学理论为指导，以公众利益为出发点，以全员 PR 为保证，以上层领导支持为动力。

第一节　以事实为基础

公关工作必须以事实为基础，它是开展公关工作的前提条件。

一、先有事实，后有公共关系

现代社会组织与环境之间处于不停的交互作用之中，两者之间总是存在着平衡与不平衡、协调与不协调的对立统一关系。公关工作的任务就是要变不平衡为相对平衡，变不协调为相对协调。一般地说，总是先有不平衡、不协调的“事实”，然后才有变不平衡为平衡、变不协调为协调的公关工作。因此，公关工作的开展必须以客观事实为基础，必须以科学的调查研究、以对事实的充分了解和掌握为基本条件。一个组织要开展公关工作，首先考虑的不是技巧，而是对事实的准确把握，考虑通过什么方法搜集关于公众情况的资料，搜集关于组织与环境的相互作用情况的资料，搜集双方可能存在的不平衡、不协调的种种事实。只有掌握了足够多的客观准确的事实，才能进而策划公共关系的行动计划，因此，事实应该而且必须是全部公关工作的起点。

二、保证事实材料的翔实

要以事实为基础，就必须保证事实材料的翔实。在新闻界关于事实的一句行话是五个 W 和一个 H。五个 W 就是 Who（谁）、What（什么）、When（什么时候）、Where（什么地方）、Why（为什么），一个 H 就是 How（怎样）。搞清楚了它们，就是搞清楚了事件的基本事实，这五个 W 和一个 H 是构成描述客观事实的基本要素。公共关系所要搜集的事实材料必须包括这六个事实要素才能反映出一个事件真实的事实过程，由此形成的公共关系才具有坚实的基础。

三、公关工作必须讲真求实

在开展具体公关工作时，同样也必须以事实为基础，说真话，重事实。刘少奇同志在《对华北记者团的讲话》和 1956 年《对新华社记者的谈话》中，曾提出新闻报道必须“客观、真实、全面、公正”的方针。这个方针同样适用于公关工作。

公共关系注重双向沟通，要求一方面在向本组织有关部门报告公众信息时，做到客观、真实、全面、公正，不能有任何虚假，不能报喜不报忧，只有这样，才能使决策层根据真实的信息，制定出有利于组织良好形象的决策方案。另一方面，在向公众发布关于组织的信息时，也要做到客观、真实、全面、公正，要坚持说真话，公开事实真相，决不能隐瞒和文过饰非。这不仅关系到公关人员的职业道德，更重要的是其弄虚作假行为一旦被公众识破，组织就会失信于公众，不仅组织形象会受到损害，也会为今后开展公关工作造成极大的困难。如果不真实的信息是通过新闻媒体发出的，则新闻机构的信誉将会受损，组织与新闻界的关系也将遭到挫折，这给组织带来的损失更难以估算。因此,要使公关工作顺利开展,就必须讲真求实。

从“公关之父”艾维·李在著名的“原则宣言”中,强调了公共关系必须公开事实真相的原则以来,以事实为基础,讲真求实就一直是公关工作的基石。

第二节　以公众研究为依据

公关工作的对象就是公众,公共关系事实上就是公众关系。离开了对公众的了解,公共关系就成了无源之水。因此,以公众研究为依据,这是公共关系第二个基本原则。公众研究要注意以下几点。

一、从公众与组织的横向联系来研究公众

社会组织要对本组织的公众做横向方面的研究,即对社会公众的构成做到心中有数,要研究公众的范围、公众的类型、公众的数量、公众的活跃程度等。

在组织与环境相互依存的过程中,一般存在着不同的公众系统。各类公众系统对组织所起的作用是不相同的。有的公众系统对组织的合法生存起着支撑性的作用,如国家各级各类的权力机构、企业的董事会及股东等。如果这个公众系统出了毛病,就有可能使组织的生存受到威胁。对这类公众系统的研究,对于组织的生存和发展都有根本性的意义。有的公众系统对组织正常的投入产出的功能运转起着直接作用,如内部员工、原材料供应单位、各类协作单位、消费者和用户等,尤其是内部员工和消费者,更对组织的生存、发展起着决定性的作用。一旦得不到这类公众的理解、支持与合作,组织的功能就不能得到正常、有效的发挥,组织就没有生命力。有的公众系统是组织的竞争对手,但在某些方面又与

组织有着共同的利益点。这类公众最常见的是行业协会或联合会等,与它们的关系更多地涉及组织的直接利益。有的公众系统对组织形象的树立起着积极的舆论作用,如社区居民、新闻媒体等,更应引起组织的重视。

只有了解各类公众系统的构成以及各类公众系统的特点和对组织所起的作用,组织才能制定出有针对性的公共关系工作计划。

二、从公众的变化过程来研究公众

公众具有可变性的特点,不仅公众的数量在变化,而且公众对组织所持的态度、所采取的行为及所起的作用也一直在变化之中。要研究公众的变化就必须从公众的变化过程入手,采取动态的研究方法。

从公众的变化过程来看,根据公众对组织有利的程度可分为非公众、潜在公众、知晓公众和行动公众。这四类公众从"非公众"到"行动公众"是一个不间断的变化过程。公关人员通过公众调查掌握了变化中的公众的有关资料后,才能把他们归入某个公众类型,从而制定出切合实际的公关计划来。例如:掌握了非公众可帮助公关人员减少工作的盲目性,避免在人、财、物和时间上的浪费。正确了解和分析另外三类公众,对策划公关活动更有直接的意义。任何社会组织都应采用各种公关方法、手段和技巧争取更多的对组织有利的公众,尽量减少对组织不利的公众。在对组织有利的公众中,如果行动公众越多,对组织就越有利,所以制定公关计划应努力促使潜在公众向知晓公众、行动公众转化;反之,在对组织不利的公众中,如果行动公众越多,给组织带来的损失和危害就越大,公关人员应竭尽全力阻止知晓公众向行动公众的发展,也应采取各种有效手段防止潜在公众向知晓公众转化。只有这样,才能维持组织所处的公关状态,使其不受损害。

三、对公众的研究应与对问题的研究相结合

公众是与组织发生相互作用并面临共同问题和共同利益的社会群体。研究公众就应与研究公众所面临的问题相结合,从研究组织行为可能引起的问题入手,具体探讨因问题而产生的特殊公众。例如:组织对“三废”问题没处理好,因空气污染而产生的公众对组织具有消极态度;而组织的价廉物美的产品又可能产生另外一类公众,他们对组织具有积极的态度。公众的态度都是受具体情景规定的,一个具体的问题就会产生一种特殊的公众。因此,研究公众必须与研究公众所面临的问题结合起来。公共关系人员必须首先确定组织行为引起的问题,然后追寻到由该问题而形成的公众,通过调查、了解、分析和研究,制定出与之沟通、化解矛盾的公关计划。一旦原有的问题得到解决,与该问题有关的公众就不复存在。新问题的产生又将带来新的公众,公关人员又必须制定新的公关计划,策划新的公关活动。

第三节　以科学理论为指导

现代公共关系从产生到现在,已有近百年的历史。与发展初期相比,其理论和实践有一个重要的变化,就是从凭经验、感觉进行工作转化为由现代科学理论为指导来制定公关计划,开展公关活动。

一、公关工作要在公共关系学的指导下进行

公共关系学是一门新学科,是一种边缘性的综合社会科学。公共关系学的形成和发展与管理学、传播学、社会学、心理学、行为科学、市场学、经济学等学科的发展密切相关,是以对这一系列社会科学的综合为基础的。公关工作是公共关系学的应用,是一项

专业化程度较高的技术工作，因而它在基本工作方法、工作程序等方面，都必须遵循公共关系学的理论指导，讲求科学性。

二、公关工作在实践环节上要在多种社会科学的指导下进行

第一，以科学方法对公关工作对象做定量研究。公关部门需要了解组织所面临的环境条件，要掌握组织与环境的平衡情况，要研究公众的构成和变化情况。对这些情况的了解和研究，不能靠直觉、灵感、估计或主观武断，而必须采用科学的调查方法，对公关工作对象在量的层次上进行分析，才能获得较完整、准确的数据资料。没有这些定量研究，公关人员就不能进一步分析、研究，也就不能得出正确的结论。

用科学方法对公关工作对象做定量研究，需要具有这方面知识和技术的人才。各种组织要重视培养和吸收从事定量研究的专门人才充实公关机构，这对组织的公关工作科学化具有重要意义。

第二，以社会科学的先进理论为指导，对公共关系做定性研究。定量研究起到描述公共关系的表象作用，而公共关系需要与人打交道，人具有主体性，人的主体意识和选择意向使公共关系在其表象下隐藏着极其复杂的内容。公共关系的深层结构、公共关系必须处理的各种现实问题必须依靠先进的社会科学理论，特别是行为科学理论才能被充分揭示和合理地解释。

每一个社会组织及它的公众都是一定文化的产物，都受到一定文化的规定和影响。从一定意义上说，公共关系本身就是一种文化现象，可以从文化的视角来透视。公共关系要达到预期的目标，必须考虑组织和公众相互作用的文化背景，研究公众和组织的文化观念，而这方面的研究离不开先进的社会科学的理论指导。公关工作的开展还要受到哲学思想、社会体制的影响。因为正是这些哲学思想、社会体制对社会生活和人的行为的影响构成了社

会文化的基本因素。

公共关系的定量研究与定性研究是互为补充的，都离不开科学理论的指导。为此，公关部门在人员配备上应注意以上两类研究人才的互补，这样才能使公共关系工作建立在坚实的科学基础之上。

第四节　以公众利益为出发点

公共关系以公众利益为出发点，既是一个基本原则，又是一项职业道德准则。以公众利益为出发点，必须做到以下三点。

一、对公众和社会负责

首先要把对公众负责和对社会负责这两种不同的“负责”区别开来。公众总是特定的、具体的，对公众负责，就是对由组织行为而引起的特殊的社会群体负责。对社会负责就是为解决人们共同面临的社会问题而分担责任，因此必须有极大的社会责任感和主动精神。

第一，要保证组织自身基本任务的圆满完成。每个社会组织都有既定的目标和任务，实现自己的既定目标，完成各项基本任务，这是对公众负责的主要表现。比如，一家生产电视机的企业，如果其产品的合格率只能达到50%，就很难说这家企业对公众是负责的。公共关系的各项工作不能脱离组织要实现的既定目标和要完成的基本任务，如果违背了这一点，就从根本上否定了公共关系的作用。

第二，要关注组织行为所引起的问题，主动为社会服务。公关工作必须注意由组织行为所引起的各种问题对公众和社会带来的影响，尤其是那些可能引起一定危害的问题，如工厂废水废气的排放可能引起对环境的污染等。对此，公关人员应协助组织采取有效措施努力防止其发生。问题一旦出现了,就应迅速、及时、有针对性地采取各种公关手段认真加以解决,决不能听之任之。

社会组织对公众和社会负责,需要公关人员有长远观点、战略眼光,主动去关心社会,对与组织自身行为无关的一般社会问题表示关切,积极参与社会服务,这也是公关工作的一个重要方面。

二、善于平衡组织与公众的利益

公共关系以公众利益为出发点,并非不考虑自身利益,而是追求公众与组织的利益平衡,做到双方互惠互利。组织在同公众的交往过程中,为了满足公众的需求,有时可能牺牲组织的一些眼前利益,使组织付出一定的代价。但是从长远考虑,这是对组织的生存环境的维护,是组织的公共关系投资。事实上,公共关系的根本着眼点是组织的长远目标。开展公关工作的根本目的,就是要保证组织在社会中的长久生命力,争取社会的长期支持。如果鼠目寸光,斤斤计较,不惜损害公众利益来平衡眼前的得失,绝不是互惠互利,其实质是对公共关系的否定。

三、重视公众对组织行为的评议

组织的行为是否真正尊重公众的利益和要求,应由公众来回答。所以,公关人员要重视公众对组织行为的评议,发挥“中介”作用:一方面,应及时把公众的意见报告给组织的决策层,使其做出的决策更符合公众的利益;另一方面,应把组织的政策、措施向公众进行宣传和解释,使公众能对组织的行为做出合理的反应和评议。

第五节　以全员 PR 为保证

全员 PR 是指组织的全体人员都具有公关意识,都能按照公关工作的要求,将日常工作与组织良好形象的树立相联系。全员

PR 是组织开展公关工作取得成功的保证。

一、良好的公共关系必须通过组织全体人员的努力才能建立和维持

公关工作是全方位的,它不能脱离组织的其他工作而单独存在,而要渗透到组织的每一项活动中去。同各类公众直接接触的除公关人员以外,更多的是组织其他机构的工作人员。这些人员处在与各种层次、各种类型的公众打交道的第一线,了解各类公众的特点,熟悉与各类公众沟通的有效方式。公关人员只有借助于组织其他人员的帮助,才能更有效地开展公关工作。只有当广大员工都来关心、支持公关工作时,组织的公关工作才能获得最可靠的保证。

一个组织的良好形象是通过组织全体人员的集体表现来体现的,是组织中每个人各自形象的总和。如果组织中某个成员在与公众的交往中,不检点自己的言行,不能自觉地维护组织的形象,就很可能会"一颗老鼠屎,搞坏一锅粥",使组织的形象受到严重损害。反之,如果组织中每个成员都能注重自己的形象并增强公众对组织的好感,则组织的良好形象才能得以全面树立和长久维持。

长城饭店的副经理介绍过这样一件事:内蒙古自治区的某肉类加工厂的一位代表来北京推销牛肉,这是他们的一项科研成果,长城饭店请了 100 多位专家来参加鉴定,大家一致称好。但是这位厂方代表给人的印象很差,首先,他衣冠不整,衣服皱皱巴巴的,在鉴定会上,他在四个口袋中乱摸,最后从包里摸出了皱巴巴的两张纸,上面写的是介绍牛肉质量的检验指数,他还念得结结巴巴,给人一种不可信任感。他的表情既不自信又很固执,谈判的时候,漫天要价。新西兰的牛肉质量不错,包装也考究,才 27 元 1 千克,而这位代表开价 35 元 1 千克。长城饭店也认了,想还是买国内的吧,但要求去油。这位代表说"那可以,得 80 元 1 千克",结果把

人家吓回去了，不要他的了。后来他着急了，但着急也没用，失去了一个长期稳定的大客户，名声也给弄糟了。

二、全员 PR 需要公共关系人员去努力开发

任何组织要进入全员 PR 的境地，首先要强化全体人员的“整体意识”，让每个成员都能自觉地把自己同组织的整体形象结合起来。为此，公关人员应积极不断地向员工宣传：个人形象是组织形象的缩影，个人的行为会直接影响组织在公众中的印象，让每个员工都懂得自己是作为组织的代表在与公众接触和沟通。此外，公关部门应抽出一定的人力向组织中的全体员工普及公关知识，正确引导员工树立公关意识，自觉支持公关工作，自觉维护组织的良好声誉和形象，让员工明白什么是组织的理想形象，什么样的行为有利于组织理想形象的树立，以此来激励全体员工为实现组织的公关目标而约束、调节自身的行为，把自己的日常工作与公关工作有机地结合起来，获得全员公关的理想效果。

下面，以闻名于世的美国“迪士尼乐园”为例：

职工们一开始就要接受文化传统教育。人人都得上迪士尼大学，而且只有在“第一号传统”课及格以后，才能接受专业训练。第一号传统课要进行一整天，在这一天里，要向新应聘来的职工不断讲解迪士尼的宗旨和经营方法。从副总裁到入口处收票的业余兼职短工，谁都不许免修这门课。迪士尼公司希望这些新“演员”懂得一些关于本公司的历史和成就以及它的管理风格的知识，然后才真正去开始工作。还要求每个人能够讲明公司的营业、游览场所、饮食、市场经营、财务、商品经营、娱乐等各部门之间的关系，以及这些部门和“前台表演”之间的关系。换句话说，“这就是我们大家该怎么一起来把这台戏唱好，这就是你在整幅大画面里要扮演的角色。”在迪士尼公司，所有在第一线工作的职工都是“演员”，人事部门干的是“分配角色”的工作。只要接触公众，就是

"在前台"。即便是收门票这样普通的活,也要经过4天、每天8小时的培训后,才允许登上"前台"。职工要懂得什么是"贵客"(Guest),那是用大写字母G打头的,可不是"顾客"(Customer),那是用大写字母C打头的,不可混淆。有人问:"学会收门票为什么要花上4天时间?"他们回答说:"要是有人来问厕所在哪里,游行表演什么时候开始,回宿营地去该乘哪辆公共汽车……我们得知道怎么回答或者到哪儿能最快地得到回答。总之,我们是在'前台'上,是向我们的客人'演出'。我们所干的活,是使客人们每分钟都能感到游园的快乐。"

许多管理学家和公关专家均认为,这种全员公关意识,是迪士尼乐园成功的奥秘所在。

第六节　以上层领导支持为动力

公关工作得到组织最高领导层的支持,才能获得真正的动力和效果。这是因为:

第一,一个组织或企业的公共关系形象是它自身的根本政策和行动的体现,而这一点必须由上层领导者来决定。

第二,重大的公关活动涉及整个组织的各部门,这也需要上层领导者来推动。

第三,对外关系需要高层领导的权威,如关心社区建设、承担社会义务、关心职工生活、遵守国家方针和政策以及树立用户至上的服务宗旨等,这些工作非得由组织的上层领导直接支持不可,否则公关部门即使有非常巧妙的公关构思,也不可能付诸实现。因此,公关人员应做到以下两点。

一、对上层领导灌输公共关系思想

公共关系机构只是组织的一个职能部门,要在上层领导的指挥下进行工作，一切公关计划都要得到上层领导的认可才能付诸实施。公关人员所提议采取的一切受公众欢迎的政策措施，如关心职工生活，树立顾客至上、服务第一的宗旨，关心社区建设，承担社会义务等，都必须得到上层领导的批准才能推行。因此，公关人员要善于不断地向上层领导灌输公共关系思想，让他们真正重视公关工作，支持公关工作，而不是把公关工作当作装饰，只有这样才能保证公关活动的有效开展。

引导组织上层领导重视公关工作或直接由高级管理人员担任公关部门负责人的优点主要有以下三个方面：

第一，能从组织内部做好公关工作，即在制定组织的政策和行为时考虑公关的因素，制定公众喜欢的经营管理宗旨。

第二，有助于贯彻全员 PR 的原则。由高层领导负责公关工作，能在组织内部造成一种良好的公关气氛，起到一种带头作用，从而有利于全员 PR 的推行。

第三，能强化对外公关的效果。因为高层领导出面进行公关工作，所发布的消息和许下的诺言更容易让公众相信和接受。试想，如果公关部长在组织中的地位不高，公众很可能会怀疑他的发言是否算数，该企业是否会接纳他的意见。

二、努力使上层领导了解每项公关工作的意义

公关人员除了向上层领导灌输公共关系这种现代管理思想外，还应在策划公共关系计划时，努力使领导了解每项公关工作的具体作用和意义。要及时、全面地向领导提供有关公共关系的信息，促使领导支持公关工作。

总之，只有上层领导重视和支持公关工作，才能在做决策时考虑公关方面的因素，制定出公众喜欢的经营管理宗旨，实现组织的战略目标。

第四章 公共关系组织机构与人员

公关工作要以公关组织机构作为组织保障，而公关组织机构中的公关人员的素质又对公关工作的效率起着决定性作用。因此，合理设置公关组织机构，培训和任用具有良好素质和技能、有职业道德的公关人员，对有成效、高效率地开展公关活动是十分重要的。本章将对三种公关组织机构及公关人员的素质要求进行详细介绍。

第一节　组织内部的公共关系部

组织内部的公共关系部（简称公关部）是指组织内部专门从事公关工作的公关部门，如公关部、公关科或公关室。

一、公关部设置的必要性

在现实生活中，时常可以听到组织的高层领导抱怨下属不能很好地配合领导的工作，而中下层管理人员也抱怨自己的上级不了解情况瞎指挥。当中下层管理人员与上级领导接触时，既要执行上级命令，又要反馈公众的意见，这种一身二任的角色，往往造成双向沟通的困难。还有一些企业生产出的新产品，在市场上销售情况不好，而消费者虽需要这种产品，却不知到哪里去买。这说明企业生产的新产品适合消费者需要，但是推销却不成功，这同样也是一种双向沟通的困难。如何去解决这些困难呢？在过去的沟通方式中，如果领导善于听取群众意见，又能及时准确地将自己的观点传达给群众，这无疑会使双方沟通顺利进行，但如果这位领导调离了原岗位，双向沟通是否还能顺利进行，就难说了（当然组织的活动并不如此简单）。因此，当我们认识到双向沟通在管理中的重要性时，就不能只将解决双向沟通的困难寄托在某个人的身上，而应从体制上加以改进。这样就需要建立一个专门负责沟通工作的实务部门，使组织内部上下级之间、各部门之间，以及组织与其所处的环境之间的沟通能够稳定、经常地顺利进行，这个部门便是公关部。

二、公关部的理想地位

在传统的组织结构中，每一个中间层次的部门，都向一个上级主管部门负责，同时又领导若干个下级部门。这样的关系层层展开，形成了一个最高层的部门逐层领导越来越多的部门的形式，被人们称为“金字塔式的组织结构”，如图 4 －1 所示。

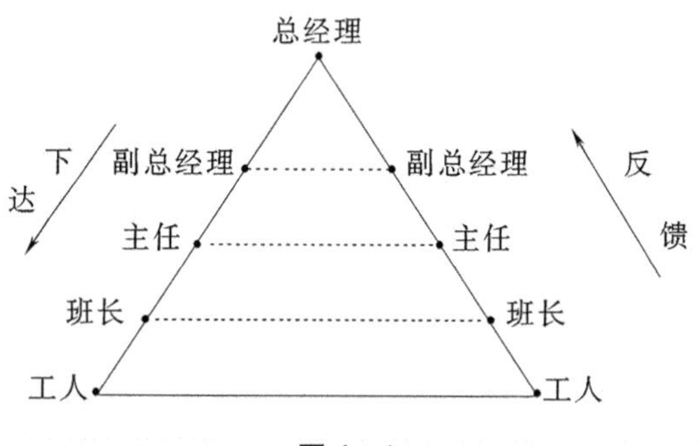

图 4 －1

在这种组织结构中，无论是最高层的意见传达到最基层，还是最基层的意见反馈到最高层，都会遇到许多困难。这些困难中最严重的是传递意见的速度慢以及传递过程中信息失真严重。为使双向沟通顺利进行，公关部应跳出传统的金字塔结构，占有一个独特的地位。这个独特的地位应具有以下特点：

第一，直接和组织最高领导对话，直接对组织最高领导负责。

第二，任何其他部门无权干扰公关部的工作，无权对公关部下达命令；公关部也无权指挥任何其他部门，无权命令其他部门。

第三，公关部必须能够与组织中的各个层次、各个部门保持密切的接触，及时了解组织内外的各种意见。

第四，公关部能够将各种意见反馈到最高领导或其他部门。

这样，公关部已不再是组织命令执行系统中的一个环节，而成为一个单独的意见反馈或协调部门。

当前，组织中公关部的机构模式没有统一固定不变的形式，但根据以上所述的公关部的独特地位，可以得出符合所述特征的机构设置模式。其模式如图 4－2 所示。

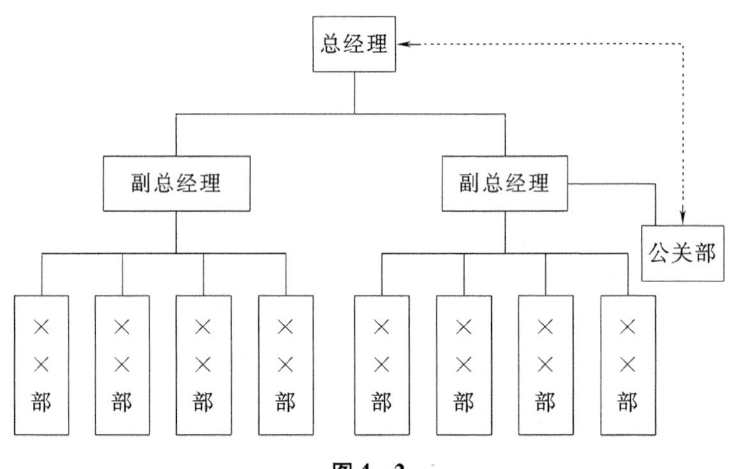

图 4－2

这种机构模式，既能使公关部随时与上级沟通信息，又体现了公关部职能的全面性，使它具有较大的自主权和直接的汇报权，有利于公关工作的开展。

就公关部本身的结构看，没有固定的形式。它可以是以下几种形式：

公共关系对象形式。这种形式的特点是公关部所属机构的名称分别是公关工作对象的名称。如图 4－3 所示。

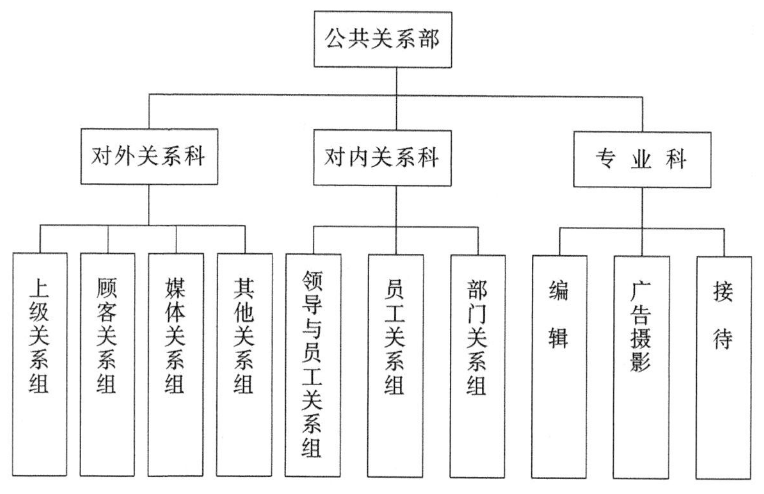

图 4－3

公共关系手段形式。这种形式的特点是公关部所属机构的名称分别为公关手段的名称。如图 4－4 所示。

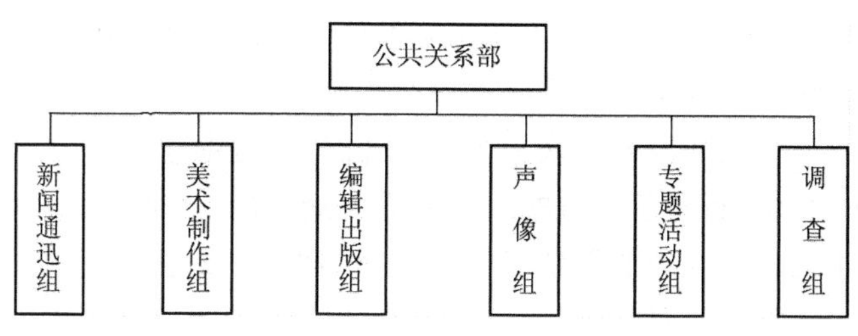

图 4－4

公共关系过程形式。这种形式的特点是公关部所属机构的名称分别为公关活动的程序的名称。如图4－5所示。

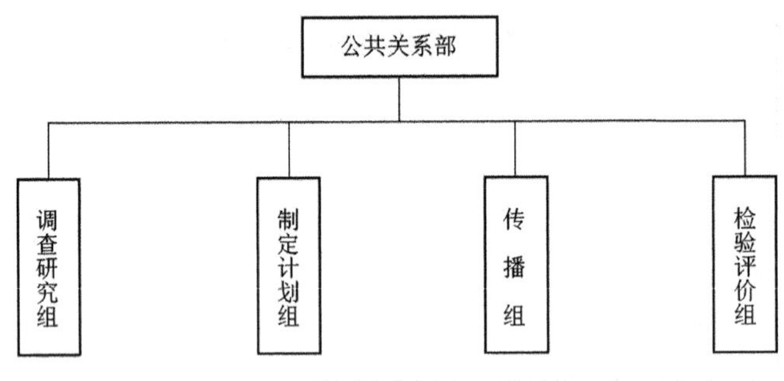

图4－5

三、公关部的任务

公关部的机构设置要合理，结构本身要精简。在实际工作中，每个组织在考虑设置公关机构时，一定要从实际出发，结合本组织的情况进行合理、科学的安排。

关于公关部的任务，没有什么硬性的规定，决定公关部任务的关键在于这个组织对公关工作的需要程度以及这个组织的领导认为公关工作在本单位发挥作用的程度。

就一般情况而言，公关部的基本任务有以下几方面。

1. **建立并维持同内外公众的联系网**

一个组织的内外公众是多种多样的，有集中起来的组织，也有分散的群众；有易于接触的组织内部公众，也有必须采用大众传播工具才能进行沟通的消费者。因此，任何组织的公关部成立以后的第一件事，就是根据本单位的工作性质、范围确定相应的内外公众，然后再考虑应采用什么方法建立同这些公众的联系网。这样的联系网络绝不是短期内可以建立起来的，而必须在计划的指导下，有步骤、有条理地进行。如果等出现了问题才急于寻找合适的沟通方法，往往会把自己搞得狼狈不堪，不但可能错过沟通的最佳时机，而且还会因沟通不畅产生或加重误解。

2. 及时了解内外公众的各种意见

公关部应把了解内外公众的各种意见当成一项基本任务，使之经常化、制度化、专门化，充分发挥公关部的沟通作用。

这项任务的第一个关键是及时性。为了及时了解公众的意见，公关部要采用一些专门的方式，如设立意见箱、安排领导接待日、召开小型意见征求会、定期或不定期地进行民意测验、发行反映公众意见的内部刊物等。

这项任务的第二个关键是了解意见的多样性。在公关部收到的各种意见中，凡是针对具体部门的，公关部通常可将其转至有关部门去。因为公关部无权处理部门问题，但意见毕竟从一个侧面反映了组织存在的问题，应引起充分的重视。公关部最感兴趣的是涉及组织形象、业务方向等方面具有全局性的问题，因此各类公众中有关本组织的发展方针、经营策略方面的意见乃至与此有关的各种印象、感觉、反应之类对于公关工作都是非常重要的，公关人员对此应具有职业的敏感。

为了能够及时了解内外公众的各种意见，公关部要通过已经建立起来的同内外公众的联系网络，有效地搜集信息。只有掌握了公众对本组织的真实情况的了解程度，特别是知道了哪一部分公众对本组织误解最大，才能够确定在一次专门的公关活动中，应集中劝说哪些对象。

3. 选择适当的方式和渠道传播信息

公关工作是双向沟通的，所以了解公众的意见并不是目的，真正的目的在于通过主动的行动，让公众的意见向本组织的方向转变。因此，选择怎样的方式和渠道传播信息，才能最有效地影响公众，就成了公关部的基本任务之一。

公关部在组织一次专门活动之前，需根据平时积累的资料，判断选择怎样的活动方式才能有效地吸引公众的注意，采用什么传播渠道才能让有关的公众了解到正确的情况。如一个厂家在推出一种新产品之前，可以借助电视节目或报纸的专栏节目，介绍此类商品的性能以及如何鉴别和选择，然后在自己的商品广告中重点宣传此项商品所具有的各种可供选择的功能。这样消费者不仅了解了如何鉴别此类商品，而且了解了该企业正在生产的这种商品，就可以用较正确、较科学的标准来评价该厂的商品了。此项商品信息传播方式的选择无疑是正确的。

4. 为管理决策提供参考意见

公关部应经常向组织决策层汇报已掌握的各种信息供领导参考，公关部还可以就某一项组织发展规划，提出几套可行性方案及其利弊，供领导人选择。公关部的负责人应该参加董事会和其他高层会议，了解和参与重大问题的决定。

5. 教育全体人员进行公关工作

教育全体人员进行公关工作也是公关部的一项任务。因为组织中的任何人的一言一行都可能会给公众留下深刻的印象，这些印象的好坏，又会影响整个组织形象的优劣。有这样一个故事：有一天，松下幸之助到东京的某理发店理发，理发师无意中认出了他，大为惊讶，这位闻名于世的大实业家竟是一个衣冠不整的小老头。理发师告诫他：你是公司的代表，看到你的外表，别人会怎样想，公司的人都这样邋遢，他公司的产品会好吗？理发师的忠告从此改变了松下幸之助不注重外表的坏习惯。

平时处在组织对外关系第一线的往往是普通的员工，像商店的售货员，宾馆、餐厅的服务员，工厂的供销员和维修人员，电话总机的接线员，这些人的工作质量，一言一行，都会影响到组织的形象。北爱尔兰工业发展局香港办事处负责人说过这样一段话：任何一个组织的公关,可以说就是这一组织本身及其有关人员所造成的印象之总和。每个组织及其有关人员,其仪表、行动、言论、著作、产品、工作效率……都可以构成一般人对该组织的印象。任何一种不利舆论的造成,不论是其负责人造成的,还是普通人造成的,都可以发生严重的影响。因此,一个组织的形象,必须经过组织内所有员工的努力才能建立和维持,应让全体员工都有公关意识,都按照公关要求去规范自己的言行。要做到这一点,关键在于公关部的培训、教育、普及工作。公关人员不仅要身体力行,还要抽出一定的时间对全体员工进行公关意识的教育,普及公关知识,使全体员工均能自觉地维护组织的声誉。

四、公关部的工作

公关部的工作可以分为三类:日常工作、定期活动和专门活动。

1. **日常工作**

(1)随时搜集组织内外公众的各种意见。

(2)拟写介绍组织情况、工作进展、好人好事等的新闻稿。

(3)同各种传播媒体的新闻记者保持密切的联系。

(4)协同摄影制作方面的人员,拍摄、整理、保存资料图片。

(5)同有业务往来的公关公司保持联系。

(6)同主管部门、政府有关部门的人员保持联系。

(7)对本组织在公众中的形象做出评价。

(8)了解竞争对手的公关活动情况。

(9)设计、筹划、监制本组织的各种宣传品和赠品。

(10)培训公关工作人员。

2. **定期活动**

(1)组织新闻发布会。

(2)编辑出版供员工阅读的内部刊物,组织其他形式的内部交流活动,如录像放映、幻灯放映及墙报宣传等。

(3)编辑出版专供本组织往来单位(如产品零售商、消费者)阅读的对外刊物。

(4)参加各种管理会议,了解组织内部的管理状况。

(5)参加各种销售会议,了解组织同外界的业务联系情况。

(6)同所在社区的代表接触。

(7)协助拟写组织的各种资料,如组织简史、年度经营报告、教学图片等。

(8)组织安排全体人员的集体娱乐活动。

(9)安排领导与各种媒体记者的约会。

(10)总结、评价公关活动的效果。

3. 专门活动

公关部的专门活动是为了达到特定目的而集中人力、物力、经费进行的,每一次的专门活动都应收到与其投入相当的明显的效果。这些专门活动包括:

(1)协助专业人员拍摄组织的录像片或电影片。

(2)组织举办展览会。

(3)筹划、安排公关广告。

(4)设计、(委托)制作组织的标志、吉祥物等。

(5)安排来访者参观。

(6)组织新产品介绍会。

(7)组织、安排组织的庆典、开张仪式等。

(8)处理危机事件。

(9)筹划、安排“制造新闻”。

(10)筹办用于公关目的的赞助活动。

(11)编写组织的宣传资料。

五、公关部的人员配置

英国公共关系专家杰夫金斯曾画过公关部的人员配置图（见图4－6）。从图中可以大体了解公关部的人员结构，即公关部的管理者和工作人员的配置。

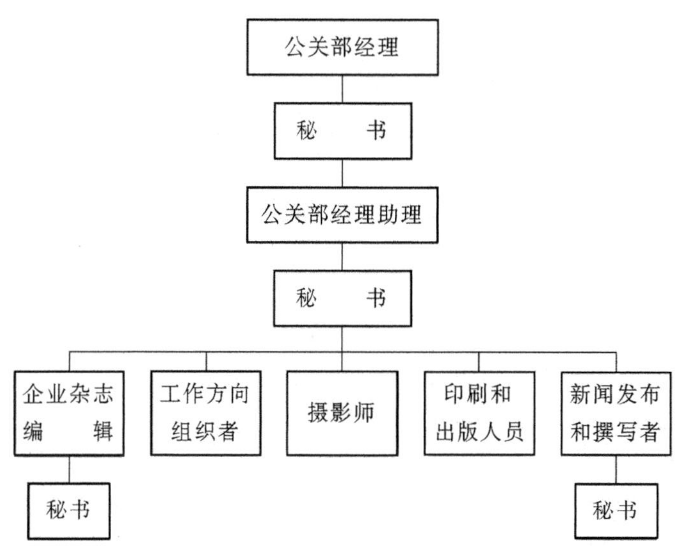

图4－6

1. 公关部的人员类型

公关部大致需要五类人员：

（1）编辑、拟稿人员。他们的任务是采写本组织的新闻，编写组织内部各种刊物等，这些人员需有写作方面的功底，最好当过记者。

（2）调查、分析人员。这些人员的任务是随时了解、搜集组织内外公众的各种意见，分析内外公众对本组织持什么态度，并分析这些态度产生的原因以及如何实现沟通等。要求他们具有市场学、社会学、心理学等方面的知识,精于社会调查。

(3)策划人员。他们的任务是研究各类公众的心理,确定每一次公关专门活动应采取什么方式进行,具体应如何筹备安排等。要求他们熟悉各类公关活动的方法,熟悉本组织的情况,具有丰富的公关经验,具有充分的创造力和想象力。

(4)组织人员。这些人员的任务就是具体准备、组织、管理公关活动,要求他们一方面要充分了解公关工作的原则、方法、技巧,另一方面还要有较强的组织管理能力和应付琐碎事务的能力。

(5)其他专门技术人员。如摄影师、印刷设计师、法律顾问、广告专家等。

在实际工作中,有时一个公关人员可能担任两种或两种以上不同类型的工作,还有全能型的公关人员。

2. 公关部的人员数目

组织内部公关部到底配置多少个人合适,没有严格规定。从目前我国的情况看,宾馆饭店类组织公关部的人员数目为 4 ~5 人,商业企业类组织公关部的人数为 2 ~4 人,工矿企业类组织公关部的人数为 1 ~3 人。上述组织中有的还没有设立公关部,只是在相应的职能部门设专人负责公关方面的工作,说明他们已经意识到公关工作的重要性,但对此还缺乏应有的重视。

虽然从客观角度看,公关工作的发展是一大趋势,但具体到每一个单位,能否顺利开展公关工作,开展的公关工作是否有效,却在很大程度上取决于这个单位的领导以及全体人员对公关工作的认识。因此,公关部有必要向组织中的全体人员——从最高层领导到一般员工,介绍什么是正确的公关观念,公关工作可以发挥什么作用,怎样才能搞好公关工作等。只有全体人员了解了组织的公关工作目标后,他们才可能在各自的岗位上,为达到公关工作的目标而努力，使每一个接触组织的公众，都感受到组织的热情与真诚，进而喜欢并支持它。这样，公关部的工作才是成功的。

第二节 公共关系公司

公共关系公司（简称公关公司）又称公共关系顾问公司或公共关系咨询公司，它是不隶属于任何组织的、由各具专长的公共关系专家组成的、专门受托从事公关工作的服务性机构。

一、当前公共关系咨询业务发展状况

公关公司在20世纪初诞生于美国。最初，一些组织热衷于在公众与企业之间进行协调工作，产生了公关公司的雏形。1903年，美国人艾维·李首创了向顾客提供劳务并收取费用的公关事务所。1920年，美国人艾尔正式开办了公关公司。1930年“希尔—诺顿有限公司”成立，这家公司后来成为世界上最大的公关公司之一。据美国《企业周刊》统计，1937年美国大约有公关公司350家，从业人员5 000人。现在，美国大约有各种类型的公关公司2 000家，仅纽约市就有400家，职业公关从业人员接近15万人，每年耗费在公关上的费用高达数十亿美元。第二次世界大战后，公关公司逐渐从美国扩展到了全世界。目前在我国，公关公司已成为蓬勃发展的行业之一。

公关公司以现代的高科技为手段，广泛运用现代化的办公设备、通讯工具为其客户提供高质量、高效率的服务。它要求从业人员具有较高的知识修养、专业素质。它以信息咨询、中介服务为主要经营范围，是营利性的经济组织。

公关公司的出现，使公共关系成为一个新的高技术、高效益的行业，它属于新兴的第三产业。

二、公关公司的基本特征

1. **社会性**

公关公司是一个职业化的机构，是一个社会经济实体。它要求有明确的组织目标、严格的组织机构和受过专业训练的专门人才，有共同遵守的规章制度，有周密的发展规划。

2. **服务性**

公关公司是服务性行业。它通过从业人员掌握的专门知识、技术和经验为客户某一方面的业务服务。

3. **营利性**

公关公司作为商业性机构，按照一定的标准，提供有偿服务，通过经营、服务活动，取得盈利。

三、公关公司的类型

1. **组织机构**

公关公司视其规模大小、服务项目多少而设置内部机构和人员，无固定模式。图 4 – 7 是国外一家中型公关公司的组织机构图。

从图 4 – 7 中可以看到，公关公司的机构主要分为以下几部分：

(1)行政部门。这个部门包括公司总经理、副总经理和一定数量的业务经理人员。业务经理人员的主要工作是具体组织、制定和实施为委托人服务的公关项目。

(2)审计部门。这个部门一般由业务经理、业务部门负责人和高级公关专家组成。它的任务是在公司承办的各项业务开始时或实施过程中，审查项目的可行性和监督实施情况，并负责统筹安排人力、物力和财力，及时为各个项目提供咨询，避免事故，保证公关项目的质量。

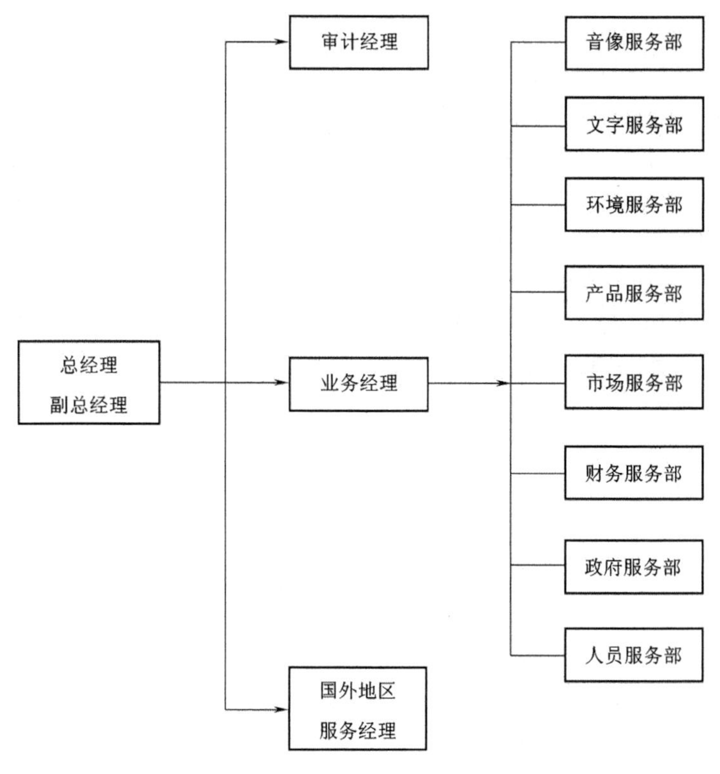

图 4－7

(3)业务部门。大中型公关公司都根据公司的业务范围和专业特色来设置专业的业务部门。每个部门都配备有一定数量、精通本部门业务的公关专家。业务部门一般不直接对外承揽业务，只是听候业务经理的安排。例如，某业务经理承办一家企业的公关项目需召开一次大型记者招待会，于是，他请新闻部的专家出面筹划。当这位业务经理同时承办的另一家企业的公关项目是编辑出版一份对外刊物时，他又组织美工部的专家来商议刊物的版式、内容等方面的具体工作。这表明，每个业务部门可以在同一时间为许多委托人提供服务。

(4)国际部门和地区部门。在一些大型国际公关公司里,还设有国际部门和地区部门,以提供国际性和地区性服务。

这是大中型公关公司的一般机构设置情况。对于一些小型公关公司来说,它的机构要简单得多,工作人员多为身兼两职或身兼多职,如既是业务经理,又是专业人员。

2. 公司类型

(1)从公关公司运作的方式来看,可划分为中外合资、中外合作、民办、私营公关公司等类型。

(2)从工作范围来看,有跨地区、跨国经营的大型公关公司,也有只局限于一个地区的小型公关公司。

(3)从业务内容来看,有可以承办数项以至数十项业务的公关公司,也有只承办单项业务的公关公司。

(4)从人员组成来看,也可以分为大、中、小型公关公司。据有关资料介绍,小型公关公司的工作人员平均为6人以下;中型公关公司的工作人员平均为7~25人;拥有25名以上工作人员的则为大型公关公司;拥有数百名工作人员的为国际性公关公司,如希尔—诺顿公司、纳德芬公司等。

根据当前国际上的情况,从经营方式上看,公关公司有三种类型:

第一种,与广告公司兼并合营。20世纪70年代末以来,国际上出现了公关公司与广告公司合并的趋势。美国大约有公关公司2 000家,其中最大的20家中有10家都成了广告公司的分公司或下属部门,如1978年,著名的博雅公司被富特—利恩—贝尔广告公司兼并为下属机构。据公关专家卡特利普和森特介绍,公关公司和广告公司联合经营的情况在20世纪50年代就时兴过。从这一趋势可以看出,公关公司与广告公司的经营性质是相通的(都是搞“宣传”),二者有密切的关系,合并之后,有利于彼此的发展。

第二种，单独经营，提供综合咨询服务。从公关业务角度看，综合公关公司需要两类专门人才：一类是擅长分类公关的专家，另一类是公关技术专家。分类公关专家包括媒介关系专家、社区关系专家、政府关系专家、职工关系专家等。公关技术专家包括宣传资料专家、新闻公报专家、年报专家、出版物专家、演说专家、资料分析专家、民意测验专家等。由于我国的公关行业起步晚，一个组织在较短的时间内要汇集这么多专家是较困难的，要组建这样的公司难度是很大的。但如果把眼光转向社会，转向各行各业，那么，在我国一些人才资源较为丰富的大城市成立这样的综合公关咨询公司也不是不可能的。如我国第一家专业公关公司——中国环球公关公司就属于这种类型（后附该公司情况介绍）。

第三种，单独经营，提供专项咨询服务。这也是国际上公关公司的一个发展趋势，即更加趋于专业化，仅为客户提供某一方面的服务。如专门从事农业、保健、体育、旅游、危机处理等公关专项服务的公司。提供专项咨询服务的公关公司在规模上要比综合咨询公司小得多，因此在筹建上也方便得多。一是不需要太多的资金，二是对专业人员要求比较单一。在我国，各地区都可以考虑成立这种提供单项咨询服务的公关公司，这不仅难度小，而且服务质量也容易保证。

四、公关公司的运作

1. 工作原则

公关公司从事的工作，一方面涉及委托单位或个人的信誉和形象，另一方面要对社会公众负责。因此，在工作中应遵守的原则是：

（1）自觉遵守国家法律、法令和有关方针政策。公关公司既是服务性机构，又是经济实体，其首要任务是为社会公众提供服务，公司的一切行为都要在法律的约束下进行，以遵纪守法和高质量的服务赢得公司的信誉。

(2)为客户保密。公司在代理委托单位的公关业务过程中，有时掌握和了解了委托单位的一些秘密，公司应严守这些秘密，不得随意泄漏。特别是在双方的合作结束之后，更应强化自我约束，不干涉客户内务，不损害客户利益。

(3)一切为客户着想。公司的宗旨是信誉第一，服务第一，客户至上。应尽全力为客户办事，站在客户的立场上考虑费用预算，事先向客户介绍公司服务项目、收费标准等，这样才能吸引客户。

(4)不得为相互竞争的双方委托人或个人同时服务。

2. **经营范围**

(1)充当对外关系的联系人或协调者。组织有时急需同某类公众交换意见，但由于平时建立的沟通网络不能将这些公众统统包括进去，这时可求助于公关公司。公关公司如果已同这些公众有较好的关系，就可以很方便地帮助委托人解决问题；如果公关公司同所需联系的公众并没有建立较好的关系，但它以专职公司、专门人员的优势去建立这种关系，可能会比一般组织来得容易。组织有时同某类公众产生了较严重的矛盾，双方难以马上直接沟通，而组织又必须取得这些公众的理解和支持，这时也可求助公关公司。公关公司以第三者的身份出面，同组织的公众接触，了解双方的意见分歧所在，从中协调，促使双方言归于好，解决矛盾。

(2)提供公关咨询。例如，某项公关工作的程序问题、有关公众的背景调查、公关工作中的一些疑难问题、如何处理组织与公众的矛盾等，对这些问题，组织都可以向公关公司咨询，求得公关公司的指导和帮助。

(3)短期专项服务工作。受客户委托，在短期内为客户完成某项公关工作，如为客户编印宣传用品，为客户设计、主持新闻发布会，为客户训练内部员工或进行某项专项知识技能的培训等，一旦这项工作完成，即自行解聘。

(4)长期综合服务工作。时间为一年至数年。公关公司按照委托人的要求，负责合同规定的全部公关工作。大多数公关公司与委托人签订正式合同或协议。合同或协议的主要内容是既定任务的性质、主要项目的收费以及完成的时间。

合同或协议签订之后，公关公司的业务经理首先要对委托人进行系统、周密的调查研究，在了解委托人的详细情况后，公关公司就会成立一个工作小组，根据委托人的要求，确定目标，制定计划，编制预算。一旦委托人同意公关公司制定的计划和预算后，工作小组即组织人力、物力尽快将计划付诸实施。

(5)提供公关工作人员的培训服务。如开办各种短期培训班，也可派专家去组织指导工作，安排组织的一些公关人员来公司实习等。

3. **工作程序**

一般而言，公关公司的工作程序如图 4－8 所示。

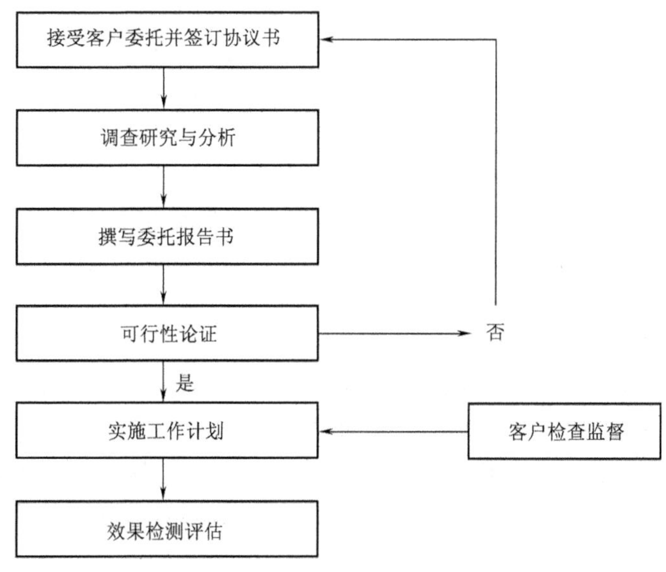

图 4－8

4. 公关公司的收费方式

公关公司的收费方式主要有:

(1)项目收费,即公关公司接受客户某个项目的委托,为保证这一项目的顺利进行,客户必须支付的费用。主要包括:①项目劳务费。包括项目实施期间工作人员的工资和有关管理人员、顾问或专家的报酬。②行政管理费。按项目总费用的一定比例提取,用于公司行政管理和办公经费。③咨询服务费。因项目需要,由公司派出专家向客户提供咨询并给予指导所需的费用。④项目活动经费。在项目实施过程中,按活动计划开展的公关活动所需的完成费用。这种收费方式的好处是专款专用,有利于保证公关项目的质量,便于考核和管理。不足之处是不利于通盘考虑进行整体的公关策划。

(2)计时收费。按参加工作人员的工资水平、服务项目的难易程度,对可以用时间来衡量的项目订出的收费标准。

(3)综合收费。指公关公司与客户根据业务需要,协商确定收取(支付)费用的总金额,一般在业务开始时由客户支付。它有利于根据有限的资金统筹安排,合理使用,但客户难以对公司办理公关业务进行质量监督。

(4)按项目需要分项收费。这是综合收费的变通形式,如果客户不愿采用综合收费的方式,也可按项目实际需要分项付款。作为公司,可视为项目收费;作为客户,可以监督公司代理公关业务的质量,如不满意,其他业务可考虑选择其他公司代理。

(5)项目成果分成,即公关公司和项目委托人共同承担风险,共同受益。项目最终取得收益时,按一定比例分成。

公关公司的收费方式没有固定的统一标准,应根据公司的声誉、公关人员的资历、具体业务的难易程度,同时参照同类公关公司的收费标准和供求关系的变化,做出具体规定。

五、公关公司的优势

1. 观察分析问题比较客观

能够较客观地观察分析问题，这是公关公司优于各种组织内部的公关部的一个重要方面。由于公司与委托的组织没有直接的利益关系，公关公司的人员不是客户的员工，因此可以从旁冷静地观察问题，实事求是地分析问题，客观地对问题做出评价。看问题客观、公正，是成功的公关工作的前提条件之一。

2. 信息灵通

由于公关公司长期从事公关业务，已经建立起一套较完善的信息网络，同政府部门、社会团体、新闻媒体有密切的联系，信息来源广泛，渠道畅通，信息占有量大，客户可充分利用有关信息，作为决策的依据。现代化的公关公司大多用计算机来储存和处理信息，能以最快的速度、最高的质量满足客户的需要。

3. 趋势判断比较准确

一个企业在经营上应采取什么战略，五年计划、十年计划应该怎样制定，如何在平静的表象底下看到潜伏的危机，怎样测定市场和公众需求的变化方向，对这些问题的回答都要建立在对发展趋势判断的基础上。公关公司在大量占有信息的基础上，凭借经验和科学的分析方法，可以对宏观发展趋势（如社会发展趋势、消费者消费趋势等）和微观发展趋势（如棉纺品在城市消费市场的销售趋势、第二年春天上海旅游业的经营趋势等）做出较为准确的判断。

4. 提出的建议和方案具有权威性

公关公司提出的建议和方案一般来说比本单位人员提出的建议和方案更容易被组织的领导所接受。因为公关公司是专职的，公关专家有着丰富的经验，他们见多识广，处理过各种公关问题，公关公司还能够列举大量成功或失败的例子作为参照，使得其建议和方案更具有说服力，容易受到决策者的高度重视。客户借助公关公司的“外脑”，为自己服务。

5. **职业水准较高**

在人员的选用上，公关公司均很“挑剔”，达不到要求决不滥竽充数，因此职业水准较高。公关公司不仅向一般的客户提供服务，还承担着向各种组织的公关部提供咨询的任务。所以专业公关公司工作人员的职业水准一般要高于各种组织的公关部的人员。

由于公关公司不隶属于某一组织，因而对客户的情况不够了解，或了解不深不全，同时与客户还存在着沟通上的困难，因此，其在从事公关工作时，也有一定的局限性。另外，由于客户对公关公司的认识不全面，也会给公关公司的业务拓展带来一定的困难。

第三节　公共关系社团

公共关系社团（简称公关社团）包括公共关系协会、公共关系学会、公共关系研究会及公共关系联谊会和公共关系俱乐部等。一般来说，公共关系社团是非官方、非营利性的群众组织、人民团体或学术性团体。其成员包括各类社会组织团体会员和个人会员，其中公关学会和研究会的成员多是科研和教育界人士，偏重于理论研究，是学术性团体。

目前我国公关社团蓬勃发展，既有全国性的社团，也有地方性和行业性的社团，全国各省、各大城市都有自己的公关协会，为我国公关事业的发展做出了巨大的贡献。

一、公关社团的任务

公关社团是以宣传公关思想、普及公关知识、协调公关活动、促进公关发展为基本任务的。具体说，大致有以下几个方面。

1. **联络交流与理论研究**

公关社团纵向应与本地区、本行业所有公关组织及人员建立经常性的联系，沟通成网；横向应与国内外其他地区（国家）的公关社团建立联系，进行交流与协作。公关社团应定期或不定期地在各种范围内组织学术研讨和经验交流活动。

在这方面，国际公关协会是一个典范。该组织每年在世界不同地区召开两次研讨会，在较高层次上进行理论探讨与交流。还规定每 3 年举行一次世界大会，轮流在会员国举行。首届大会是 1958 年在比利时首都布鲁塞尔举行的。1988 年，我国应邀首次派出深圳大学副教授钟文等 3 名代表参加在墨尔本举行的大会，受到与会各国代表的热烈欢迎。

2. **制定职业道德（行为）标准**

公关工作强调从业人员要遵守行业道德规范，用以塑造社会组织和个人的良好形象。世界各地区的公关协会都制定了公关职业道德准则。美国公关协会于 1954 年首次制定了《关于公共关系业务的职业道德准则》，1959 年和 1963 年两次修订，最新文本由该协会 1977 年全体大会通过，内容包括基本原则和准则 14 项，明确规定了公关业务人员应当做什么、不应当做什么。英国公关协会和尼日利亚公关协会也都制定了全体会员行为准则。在这方面，我国做得还很不够，但也有一些组织提出了公关从业人员的行为规范。

3. **开展专业培训**

公关社团把培训专业人才视为经常性的重要职责。美国公关学生协会作为美国公关协会指导下的全国性机构，实质上是一所极大范围的培训学校。中国公关协会成立后，于 1987 年 4 月举办了第一次讲习班，邀请新加坡学者前来讲学，该协会还有自己的培训中心。天津、陕西等地的公关协会也都面向社会举办系列函授讲座。中央电视台和一些公关协会还举办了《企业公共关系》电视讲座。这些活动起到了传播知识、培养人才的作用。

4. 编辑出版刊物

编辑出版公关方面的书籍和刊物是宣传公关知识的重要手段。在国外除各种公关书籍外，公关期刊也相当多。在我国，有《公关报》《公关导报》《公关之友》等报刊近 20 种，还有各种形式的公关杂志近 10 种，公关书籍近千种。

5. 提供咨询服务

各种公关社团还应把向社会提供公关咨询服务、维护公关工作者的权益、协调各类公关组织的关系与行动作为自己不可推卸的责任。

二、公关社团的类型

公关社团主要有地域性公关社团和行业性公关社团两种类型。

1. 地域性公关社团

这里的地域性，小至一个中小城镇，大至整个世界。国际公关协会是世界范围内的独立组织，它汇集了世界各地进行公关研究与实践的专业人员，成立于 1955 年，总部设在日内瓦，也是联合国的正式顾问组织之一。它的会员来自 60 多个国家，大约有 1 500 人，都是理论造诣较深、实践经验丰富的公关专家、学者和正在从事国际公关业务的专业人员。

中国公关协会于 1987 年 5 月在北京成立。该协会肩负着联络、协调、引导与推动全国各地公关事业和组织的任务。同时，还在经济技术开发、文化艺术交流等方面专设机构，取得了显著成就。

北京市公关协会于 1988 年 6 月在北京成立。

天津市公关学会于 1989 年 4 月在天津成立。

安徽省五和县公关协会于 1988 年 8 月成立，是全国第一个县级公关协会。

广东地区公关俱乐部（1986 年 1 月成立）、上海市公关协会（1986 年 11 月成立）是我国地域性公关协会中成立最早的。

2. 行业性公关协会

行业性公关协会在美国很普遍，如 1935 年成立的美国公立学校公关协会（NSPRA）、1946 年成立的美国妇女公关主管人协会、1952 年成立的美国铁路公关协会及 1979 年成立的美国宗教公关理事会等。

行业性公关协会在我国目前也较多，如邮政公关俱乐部（1988 年 6 月成立）、浙江省新闻界公关学会（1989 年 5 月成立）、长春高校公关教学研究会、上海市企业公关研究会以及中国公关专业委员会青少年德育教育分会和天津市高校公关教学研究会等。

三、公关社团的组建

公关社团的组建必须符合以下原则：

第一，广泛性。指社团成员应包括企业、新闻、教育、科研、文化、体育和党政机关的有关部门等各方面有代表性的单位或个人。

第二，专业性。指所有成员都应该对公共关系有较深刻的了解，有较高的热情与信心，愿意为促进公关事业的发展贡献自己的力量。

第三，权威性。指成员中应包括在社会上影响较大的单位以及知名度、美誉度较高的人士。

第四，全面性。指以上三项原则的综合。

公关社团会员包括团体和个人两部分。社团的组织机构由会员大会或会员代表大会通过的章程予以规定。一般是由会员大会产生理事会，理事会设办事机构，日常工作由常务理事或秘书长主持。

公关社团的经费来源立足于自筹资金和开展社会服务。所谓社会服务指的是开展培训和咨询服务的有偿活动。社团可以接受挂靠单位的拨款以及单位或个人赞助。会员申请入会应缴纳手续费,并定期缴纳会费。

第四节 公共关系人员

公关活动的效果,直接取决于公共关系人员(简称公关人员)的水平。没有高素质的公关人员,就不会有高效率、高效益、高水平的公关活动。公关人员首先是公关工作的形象代表,特别是在当前我国公关工作还处于初级阶段的情况下,公关人员的素质就显得更为重要了。公关协会的领导人提出公关人员要具备企业家的头脑、外交家的风度、宣传家的技巧、理论家的学识。虽然在实际工作中很难有人完全具备这些条件,但是对公关人员的素质和能力提出较为严格的要求还是必要的。因为说到底,公关工作是做人的工作,这项工作的复杂性和难度远比一般技术工作大。公关工作是一项专业性强而又涉及面广的特殊工作,如果不具备全面的素质和能力,很难担当此任。下面我们结合国内外专家、学者的有关论述以及我国的实际情况,对公关人员必须具备的基本条件提出要求。

一、优良的品德

公关工作的性质决定了公关人员必须具备良好的道德品质。这样讲主要有两个理由:一是公关工作是塑造组织良好形象的工作,这就要求塑造形象的人自己要有良好的形象。许多国家的公关协会,在会章中都强调公关人员必须具有优良的品德,有的章程甚至明确规定公关人员应该干什么,不应该干什么(指那些品质恶劣的行为)。另一个理由就是公关工作的对象是公众,在和公众的交往中,公关人员难免受到不良的影响和金钱的侵蚀,这就要求公关人员自身要有良好的品德。公关人员的"德"主要包括以下几方面：

第一，高度的社会责任感。即考虑问题时，不仅要重视所在组织的利益，而且还要重视公众利益，对整个社会负责。

第二，公正。对于自己所服务的社会公众要一视同仁、平等相待，不能厚此薄彼。

第三，与人为善，诚恳待人，守信用，不谋私利，作风正派。

第四，埋头苦干，有奉献精神。公关人员在工作中，要不怕困难，知难而进，有为公关事业献身的精神，这样，才能克服工作中的重重困难，在公关事业上有所建树。

第五，知法、守法、用法。公关人员要知法、守法，还要懂得运用法律保护组织的权益。除具有法律意识外，还应在面对违法乱纪的行为时，勇敢地站出来予以揭露、控告或制止，决不能听之任之，更不能与之同流合污，知法犯法。

有人曾从以下几个方面来检测公关人员的品德：①为人是否公道正派；②是否有明辨是非的能力；③是否将集体利益置于个人利益之上；④是否关心他人并赢得同事信赖；⑤是否遵守诺言；⑥是否有良好的责任感和道德感；⑦是否相信人性本善说。

二、豁达宽和的性格

公关人员需要与各种公众打交道，与社会各界联络沟通，参加各种类型的社交活动，因此最好具有外向性格，这种性格有助于人际间的沟通和接触。在实际的公关活动中，性格还不是最重要的，最重要的是要具有十分的耐心、充分的容忍精神和坚强的自控能力。十分的耐心首先是指在做说服公众的工作时要有耐心，要通过细致的劝说而使公众在没有被强迫感的情况下接受自己的意见；其次是指在听取公众的意见时要有耐心，应能耐心倾听他人意见而不流露出厌烦的表情或思想不集中，对公众的话应表示出应有的兴趣和关切。充分的容忍精神主要指能够容忍对立的意见，能够容忍别人暂时的误解，随时保持谦和的态度，能与不同性格、不同习惯、不同爱好、不同观点的人和平相处。坚强的自控能力主要指能在激烈的矛盾冲突场合保持清醒的头脑，在与公众打交道的任何情况下都不放弃原则，同时坚持灵活的态度，既不咄咄逼人，又能找出化解冲突的方法。

一般说来，从事公关工作的人大都开朗、健谈、有涵养、谈吐不俗、有感染力，能使陌生的人很快消除隔阂，并对其产生好感。从心理学角度讲，性格外向或多血质的人比较适合从事这一工作。事实上，公关部门所聘请的公关人员，常常是一些声音悦耳柔和、态度和蔼可亲、言谈举止讨人喜欢的女性。难怪人们一提起公关，就会想到“公关小姐”。此外，有幽默感的公关人员容易使紧张的气氛松弛下来，轻松和谐的话语易于化解矛盾，给公关对象留下深刻的印象。

有人就公关人员的性格要求，提出以下几方面的测定内容：①是否有幽默感；②性情是否和悦近人；③待人接物是否从容不迫；④能否来往于大庭广众之间而不畏怯；⑤是否经常保持乐观态度；⑥遇事是否有耐心，愿意等待；⑦面对困难和挫折是否能够保持决心和毅力；⑧做事是否敏捷；⑨思维是否敏捷；⑩是否健谈和善于表达；⑪仪表是否动人。

三、广博的知识

公关工作是一项涉及面广、内容丰富的工作，这就要求从事公关工作的人员必须具有广博的知识，他们应该是“通才”、“杂家”。具体包括以下内容。

1. 公关专业知识

公关人员应掌握本学科的专业知识。一是要掌握公关理论知识。如公关的基本概念、公关的历史沿革、公关的职能、公关的程序、公关三大基本构成要素等。同时要懂得中国公关的发展史和有中国特色的公关理论。公关人员具备了基本的公关理论知识，有利于克服盲目性，增强自觉性，用以指导实践活动，提高公关活动的效果。二是要掌握公关实务知识。公关是一门应用性学科，掌握公关实务知识，是公关人员的基本功。这些知识包括：公关调研、公关策划、公关项目实施、公关效果评估、公关专门活动等。了解和掌握公关实务知识，不在于死记硬背某些条文，而在于创造性地运用，学以致用才是真本事，是成功公关的核心所在。

2. 与公关相关的学科知识

公关是边缘性、综合性的学科，要求公关人员具有广博的知识，包括传播学、社会学、心理学、经济学、管理学、行为学、市场学、新闻学、广告学、决策学等，掌握这些学科的基本原理和方法，在公关工作中就会得心应手。此外，还应掌握一些文学艺术、写作、编辑方面的知识以及外语等。

3. 方针政策

公关人员应熟知党和政府的有关政策、法令、法规，了解社会的政治、经济、文化等诸方面的现状及未来的发展趋势。

4. 专门知识

公关人员的工作，与他们所在组织的工作是密不可分的。如政府公关、营利性社会组织的公关与企业公关在内容上就有很大差异。因此，作为公关人员，必须掌握和懂得本行业的基本知识。如在电子厂工作就要懂得、了解电子方面的基本知识和技术发展动态，懂得本企业的业务和管理的特点，这是公关人员的看家本领。

四、丰富的经验

公关工作涉及的范围和领域十分广阔，具有某些其他行业工作经验的公关人员容易成为公关工作的行家里手。例如，具有新闻记者工作经验的公关人员，将对公关工作的开展起到很大的作用，因为他懂得如何运用传播手段。另外，具有教育部门、政府部门、广告部门、销售部门、工商企业管理部门、旅游部门、思想工作部门、金融部门等方面的工作经验，都有利于公关工作的开展。

五、多种工作能力

公关工作要求公关人员必须具备以下多种实际工作能力。

1. 组织能力

公关人员要经常组织各种类型的公关活动，因此，必须具备较强的组织能力。公关人员的组织能力主要表现为在落实和实施公关计划、方案过程中所需要的组织与指挥控制能力，也就是能够有效地控制公关计划、方案的实施过程，排除不可控因素的干扰，保证最大限度地实现公关目标；当任务完成后，能够及时地提出新的奋斗目标，使公关工作能持续地开展。具体地说，公关人员的组织能力可表现为：能够卓有成效、有条不紊地组织新闻发布会、营销展览会、成果展示会等公关活动，使组织工作圆满有序、井井有条、有章有法、不出差错等。

2. 表达能力

表达能力包括文字表达能力和口头表达能力，能说会写是对公关人员的两项基本要求。说，包括演说、谈话、谈判等，这是公关人员经常运用的工作方式；写，包括撰写各种新闻稿和组织内部的各种公文、设计广告词、整理宣传资料、书写演讲稿或报告等。

公关人员一定要具备坚实的笔墨功夫。一个不会写作的公关人员等于缺了一只手或断了一条腿。国外有些组织的公关部把“擅长写作”作为对公关人员的第一职业要求，可见其重要的程度。写作能力的提高并不是一蹴而就的，它首先要求公关人员具有一定的文化修养和写作基础，然后坚持在实践中不懈地练习，这样方能有所长进。

由于公关人员在工作中主要是与人打交道，因此必须具备相当的语言表达能力。一个人的语言能力强，可以产生吸引人、打动人、说服人、给人以好感的神奇作用，而这正是公关工作人员常常希望能够达到的理想效果。

在表达能力方面，除了要精通本民族的语言和文字外，公关人员还应具备外语表达的能力。此外，公关人员还可以利用表情、动作、服饰、改变环境等来表示一定的含义，甚至还可以利用对时间、空间的控制，来表达语言所不能表达或不便表达的内容。

3. 社交能力

社交能力是进行交往、联络公众的能力，是公关人员广结善缘，搞好四方关系，争取公众理解、支持的基本条件。一个公关人员只有具备较强的社交能力，才能在任何场合中相机行事，应付自如，广交朋友，受人欢迎，使别人在与你的交往中感到信任、愉快，从而营造出公关工作有利的人际环境。

在社会交往中，公关人员必须懂得各个国家和地区的礼仪、习惯和风俗，必须视交往对象的文化程度、民族、籍贯、性别、年龄、身份来确定自己的谈话内容、风格以及行为举止，不要在交往中出现不可取的谈吐或失礼行为。

4. 应变能力

公关工作中经常会出现一些突发事件和事先未预料到的问题。面对突变，公关人员应处变不惊，保持冷静的头脑和镇静的心态，快速查明原委，做出正确的判断并提出妥善的对策。一名成熟的公关人员，越是困难，越应具有高度的自信心，善于在困境中调动客观或主观的一切有利因素，变被动为主动，使之逐步摆脱困境，化险为夷，求得问题的圆满解决。

5. 创新能力

公关领域非常广泛，这为公关人员发挥想象力，施展才华，提供了理想的环境。公关工作人员要善于捕捉新信息，增进新知识，确立新观念，提出新设想，敢于创新，巧于立异，构思一些新颖别致的活动形式，把公关工作开展得有声有色，生机勃勃，充满活力。

六、良好的职业道德

各行各业都有自己的道德标准,公关行业也不例外,也有自己独特的道德标准。从事这一行业的人员一定要遵守职业道德标准,方能在这一行业中求得事业的发展。

在一些国家中,已制定出较为完善的公关人员的职业道德标准。例如,《国际公共关系联合会职业道德守则》(1965 年通过)、《美国公共关系协会关于公共关系业务的职业道德准则》(1977 年通过)、《英国公共关系学院公共关系职业道德》等。

我国公关行业起步较晚,目前还没有一套大家公认的职业道德标准。参考发达国家的公关道德准则,结合我国的国情,我们认为,我国公关人员职业道德准则应包括以下内容:

(1)公关人员在工作中必须遵守中华人民共和国的法律、法令和政策。

(2)公关人员必须遵守社会公德。

(3)公关人员要严守机密,讲究信誉,杜绝欺骗。

(4)公关人员不得利用工作之便进行倒买倒卖或其他牟取私利的活动。

(5)公关人员应遵循信用第一的原则,严格按规定履行协议和合同。

(6)公关人员应公正、诚实地对待所有公众,尊重公众的利益和尊严。

(7)公关人员不得以任何形式行贿受贿。

(8)公关人员必须与任何违反国家法律、法规的现象做斗争。

(9)公关人员应承担帮助和监督同行业人员的义务。

(10)公关公司不得同时为竞争双方服务。

上述是提纲式的条款,很不全面,需要在今后的实践活动中不断总结,逐步完善。

第五节　公共关系人员的培养

一、公关人员的培养方向

一般地说，公关人员的培养方向有两个。

1. 通才型的公关领导人才

通才型要求公关人员既有公关专业知识，又有较广博的综合知识，且有较全面的智能结构和较完美的个性素养，能对理论知识融会贯通、灵活运用，并思考和研究其他领域的问题，能胜任公关的组织、指挥工作，站在全局的立场上，通盘解决公关活动中的各类问题。具体而言，这种类型的公关人才必须具备三个1/3，即1/3是企业家，具有企业家的头脑；1/3是宣传家，能说会道；1/3是外交家，幽默高雅，是谈判的能手。这种通才型的人才，对公关事业的成功至关重要。因此，必须通过较长期系统的理论培养和实际训练，方可造就此类公关领导人才。

2. 专才型的具体公关工作人才

专才型要求公关人员熟练掌握公关某一方面的专业知识和技能或精通公关学科的某一分支、某一专题，如擅长于新闻写作、广告设计、美工摄影、市场调查、编辑制作等公关活动或能从事理论研究等。这类人才在公关组织和企事业单位中不可缺少，而且需求量很大，因此需要着力培养。

二、公关人员的培养途径

公共关系学作为一门科学，其基础理论部分相当庞杂。如果没有良好的理论基础知识，是很难掌握公关技巧的，所以，公关人员必须具有扎实的理论基础知识。鉴于以上要求，公关人员的培养途径主要有两条。

1. **大专院校的正规培养**

这是一条培养公关人才的正规途径，具有系统和严格的教学计划、教学大纲、专业师资和专业教材，有明确的培养方向和目标，一般需2~4年的专门培训，较全面系统地学习和掌握公关理论及有关理论知识，潜心研究公关技巧，掌握信息传播工具，辅之以一定的实际工作训练或模拟实践活动。

2. **短期培训**

短期培训的方式主要有：

(1)举办培训班。对大多数公关人员来说，办班培训是一种见效快的好办法。培训班大致可分为三种，即教育单位办的培训班、用人单位办的培训班、教育单位和用人单位联合办的培训班。学员主要学习与公关相关的基本知识，提高理论水平，如组织学员学习公关学、传播学、管理学、行为科学、市场营销学等。这种短期的培训班时间短，收效快。

(2)见习培训。这种方式主要是从实践中学习，让见习人员在一段时间内充当本组织或外组织公关人员的助手，尽可能让他们有机会参加公关实践，在实践中观察和学习别人怎样处理公关事务，增强感性认识。这种方法特别适宜于培养刚参加工作的初级公关人员。

(3)聘请专家指导。聘请具有公关业务专长的专家指导、咨询，帮助解决公关中的疑难问题，辅导和促进公关人员正确开展公关业务，提高公关人员的业务能力和组织公关工作的质量。这种方法针对性强，解决问题的效率高，对公关人员启发帮助大，是一种较好的培训方法。

(4)全员培训。对组织全体人员进行公关教育，重点是思想教育和意识教育，其次是公关一般知识的普及教育。通过对全体员工的公关培训，增强全体员工的公关意识，提高全体员工的公关工作水平。

资料阅读

1. 英国公共关系学院“公共关系职业道德”

第一条　公共关系人员在从事职业活动的行为中，应尊重公共利益和个人尊严，在任何时期都有责任公正和诚实地对待其客户或雇主，无论是过去还是现在的雇主，并且还要公正、诚实地对待其同事、新闻机构和工会。

第二条　公共关系人员不得有意或无意地散布虚假信息，并应努力杜绝由于粗心而出现的差错，在工作中做到准确无误。

第三条　公共关系人员不得从事任何企图损害新闻机构信誉和尊严的活动。

第四条　未经许可，公共关系人员不得出自个人利益或其他原因泄露秘密(包括从其雇主或客户那里获得的秘密情报，无论是过去的还是现在的雇主或客户)。

第五条　未经有关各方在事实业已公布后的许可，公共关系人员不得同时代表利益相互冲突的集团。

第六条　未经其雇主或客户的同意，公共关系人员在为其雇主或客户进行职业服务的过程中，不得通过任何其他途径接受与其服务有关的现金或实物报酬。

第七条　公共关系人员不得与其雇主或客户谈判或商定依据

具体成绩支付成功报酬的条款。

第八条　公共关系人员不得出自自身利益(或雇主和客户利益)而给予政府部门官员任何报酬,如果这种行为与公众利益相违背的话。

第九条　公共关系人员不得蓄意诋毁其他公共关系人员的职业声誉和活动。

第十条　造成或允许他人或组织进行与此规则不符的行动或参与这种行动的人员将被视为违反了此规则。

第十一条　公共关系人员在为从事某一职业的客户或雇主工作时,应尊重该职业的道德规范,并不得有意参与任何违反这些规则的活动。

第十二条　公共关系人员必须维护此规则,应与其他成员一起执行依此规则所做的决定。如果一位成员有理由相信另一位成员参与了违反此规则的行为,有责任向学院汇报,所有成员都有义务协助学院贯彻此规则,而学院将对这样的公共关系人员给予全力支持。

2. 国际公共关系协会成员行为准则

(一)国际公共关系协会成员必须竭诚做到以下各条:

(1)为建设应有的道德、文化条件,保证人类得以享受《联合国人权宣言》所规定的诸种不可剥夺的权利做贡献。

(2)建立各种传播网络与渠道以促进基本信息自由流通,使社会的每一位成员都能获知信息,从而产生归属感、责任感、与社会合一感。

(3)牢记由于职业与公众的密切联系,个人的行动——即使是私人方面的——也会对事业的声誉产生影响。

(4)在自己的职业活动中尊重《联合国人权宣言》中的道德原

则与规定。

(5)尊重并维护人权的尊严，确认各人均有自己做判断的权利。

(6)促成为真正进行思想交流所必需的道德、心理、智能条件，确认参与的各方都有申述情况与表达意见的权利。

(二)所有成员都应保证：

(7)在任何时候任何场合，自己的行为都应赢得有关方面的信赖。

(8)在任何场合，自己均应在行动中表现出对其所服务的机构和公众双方的正当权益的尊重。

(9)忠于职守，避免使用含糊或可能引起误解的语言，对目前及以往的客户或雇主都始终忠诚如一。

(三)所有成员应力戒：

(10)因某种需要而违背真理。

(11)传播没有确凿依据的信息。

(12)参与任何冒险行动或承揽不道德、不忠实、有损于人类尊严与诚实的业务。

(13)使用任何操纵性方法与技术来引发对方无法以其意志控制因而也无法对之负责的潜意识危机。

3. 北京长城饭店公共关系培训指南

[摘引其中第(二)部分]

(二)公共关系人员的基本职责

1. 运用新闻媒介进行宣传

(1)为新闻界提供有关饭店最新情况的资料，包括新闻稿、图片、影片等。

(2)与当地新闻机构(报社、通讯社、杂志社、广播电台、电视台等)建立并保持经常的联系。

(3)为外地及专业性新闻机构提供服务,同住在本饭店的新闻界人士建立联系。

(4)为本地的、全国的乃至国际性的新闻机构制作通讯特写材料。

(5)协助举办记者招待会,会见各方面人士。

(6)定期在饭店招待新闻界人士,为他们提供使用饭店设施的方便。

2. 广告

(1)监督广告公司制定年度广告及销售计划,以及这些计划的执行实施。

(2)为广告公司提供必要的指导,以便创作广告及各种辅助材料。

(3)监督广告经费的分配。

(4)充当饭店内各部门与广告公司之间的联络人,以便设计合乎各部门要求的手册、菜单、传单等宣传品。

3. 销售

同饭店销售部配合制作邮寄性广告及其他广告,以便招徕更多的顾客前来享用:

(1)饭店的客房。

(2)饭店的餐厅、公用客厅及宴会设施。

(3)饭店的出租办公房和公寓房间。

(4)饭店的一切设施和服务。

4. 内部交流

(1)编辑出版饭店员工通讯。

(2)宣传员工的活动和职务提升情况。

(3)与人事部门配合制定奖励措施。

5. 特殊场合宣传

利用一些特殊场合组织各种活动以促进宣传活动，目的在于产生以下效果：

(1)使更多的人认识到长城饭店是北京最佳的款客场所。

(2)让更多的人前来使用饭店的会议和宴会设施。

(3)提高客房利用率及食品饮料的销售额。

(4)产生对饭店有利的舆论。

第五章 公共关系工作的一般程序

这一章的内容起着承前启后的作用。前面主要介绍了什么是公共关系以及由谁去从事公关工作。在以后的章节里，主要介绍具体的公关工作内容与方法。在这一章中，将介绍公关工作开展之前的调查了解、分析研究、组织安排、总结评价等工作方法，为具体的公关工作做指导。

公关活动并非杂乱无章、主观随意进行的活动，其本身具有规律性的活动程序。公关活动必须遵循一定的程序，全面规划和安排，有条不紊地进行，方能达到预期的目的。

美国公共关系学研究权威柯特利普和森特的《实用公共关系学》一书，把公关工作的一般程序分为四个步骤：调查研究，制定计划，策动传播，评价结果。并具体地说：

调查研究——了解那些受到组织的行为和政策影响的人的观点、态度和反应，同时也包括了解组织存在的问题。

制定计划——一种决策，是使公众的观点、态度和反应对组织的政策和目标产生影响，使组织朝着对各方都有利的方向发展。

策动传播——向有关各方解释组织的政策和行动方向。

评价结果——对公共关系的结果做出评价。

第一节　调查研究

调查研究是公关活动的始点,是第一阶段。调查研究的目的,就是了解公众意见和社会趋势,分析公众的需求,发现组织所面临的问题,为确定公关工作目标和制定计划奠定基础。

一、调查研究的意义

公共关系的调查研究极为重要,对组织有如下意义。

1. 使组织能够准确地进行形象定位

一个组织的形象尺度是社会舆论和公众评价。公共关系调查可以使组织准确地了解其在公众中的形象定位。组织的形象定位是指组织在其公众中形象的定量化描述。通过形象定位,可以测量出组织自我期望的形象与其在公众中实际形象的差距。组织可针对这个差距筹划有效的公共关系活动方案,由此也可以大大加强策划的目的性。对于一个组织来说,准确的形象定位的作用是很大的,它能提高该组织在公众心目中的知名度和美誉度,使公众对该组织产生信心和依赖,并给公众留下难以磨灭的深刻印象。

2. 使组织决策的依据科学化

毛泽东同志曾指出:要了解情况,唯一的方法是向社会做调查。要保证组织的决策正确,也得进行社会调查。只有通过调查,才能使组织了解公众的要求和愿望;只有了解到公众的要求和愿望,才能做出符合公众要求和愿望的决策;只有做出符合公众要求和愿望的决策并认真实施,才能使组织在公众的心中树立起良好的形象。

3. 使组织及时地把握公众舆论

公共关系调查可以使组织及时把握公众舆论,如公众对于组织销售管理的评价、市场预测是否准确、产品定价是否合理、广告宣传做得好坏、吸引顾客是否有新招等，并适时地做出决策。公众舆论是自发产生的并处于不断扩大和缩小的动态中，它是公众对组织的一种浮动的表层的认识。但是，当少数人的观点、态度扩展为多数人的观点、态度，分散的、彼此孤立的意见集合为彼此呼应的公众整体意见，声势尚小、影响甚微的局部意见变成声势浩大的公众的共同反响时，对组织的形象将产生极大的影响。积极的公众舆论有利于塑造组织的良好形象，消极的舆论则有损于组织的形象，甚至会造成组织形象的危机。因此，通过公共关系调查，监测公众舆论，并使组织及时扩大积极舆论，缩小消极舆论，是非常重要的。

4. 有利于塑造组织良好的形象

公关活动是一种有组织、有计划的社会性活动，它是以传播为手段，为实现组织的特定目标服务的。公共关系调查从组织的主观方面来说，以搜集信息为主要目的，但在客观上，开展调查活动要与调查对象进行广泛接触，所以，调查人员同时向公众传播着组织注重自身形象的信息，恰当的调查本身也会赢得公众对组织的好感。因此，从某种意义上说，公共关系调查本身也是一种传播，也会起到塑造组织形象的作用。

二、调查研究的内容

1. 组织自身的情况调查

首先，组织自身的情况调查包括：组织的经营方针和政策、发展目标和发展计划，财务制度，人事制度，分配制度，机构设置，服务项目和水平，员工的素质和管理人员的能力，产品、原材料、销售等方面的情况，组织在同行业中的地位和对社会的贡献，市场占有率和市场竞争情况等。其次，要分析组织内部人际关系的状况，如员工对组织是否有荣誉感、责任感、归属感，组织能否满足员工的各种需求，内部的矛盾和冲突是否能妥善解决，领导与一般员工是否相互信任与尊重，内部人员之间的关系是否和谐、融洽等。再次，要了解内部员工对组织的看法与希望，如员工对组织现状的评价和对组织形象的希望，对组织的经营管理有什么建议和希望，对组织环境、优势和劣势、工作环境、主管人员、规章制度、个人地位的评价等。

2. 组织的知名度和美誉度调查

组织的知名度和美誉度调查即组织社会形象的调查。知名度是社会公众对组织认识、知晓和了解的程度。如公众是否了解该组织的名称、标记、产品或服务，这种了解的程度和范围如何等。组织的知名度越高，说明该组织越为社会公众所熟悉；反之，说明公众对该组织较陌生。美誉度是社会公众对组织信任和赞赏的程度。如公众是否喜欢该组织的产品、服务及销售方式；是否信任该组织、该组织的员工及其产品、服务，信任程度如何。组织的美誉度高，说明组织在社会公众中的信誉好；反之，则说明组织信誉差。一个组织的社会形象的好坏，取决于它的知名度和美誉度的高低。

3. 社会环境的调查

社会环境是指组织开展活动的基本环境。许多社会因素如政治、经济、价值观念等方面的变化，都会对组织的活动产生很大影响。政府的某一项法令的通过，有可能限制组织的某种活动方式，因而对组织的法律与政策环境，更要给予高度的重视，随时追踪有关政策和法律制定的情况，以开展有关的公关活动。所以对社会环境的调查，主要应调查分析与本组织有关的情况，如有关的政府机构、法律部门的方针政策，法律的制定和实施情况，以及银行、新闻媒体、科研机构、消费者、供销部门、竞争对手的情况等，从而在外界环境发生变化时及时把握住对组织的有利时机或消除可能发生的潜在威胁。

4. 公关活动效果的调查

公关活动效果的调查应从以下几方面来进行：

(1)调查组织知名度和美誉度变化的情况。

(2)收集新闻媒体对本组织的报道资料、报道的版面与位置，报道的时间长短和篇幅大小、报道的时机、报道的新闻媒体的层次以及本组织提供材料的使用情况。

(3)系统摘编公众的来信，接待来访，接受公众的投诉等，从中分析评价出公关工作的效果。

三、调查研究的方法

公共关系调查研究的方法很多，常用的方法有以下几种。

1. 抽样调查法

抽样调查法就是依据概率原理从调查对象总体中抽取一部分作为样本进行调查，以样本调查结果推断总体结果情况的方法。它的优点是省时、省力，时效性强。抽样调查又可以分为随机抽样调查和非随机抽样调查两大类，每一大类中又可以分出具体的几种方法。

抽样调查方法需要注意抽样的科学性。抽样调查是运用概率原理从公众中选取一定数目的代表来进行调查了解的。所以，选取的这些代表，不能是公众中的一小部分特殊人物，也不能是若干类公众中的某一类，而必须是能够反映出公众中各类、各层次、各种背景的人的意见。如果不是这样，调查的结论就只能适用于某些类型的公众，并不能反映出全体公众的情况。

在公关活动中运用抽样调查法，经常使用的具体方法是典型调查法。

典型调查法就是根据调查的目的和要求，有意识地选择少数有代表性的公众对象进行比较全面细致的调查，通过深入调查这部分公众的意愿，对总体进行判断分析。如通过深入调查某一部分社区公众对组织的看法，了解组织与社区的关系状态。

运用典型调查法要注意：选取的公众要有代表性、要恰当，如不恰当,将影响结果的可靠性。一般来说,选取“意见领袖”为公众的代表最恰当、最合适。

社会学研究发现,任何群体中总是有少数人比其他人更有影响力,他们的意见、行为得到这个群体中其他人自觉或不自觉的效法,社会学家称这些人为群体中的“意见领袖”。这些“意见领袖”往往是“消息灵通人士”或“神机妙算式”的人物或某方面的权威,有的在一个方面具有影响力,也有的在多方面具有影响力。选择“意见领袖”进行典型调查,有着两方面作用:一方面,“意见领袖”们消息灵通,别人较易听信他们的话。所以,他们的意见或态度经常影响其所在群体中大多数人的意见或态度。因此,通过了解“意见领袖”们的意见或态度,可以间接地了解各类公众的意见或态度;另一方面,正因为“意见领袖”们对其他人具有影响力,所以分析研究他们的意见或态度改变的可能性,对确定公关方法有重要的参考价值,可通过影响改变他们来达到影响改变公众的目的。

2. 公众代表座谈会

公众代表座谈会是选择一部分有代表性的公众参加座谈会,面对面地征求意见,了解情况,是各种组织较熟悉和常使用的方法。如某一公司召开的消费者代表座谈会、某一报社召开的读者座谈会等。使用此种方法时,首先要注意代表的选择,尽量选择那些最有代表性的人来参加;其次要注意会议议题的确定和表述,议题要明确,表述要清楚;最后是座谈会的主持者应审时度势,善于引导,善于提问,使公众代表能够谈出有价值的意见和建议来。

3. 深度访问法

有时为了了解公众深层心理活动情况,公关人员还要选择一些对象进行深度访问。这种方法与记者采访新闻人物颇为相似。公关人员在访问前应做好充分准备,对访问时先问什么、后问什么、如何提问等必须心中有数,只有这样才能获得深层次的信息。这种深度访问也可借助通讯访问、电话访问等形式进行。

4. 文献分析法

文献分析法是在第一手资料难以得到或不够用时，通过利用组织内部和外部的文献资料（包括搜集报刊、网络媒体等的资料），分析所要调查的问题。

搜集、保存和分析文献资料，是组织的公关部门的一项经常性工作。这种方法在搜集文献资料、了解历史情况等方面具有重要作用，但它主要依据历史文献，而不能反映变化万千的现实因素，这是它的不足。

5. 问卷法

问卷法是访问法中的一种，就是将事先拟定的调查问卷邮寄或发给调查对象，请他们填写后寄回或收回。这种方法被各种组织广泛采用，也是其他调查研究方法的基础。需指出的是，要使问卷法收到实效，非常重要的一点是科学地设计问卷。下面就重点介绍问卷的设计。

四、问卷设计

问卷设计要根据调查目的来确定。

1. 提问技术

提问技术主要考虑两点：

(1)提问类型。根据问题提出的方式和要求对方回答的范围规定来考虑提问类型，常用的有以下几种：

①二项选择题（是非题）。只有“是——否”或“有——无”或“好——坏”两种答案，别无其他选择。例如：你家有空调吗？有——无；你喜欢用飘柔洗发水吗？是——否。这种题型的优点是答案简单、明确，便于整理资料；缺点是结果不够精确，不能表示意见程度上的差别。在要求被调查的对象明确表态时可以采用。

②多项选择题。就是事先对所要提出的问题拟定若干个答案，供被调查者从中选择一个。例如：您想买多大的彩色电视机？

12 英寸,14 英寸,18 英寸,27 英寸,33 英寸;我厂的“金鱼”牌洗涤灵如何?很好,较好,一般,较差,差。这种题型的优点是答案范围大,能体现意见程度的差别;缺点是被选择的答案过多时,不便于归类整理。

③自由回答题(开放式)。不拟定答案,由被调查者自由回答。例如:你准备什么时候买汽车?你单位今年准备购置哪些办公设备?你喜欢什么体育运动?自由回答的优点是被调查者意见不受任何约束,回答充分,灵活性大,有可能获得许多意外收获;缺点是整理资料困难,不易统计,一般适用于深度调查。

④顺位题。就是由被调查者根据自己的认识,对答案定出先后顺序。顺位题又可分为两种:一种是调查人员预先拟好答案,由被调查者标出答案顺序;另一种是不拟定答案,由被调查者自己去填写。例如,你选购彩色电视机时,考虑的因素顺序是怎样的?拟定答案:图像,音响,屏幕大小,价格高低,生产厂家等。它的优点是可以获得被调查者对问题的全部意见,便于进一步分析研究;需注意的是,决定顺序的数目不宜过多。

(2)如何恰当提问。

①不必要的问题不要提出。即所拟的问题应该都是必要的,无关的问题不要列入,可问可不问的不要列入。

②注意问题的可答性。即所提的问题应该是被调查者力所能及的、能够比较方便地做出答复的问题。

③注意问题的明确性。即所提的问题要具体、明确,不使用大概、经常、一般等笼统的词。如对解放牌汽车是否满意?是对外观满意,还是对质量满意?如果被调查者不明确,就会有多种理解。

④避免问一些被调查者不愿回答的问题。如你有多少存款?

2. 问卷结构

一份完整的问卷由四部分组成:

(1)标题。这是问卷的总题目,反映了本次调查的基本目的。

如彩电消费需求调查表、家庭背景资料调查表等。

(2)被调查者项目。此栏内容可多可少,一般包括被调查者的姓名、性别、年龄、职业、工作单位、家庭住址等。

(3)调查项目。这是调查表的主要部分,包括所提问题、可选答案、有关说明和注释。

(4)调查者项目。包括调查者姓名、工作单位、调查日期等。

第二节　制订计划

经过调查研究,掌握了大量的信息,在资料信息加工整理的基础上,就可以着手编制公关计划了。公关计划是具体进行公关工作的行动指南,计划制订得恰当与否,直接关系到公关工作的成败。公关计划包括:确定目标、确定公众、确定主题、选择传播渠道、确定公关模式、制定费用预算和进度计划、起草书面报告等。

一、确定目标

公关目标是组织在一定时期内所要完成的公关任务的标准和努力方向,也是检验公关工作是否有成效的尺度。在确定目标时要注意以下几点:

第一,公关活动的目标应与组织的整体目标相一致。公关人员在制定计划时要全盘考虑,使该项计划有助于实现组织经营的整体目标,有助于树立组织的整体形象,同时也符合公众的利益,符合社会公众公认的行为准则。

第二,公关目标应按重要程度和执行的先后顺序排列。将公关目标顺次分为迫切目标、近期目标和长期目标,按轻重缓急分别实施。

第三,公关目标在保持相对稳定的前提下,也要有一定的灵活性。目标应随着组织内部及环境的变化而变化。

第四，公关目标实现的难易程度要适中。太易，唾手可得；太难，又高不可攀：都不能激发公关人员的积极性。所谓适中是指经过公关人员的努力，目标基本上能够实现。

第五，公关目标要具体。这样既有利于实施，又便于日后检验。

任何组织的公关目标都可分为四类：传播信息、联络感情、改变态度、引起行为。

传播信息。这是最基本的公关目标，不少组织在一段时期内，特别是在组织初创时期，大量的公关工作都是以传播信息为目标。

联络感情。情感投资既是一个组织的公关活动的长期目标，也是可在短时期内达到的目标。因此，一方面要制定长期工作目标，持之以恒，努力建立起公众对组织的较牢固的情感基础；另一方面要制定近期的工作目标，以便在短期内达到联络组织与公众感情的具体效果。

改变态度。在一定时期内，开展公关活动是为了使公众对组织的整体形象或形象的某些方面的认识和态度发生转变，这是公关活动的主要目标。公众的什么样的态度需要转变，应以调查研究所得的公众态度资料为依据。

引起行为。公关活动的最终目的是在取得公众理解、信任和支持的基础上，促使公众产生某种组织所期望的行为。如促使顾客多购买本企业的产品，支持政府的新政策。需要促使公众产生什么样的行为，要以调查得到的公众行为资料为依据。

一个特定组织的公关目标总是具体的，传播信息总是要传播具体的信息，联络感情总是要联络在一定阶段需要加强的感情，改变态度总是要改变特定公众群体的态度，引起行为总是要引起与公关目标相一致的具体行为。如果目标不具体，就等于没有目标。所以，在具体的公关活动中，一般总是在总目标下列出若干分目标（即把总目标分解成若干分目标）或者采取多种目标的形式。

例如:美国心脏病协会在一段时间内的总目标是增加公众对心脏病的了解;分目标一,在本年度末,电台的宣传费用增加25%;分目标二,在本年度中,进行电视宣传的时间与费用增加100%;分目标三,在本年度内,开始利用新闻媒体大量登载有关宣传心脏病知识的文章。

二、确定公众

任何特定时期内,公关活动的对象都是具体的公众,都是与公关目标的实现相关联的公众,如企业推出新产品时,顾客就是该时期内公关活动的对象公众。

公关活动的对象公众是广泛的,但某一项公关活动不可能以所有公众为对象,如果那样做的话,会浪费大量人力、物力和财力,损害公关活动的自身声誉,阻碍公关活动的继续开展,根本不可能达到理想的效果。因此,公关活动一定要根据各种公众对象与组织的密切程度确定出关键对象、重要对象。只有这样,公关活动才能有的放矢、重点突出,才可以较顺利地达到特定时期的公关目标。

在制定计划时,对对象公众至少要做以下几方面的分析:

(1)对象公众分属于哪些不同的社会组织,这些社会组织属于什么性质。

(2)对象公众的共同利益和要求与特殊利益和要求是什么。

(3)对象公众居住在何种地方,他们当中谁是意见领袖,习惯读什么书刊,喜欢看哪些电视节目,收听哪些广播节目。

(4)对象公众对组织的看法如何,对本组织感兴趣的原因是什么。

(5)对象公众与本组织的关系如何,这种关系是如何造成的。

对以上几方面的问题分析得越透彻,公关目标的针对性就越强,计划就越可行。

三、确定主题

主题是公关计划的总纲。这是因为公关活动一般包括一系列较小的活动项目，要使这些活动围绕实现公关活动的目标而展开，就必须有一个主题统率整个活动，联结所有项目，形成一个有机的整体。公关活动中的每一篇演讲稿，每一张宣传画，每一本小册子，每一条电视广播和报刊广告，都要体现这一主题。

公关活动主题，可以是一句口号，也可以是一句陈述或表白，但它必须起到统率、联结整个公关活动的作用。设计公关主题应注意：

第一，主题要与公关目标相一致，并能充分表现目标。

第二，在内容上，主题必须含义清楚，独特新颖，有鲜明的个性，词句能打动人心，具有感召力。

第三，主题要符合组织的实际情况，不能华而不实，同时要符合公众心理的需要。

四、选择传播渠道

目标、公众、主题一经确定，就要针对公众的特点，选择适当的传播渠道。传播渠道主要有：

人际传播渠道，包括个人之间的面对面交谈、书信往来、电话联系等。

群体传播渠道，包括各种公众代表会、座谈会、记者招待会、信息发布会、茶会、舞会、宴会及其他群体交往活动。

大众传播渠道，包括报纸、杂志、电台、电视、电影及网络等。

每一地区往往有自己独特的传播方式，每一类公众都有自己最常用的传播媒体，每一种传播媒体都有自己的长处和短处。因此，要选择最佳传播媒体必须经过充分的论证，最好请公关公司的专家来帮助选择。

一般来说，在选择传播渠道时，应考虑以下几方面的因素：

第一，目标。如果是提高组织的知名度，应选择大众传播渠道；为了缓解内部紧张关系，宜采用对话、座谈会等各种内部传播方式。

第二，公众的文化程度。对文化程度不高的公众，宜采用面谈、座谈会、广播、电视等方式；对文化程度高的公众，宜采用文字传播媒体，如报纸、杂志等。

第三，传播信息的内容。如果公关目标涉及较为复杂的内容，需要充分说理方能使公众明白的，宜采用印刷媒介，如报纸、杂志；如果传播的信息要求生动有趣，则电视、电影较好；如果是解决投诉纠纷的，则面谈、书信往来较适宜。

第四，经济条件。人际传播最省钱，群体、大众传播渠道费用较高，宜根据情况适当选择。

五、选定公关模式

所谓公关模式是指一定的公关工作的方法系统，它是由一定的公关目标、任务以及由这种目标和任务所决定的各种具体方式方法和技巧所构成的一个有机系统。常见的公关活动有以下几种模式。

1. 宣传型公关

宣传型公关，是运用各种传播媒介等宣传性手段，迅速传递组织的信息，让各类公众充分了解组织，进而形成有利于组织的社会舆论，使组织获得更多的支持者与合作者，达到促进组织发展的目的。

宣传型公关的具体形式有：发新闻稿，公关广告，印刷发行公关刊物和各种视听材料，举办演讲、展览、技术交流会和新闻发布会等。宣传型公关的特点是主导性强，传播面广，推广组织形象的效果快，特别有利于提高组织的知名度。

宣传型公关适用于各类组织。开展公关宣传活动，要注意在宣传中把真实性放在第一位，绝不能出现浮夸不实之词。要掌握宣传的“火候”，避免过分宣传，做到既宣传了组织，又不引起公众的逆反心理。

2. 交际型公关

交际型公关是以人际交往为主，运用各种交际方法和沟通艺术，为组织广结良缘，协调关系，创造平等和谐的气氛，建立广泛的社会关系网络，形成有利于组织发展的人际环境。各种各样的招待会、座谈会、舞会、宴会、参观游览、接待和专访，以及邮寄节日卡、贺年卡等都属于这种模式。交际型公关的特点是直接沟通，形式灵活，信息反馈快，富于人情味。

3. 服务型公关

服务型公关是一种以提供优质服务为主要手段的公关活动方式，其目的是通过实际行动来加深公众对组织的了解，建立自己良好的形象。它的表现形式包括售前咨询、售后服务、顾问服务、免费送货等。服务型公关绝不仅限于专门的服务行业，社会上任何一类组织都能以自己的独特的方式向公众提供必要的服务。它的特点是：以行动作为最有力的语言，实在实惠，最容易被公众接受，特别有利于提高组织的美誉度。

4. 社会型公关

社会型公关以组织的名义发起或参与社会性、公益性、赞助性的活动，在其中充当主角或热心参与者，其目的是扩大组织和社会影响，提高组织的社会声誉，塑造良好的社会形象。社会型公关的形式有：本组织的开业庆典活动、周年纪念活动、赞助社会福利事业、赞助公共服务设施建设、举办各种竞赛活动等。社会型公关的特点是：社会参与面广，与公众接触面大，社会影响力强，形象投资费用高，能较有效地提高组织的知名度和美誉度。

社会型公关，其范围可大可小，可繁可简。它往往不会给组织带来直接的经济利益，而是着眼于组织的整体形象和长远利益，为组织创造一个良好的发展环境。公关人员应根据组织的实际情况量力而行，不要拘泥于眼前得失，也不要贪多求大。

5. 征询型公关

征询型公关运用收集信息、社会调查、民意测验、舆论分析等信息反馈手段，了解社会舆论与民情民意，把握时势动态，监测组织环境，为公众服务，为组织经营管理决策提供参谋咨询，使组织的行为尽可能地与国家的总体利益、市场的发展趋势以及民情民意一致起来。其形式有：开办各种咨询业务、建立信访制度和合理化建议制度、组织社会调查、设立热线电话、分析新闻通讯、开展预测工作、举办信息交流会等。征询型公关的特点是以输入信息为主，具有较强的研究性和参谋性，是双向沟通中不可缺少的重要方式。

开展征询型公关是各类组织公关部门的分内职责。公关人员应充分发挥自己的智慧、耐力和诚意，在各种调查、咨询、预测活动中，广泛、及时、公正地采集一切有关组织的信息，了解社会环境的变化趋势，逐步形成良好的公关信息网络。

6. 开拓型公关

开拓型公关是在组织初创时期，或新项目上马、新产品投放市场时，为了给公众以良好的“第一印象”，提高组织在社会上的知名度和美誉度而采用的一种模式。只有让公众知晓，才能使公众成为行动公众，如举办各种开业庆典、工程剪彩、新产品新闻发布会、社会赞助活动等，突出介绍组织的产品、服务和政策等，使公众对组织产生深刻印象。

7. 维系型公关

维系型公关适用于组织机构稳定、顺利发展时期，持续不断地让组织的形象潜移默化地存在于社会公众的长期记忆系统之中，主要功能在于自然地造成维持一种有利于组织发展的氛围。它是一种推动公众对组织产生认识—行为—理解的模式，难度在于需要不断强化而又不落痕迹，达到一种“随风潜入夜、润物细无声”的境界。

8. 进攻型公关

进攻型公关适用于组织与环境发生某种冲突、摩擦的时候，为了摆脱被动局面，创造新局面，采取以攻为守的策略，抓住有利时机和有利条件改变决策，以积极主动的方式改造环境，创造新的环境，从而使组织能够与外部环境协调一致地发展。

9. 防御型公关

防御型公关主要指发挥组织内部职能，及时向决策层和业务部门提供信息，调整决策方案，以防为主。适用于公共关系发生问题的早期阶段。

10. 矫正型公关

矫正型公关常用于公共关系严重失调，危及组织形象时。一般有两种情况：一是被误解，这种情况需查清原因，公布真相，澄清事实，平息风波，从而恢复组织的良好形象；二是组织本身的问题，这就需要设法暂时降低知名度，准确分析公共关系失调的原因和造成的影响，提出措施，改正不足并向公众公布纠正的措施和进展情况，从而赢得公众的谅解，恢复信任。

矫正型公关的工作程序是：出现问题及时纠正、及时改善。其中“及时”最为关键。

总之，公关模式可以分为许多类型，但实际公关活动需要多种模式综合运用，如何优化组合出最佳公关活动模式，促进公关计划的实施，是需要付出一番创造性的努力的。

六、编制费用预算和时间安排

为了具体落实公关计划，必须对费用做出预算，在时间上做出安排，以便最有成效地工作。一般说来，组织的公关活动所需经费开支包括以下几项：

第一，劳动报酬，包括公关部门的主管、员工、编辑、摄影师、秘书等人员的劳务报酬。

第二，行政管理费，如房租、水电费、办公费、家具费、电话费等。

第三，实际活动费。例如：举办记者招待会，召开座谈会，组织展览、参观、游玩及其他接待应酬的费用；公关赞助费；公关人员的活动费，如交通费、旅馆费、交际费等。

第四，传播媒体费，包括支付在报纸、杂志、广播、电视上的费用。

第五，器材费，包括支付制作各种印刷品、纪念品、摄影设备和材料、美工器材、广播器材、电视录像设备、展览设施及用品等的费用。

第六，其他应急或机动的费用。常用的经费预算编制方法有两种：一种是“按销售量抽成法”，即按组织过去（或将来）的总销售量或纯销售量，拨出一定比例的款项作为公关经费；另一种是“目标作业法”，即按目标和工作计划详细列出完成公关任务所需的各项活动经费，以最后核定预估的金额作为预算的极限。

在经费预算确定后，还要对时间做出一个安排。根据各项工作的重要性、难度确定所需时间，大体上规定什么时间做什么事，将这些安排在时间表上。应注意的是，对时间的安排要有一定弹性，对一些费时的工作，如去工厂访问、筹办演讲会等，要预留出时间，以使计划可以按时完成。

七、写出书面报告

职业化的公关工作须建立自己完整的文书档案系统。每一项具体的公关计划都要以文字的形式写出来，这不仅便于日后的回顾和检验，而且也可以此向组织的决策层报告。

第三节　策动传播

公关活动能否获得预期效果，不仅要看公关计划制定得是否可行，更重要的是看计划实施情况如何。

公关计划的实施包括一系列细微的组织工作。公关人员要具有较高的组织才能和踏实细致的工作作风，不仅要求公关人员在公关活动的各个环节按照计划的要求认真完成各项具体工作，而且要求公关人员有能力和毅力排除计划实施过程中所出现的困难。由于计划的制定一般不可能完全符合客观实际，这就要求公关人员在实施计划时，需要在完成既定目标的前提下具有一定的灵活性，当然，必要时也可以调整或修改计划。

一、选择最佳的活动时机

公关活动是一项时效性很强的活动。任何公关方面出现的问题、对问题的解决程度等，都要受到一定时间和条件的制约。再好的计划方案，如果实施的时机不对，也不会取得应有的效果。一般来说，组织的公关活动应尽量避免与国际性或全国性的重大事件相冲突，因为在这个时候，公众的注意力和传播媒体往往被这些事件所吸引，容易忽视组织的公关活动。某些特殊的公关活动更要重视时机的选择，如新闻发布会，就要适应大多数新闻单位的截稿时间要求以及新闻工作者的节假日，否则就有可能影响宣传的时效和范围。不应在同一天时间内安排两项重要活动。如果组织预期进行的某项公关活动在主题上与国际、国内重大主题相适应，则应抓住时机，积极参与，借此扩大活动的效果。善于选择和利用时机，整个活动就有可能事半功倍。

二、制作公众喜欢的信息

由于公关活动的核心就是传播和搜集信息，因而信息制作是否科学，直接关系到公关活动的成败。在设计制作信息时，应根据公关活动主题，在明确信息内容的基础上，制作公众喜欢的信息。

这里，公众喜欢指的是要能使公众注意、理解和记忆。按照心理学的说法，注意就是人的心理活动对一定对象的指向和集中。注意的指向性和集中性决定了其选择性。在引起了公众注意后，信息还要能使公众按信息制作者想要传达的意义来理解，并进一步引起公众的记忆。只有被公众记住了，才能使公众获得对组织的整体认识，这样，传播的信息才能起到预期作用。

为了使公众注意、理解并记忆某条信息，信息的语言应准确、简洁、生动、易懂，特别要注意对词语的价值色彩的把握。一味说好话，一般不易获得好感，而有意无意地贬人家，更会引起反感。一个老练的公关人员，一般多使用中性词语，这样通常有利于提高传播的成效。

在设计信息的图案、线条、文字段落、句式时，公关人员要善于运用信息刺激强度原理和信息刺激对比原理。公众往往是健忘的，重复刺激可以防止健忘。同一条信息通过不同的传播媒体传递给公众，是重复刺激的好办法。还应不断变换信息形式，使公众在接受重复刺激的同时有一种新鲜感。

三、随时监督检查

在公关计划的实施过程中，需要随时监督检查实施的进程，以便能够及时调整偏差，保证计划在总体上的实现。之所以有必要进行监督检查，是因为：

第一，实施过程中的不可预测因素。由于计划是人们预先制定的，人们不可能将所有可能发生的因素都估计到，而公关活动的实施环境处于经常变化之中，如果不顾环境的变化而一味地照计划实施，计划就不能得到圆满实现。因此，在计划实施过程中，要不断地检查计划的实施情况与环境的变化，将两者进行对比，及时调整计划，以适应新的环境因素。

第二，公关人员主观因素的影响。任何计划都不会自动地实现，它要由人来实施，因此，人的主观因素就有可能对计划的实施产生影响。人的水平参差不齐，有的人对计划的某一部分有不同的理解，有的人因主观努力不到位而造成计划实施过程的延误。为了及时发现这类问题并及时予以补救，也需要随时性的监督和检查，将因此造成的偏差纠正过来。

对计划实施过程的随时性监督检查，不能依赖临时性的措施，而应该建立起制度化的反馈、分析机制。最好由专人负责，将实施过程中出现的各种问题集中进行分析，以便及时地确定问题的性质和影响程度，并形成初步的解决方案。

四、公关人员经常进行的传播活动

第一，编写新闻稿件。任何一个组织的公关部都应把编写新闻稿件作为一项经常性的工作，编写有关组织政策和活动的一些新闻稿件供新闻媒体进行报道。在编写新闻稿件这点上，对公关人员的要求与对新闻记者的要求完全一致。考核公关人员能否胜任工作的一项重要内容就是看他的新闻写作能力。所以，在国外，有相当比例的公关人员是大学新闻系毕业的，公关专业不少是设在新闻系的。关于编写新闻稿件的有关内容，将在本书以后的有关章节中再做介绍。

第二，举办记者招待会。这是组织与新闻界搞好关系的最重要的工作之一，也是传播各类信息、谋求新闻界客观报道的行之有效的手段之一。公关部举行的记者招待会可以是一个正规的新闻发布会。一个组织的新闻发言人的任务就是客观地、简明扼要地把组织的新闻事实发布出去。这个新闻发言人如果是组织的高层领导人之一,发布出去的事实就更具有权威性,影响也更大。公关部可以根据组织需要,定期或不定期地举办记者招待会。

第三,筹划组织领导人的演讲或报告。演讲质量的好坏,主要取决于演讲者个人的素质,但作为筹划演讲或报告的公关人员也有着不可推卸的责任。所以,公关人员在筹划演讲或报告时,首先要对其内容细细地推敲或向公关专家进行咨询。其次,对演讲者演讲的方法、动作、服饰、语调等一些细节方面都要提出意见。公关人员对演讲艺术要有所研究,不仅自己要“能说会道”,还要帮助组织领导人“能说会道”。

第四,准备各种宣传资料。一个组织如果具有较强的公关意识,就会无时无刻不在想着宣传自己。各种印刷精美、图文并茂的小册子、招贴画、图片应常备,随手可拿,这在充满信息竞争的社会里是不可缺少的。一个组织成立了公关部以后,应制定一个计划,拨出专款,准备一批设计精美、形式多样的宣传资料。

第五,举办图片或实物展览。从广义上讲,这也是一种直观、生动的广告行为。图片展览可宣传某种思想或让人们了解历史发展和现实状况,如交通安全展览、厂史展览等;实物展览更具直观性,更具宣传效果,如产品展览会、展销会等。

第六,“制造新闻”事件。“制造新闻”事件就是为了专门吸引新闻媒体进行报道而有计划、主动地策划出来的事件。

第七,制作新闻电影、电视录像、广播讲话、撰写年报等传播活动。

第四节　评价结果

评价结果是公关工作的最后一个阶段。这个阶段与第一阶段的“调查研究”首尾相接,很可能前一个公关项目的“评价结果”就是后一个公关项目的“调查研究”。所以,我们在第一节里讲述的一些方法同样适用于评价结果。在很长一段时间里，评价结果这项工作未受到公关人员的重视。公关有目标，也有为实现目标而采取的行动，至于目标到底实现了没有，实现的程度如何，很少有人去问。近年来，随着组织管理理论和管理实践的发展，人们认识到，对工作成果进行科学的分析评价是管理工作的必要环节。只有这样，才有可能改进工作，提高工作水平。

一般来说，评价工作可分为四个阶段：

第一阶段：重温目标。评价某项公关工作是否有成效，其标准就是看既定的目标是否实现了，因此，要重温一下公关目标。

第二阶段：搜集、分析资料。公关人员可以运用本章第一节介绍的方法，搜集公众的各种信息资料，然后进行分析比较，看哪些达到了原来的目标，哪些没达到，哪些超过了。

第三阶段：向决策部门报告分析结果。公关人员要如实地将分析结果以正式报告的形式上交给决策部门，在报告中应把对公关工作的评价与组织的总目标、总任务联系起来。

第四阶段：把分析结果用于决策。这是评价的最后阶段，也是它的最终目的。分析结果可以用于两方面的决策：一是用于其他的将要制定的公关项目的决策；二是用于组织总目标、总任务调整的决策。

公关工作需要投入人力、物力和资金，因此公关人员和组织的决策者自然很关心公关工作的效果怎么样。许多专家都认为，具体衡量和评价公关活动的效果是很困难的。困难主要有两个。

第一个困难是公关工作所起的作用难于确定。如一个企业进行了一个月的赞助公益事业——运动会活动。在这一活动结束后的两个月里，该企业的产品销售量增长了8%。如果要看这次活动对销售的影响，就很难确认这8%的增长率是该活动带来的，因为还会有许多其他因素对销售额的变化、公众态度的变化、知名度的提高产生影响。要从这诸多因素影响中找出公关工作的效果来，是很困难的事。

第二个困难是公关工作的效果难以明确测定。还是上个例子，在运动会结束后，无论是该厂的推销人员还是一般的工作人员，都感到外界公众对他们的态度友善了许多，还不时有人同他们谈论起运动会的事，这无疑是这次赞助活动带来的效果。但这些效果只能感觉到，却很难测定，更难说明这次运动会带来的效果同另一次展览会带来的效果谁大谁小。

为解决这些困难，公关专家已研究出一些具体方法。我们只要按照这些方法去做，就能使公关工作的效果得到大致的测定评价。

首先，评价的标准必须在活动开展之前确定。这样就可以使所有的工作人员明确了解怎样才算完成任务，在这种意识指导下，他们所做的工作也就容易测定了。

其次，应尽量将定性评价标准转为定量评价标准。如某公司公关活动的目的，是使来公司求职的人员素质提高，这是定性的。如将此换成：工作进行以后，这些来公司求职的人的受教育程度提高了多少，工作经历有多少变化，新的员工在一段时间内为组织做的贡献的大小等，这些标准大多可以定量分析。把分析出来的结论综合起来，有助于评价公关活动的效果。

最后，有一些具体的评价效果的方法：

第一，个人观察反馈法。这种方法最简单、最常见。具体做法是：组织负责人亲自参加活动，现场了解进展情况并估计其效果，并同公关计划中确定的目标相对比，提出评价和改进意见。这种方法的优点是评价反馈迅速，改进意见具体，易于落实；缺点是很难测出公关活动的长期效果。

第二，统计问询数字法。无论是报上刊登还是展览正式展出或推出的一系列公关广告，总会引起关心此事的公众的问询。问询可以是电话、信函、口头等，统计各类问询数字，可以在一定程度上了解此次活动吸引了多少公众的注意。

第三，比较调查法。即在公关活动前后分别进行一次调查，比较前后调查的结果，分析公关活动的效果。调查内容可以是公众态度、社会舆论、对组织的了解程度等。每进行一次调查，一方面是对上一次公关活动效果的评价，另一方面是对下一次公关活动需要解决的问题的了解。

第四，内外部监察法。内部监察法是由组织内部人员对公关部门的工作和活动进行评价和检查。主要监察范围有：所进行的工作和取得的成果、目前存在的问题、将来的计划安排等。外部监察法是请组织外部的公关专家对本组织的公关活动进行调查和评价。外部专家通过调查、访问和分析，对组织的公关活动及效果做出较为客观的衡量和评价，并就未来的公关活动提出建议和咨询。

第五，根据新闻及网络媒体的报道情况来评价公关活动。通过观察新闻媒体对组织的报道情况，可以比较有效地分析和概括出组织形象的变化情况，测量公关活动的效果。分析评价的内容主要有：

①报道的篇幅和频率。篇幅越大，出现频率越高，引起公众注意和兴趣的程度就越高。这是从“量”上判断。

②报道的内容。报道中，对组织的成就、发展情况报道得越多，效果就越好，就越能在公众中树立起组织的良好形象。这是从“质”上分析。

③新闻及网络媒体的层次和重要性。所谓层次高、重要的媒体是指那些发行量大、覆盖面广、具有权威性、影响力强的新闻媒介。能在这些媒体上发表对组织有利的报道，往往比在其他媒体上更利于提高组织的知名度和美誉度。

④新闻资料的使用方法。即看其是正面报道还是反面报道，是全面报道还是摘要报道，是重点报道还是一般报道，是在醒目的版面还是次要的版面上报道，这些差别会使新闻报道的效果很不相同。

⑤报道的时机。报道的时机是否及时、适时，是否能配合组织

的公关活动和经营管理的进行十分重要。某些迟发的新闻报道不仅无益,而且有害,而过早的报道,效果也未必好。

⑥记者、编辑的反应。看他们对所提供的资料是否满意,如资料是否及时、是否容易编发、是否需要较大改动、是否适合报刊的性质和方针等。

根据新闻及网络媒体报道来评价组织公关活动的效果是使用较多的一种方法。

公关工作的一般程序包括上述四个步骤。这是一个连续不断、反复循环的工作过程。

附　录

一、资料阅读

1. 只有一名乘客的航班

英国航空公司所属波音 747 客机 008 号班机,准备从伦敦飞往日本东京时,因故障推迟起飞 20 小时。为了不使在东京候此班机回伦敦的乘客耽误行程,英国航空公司及时帮助这些乘客换乘其他公司的飞机。共 190 名乘客欣然接受了英航公司的妥善安排,分别改乘别的班机飞往伦敦。但其中有一位日本老太太名叫大竹秀子,说什么也不肯换乘其他班机,非要乘英航公司的 008 号班机不可。实在无奈,原拟另有飞行安排的 008 号班机只好照旧到达东京后再飞回伦敦。

一个罕见的情景出现在人们面前：东京—伦敦，航程达13 000公里，可是英国航空公司008号班机上只载着一名旅客，这就是大竹秀子。她一人独享该机的535个飞机座位以及6位机组人员和15位服务人员的周到服务。有人估计说，这次只有1名乘客的国际航班使英国航空公司至少损失约10万美元。

从表面上来看，的确是个不小的损失。可是，从深一层次来理解，它却是一个无法估价的收获。英国航空公司一切为顾客服务的行为，在世界各国来去匆匆的顾客心中换取了一个用金钱难以买到的良好公司形象。

（参见《新闻战线》1989年第3期）

2. 35次紧急电话

一次，一位名叫基泰丝的美国记者，来到日本东京的奥达克余百货公司。她买了一台"索尼"牌唱机，准备作为见面礼，送给住在东京的婆婆。售货员彬彬有礼，特地为她挑了一台未启封的机子。

回到住所，基泰丝开机试用时，却发现该机没有装内件，因而根本无法使用。她不由得火冒三丈，准备第二天一早就去"奥达克余"交涉，并迅速写好了一篇新闻稿——《笑脸背后的真面目》。

第二天一早，基泰丝在动身之前，忽然收到"奥达克余"打来的道歉电话。50分钟以后，一辆汽车赶到她的住处。从车上跳下"奥达克余"的副经理和提着大皮箱的职员。两人一进客厅便俯首鞠躬，表示特来请罪。除了送来一台新的合格的唱机外，又加送蛋糕一盒、毛巾一套和著名唱片一张。接着，副经理又打开记事簿，宣读了一份备忘录，上面记载着公司通宵达旦地纠正这一失误的全部经过。

原来,昨天下午4点30分清点商品时,售货员发现错将一个空心货样卖给了顾客。她立即报告公司警卫迅速寻找,但为时已晚。此事非同小可。经理接到报告后,马上召集有关人员商议。当时只有两条线索可循,即顾客的名字和她留下的一张“美国快递公司”的名片。据此,奥达克余公司连夜开始了一连串无异于大海捞针的行动:打了32次紧急电话,向东京各大宾馆查询,没有结果。再打电话问纽约“美国快递公司”总部,深夜接到回电,得知顾客在美国父母的电话号码。接着又打电话去美国,得到顾客在东京婆家的电话号码,终于弄清了这位顾客在东京期间的住址和电话,这期间打的紧急电话合计35次!

这一切使基泰丝深受感动。她立即重写了新闻稿,题目叫作“35次紧急电话”。

(摘自《公共关系案例》)

3. 模拟公关计划

[案例] 一家化工厂的废水由于没得到及时处理而流入附近水域,致使鱼类大量死亡。于是,以捕鱼为生的渔民愤怒地涌入化工厂,上演了一幕触目惊心的社区公共关系纠纷。请问,如果你是该厂公关部经理,应当如何平息这起社区关系纠纷,并制定一个切实可行的公关计划。

[案例分析] 根据公关工作的一般程序,在制定公关计划之前,首先必须进行公关调查。

调查公众:

1. 调查外部公众——渔民中的“意见领袖”;
2. 调查内部公众——员工中的“意见领袖”;
3. 化验水和死亡的鱼类。

确立问题:

1. 领导不重视环保,无环保机构;
2. 员工环保意识淡漠,环保知识贫乏;
3. 技术设备陈旧;
4. 长期忽视厂与社区的关系。

×××化工厂公关部公关计划

〔2017〕第 1 号

目标:
1. 在全厂普及环保法规。
2. 成立环保机构。
3. 进行环保技术培训。
4. 改造旧设备,使“三废”排放量达国标。
5. 建立厂与社区环保相互监督机制。
6. 建立新型社区关系。

选择传播方式:

人际传播:走访渔民家庭;
设立渔民环保监督员。

组织传播:开办环保知识系列讲座;
组织渔民进厂参观;
举办厂与社区文体联谊活动。

大众传播:用闭路电视进行环保教育;
广播站开辟环保专题节目;
厂报开辟环保专栏、专刊。

选择 PR 模式:

宣传型 PR:在厂区车间与社区路旁设立环保标语和板报。

征询型 PR:在厂区和社区设立环保意见箱。

交际型 PR:厂与社区进行文体联谊活动。

服务型 PR:义务培训社区民办教师和科技人员,扶持社办企业。

社会型 PR:义务修理乡村干道和乡村学校,义务为社区孤寡老人劳动。

公关预算:

人员预算:公关经理 1 名,公关策划 2 名,调查分析 2 名,环保专家 2 名,活动组织 2 名,采编 1 名、美工 1 名,其他 3 名,共计 14 名。

经费预算:三次讲座 2 000 元;一次参观 500 元;录像制作 2 000元;联谊活动 5 000 元;标语板报 500 元;两个意见箱 500 元;改造设备 500 000 元;捐助小学 100 000 元;修路 50 000 元;其他 2 000元。共计:662 500 元。

时间安排:

4.1 ~4.3　走访渔民中"意见领袖";

4.4 ~4.7　三次环保讲座;

4.8 ~4.15　一周闭路电视环保法教育;

4.16 ~4.23　一周广播环保专题节目;

4.24 ~4.30　制作环保标语、宣传栏和板报,并安置完毕;

5.1 ~5.4　厂与社区文体联谊;

5.5 ~5.6　在厂区和社区设置意见箱;

5.7 ~5.8　组织渔民分批参观厂区;

5.9 ~5.11　整修乡村干道,维修校舍,义务为孤寡老人劳动;

5.12 ~5.13　举办两期渔民科普讲座;

5.14 ~5.15　评估总结。

×××化工厂公关部

2017 年 3 月

此计划呈报厂办、质检科、财务科。

(根据有关报刊资料整理)

4. 百货大楼真情不变再创21世纪辉煌建议问卷征集表

<table>
<tr><td>姓　名</td><td colspan="2">工作单位或家庭住址</td><td>电　话</td></tr>
<tr><td></td><td colspan="2"></td><td></td></tr>
<tr><td>今年您到大楼几次(　)</td><td colspan="3">①节假日　②下班后　③双休日　④顺路</td></tr>
<tr><td>您通常在大楼购买哪几类商品</td><td colspan="3">①日用品　②大件贵重高档商品　③穿戴类商品
④食品烟酒茶类商品　⑤装饰品　⑥纺织品</td></tr>
<tr><td>您到大楼购物基于以下哪些原因</td><td colspan="3">①信誉好　②质量好、买得放心　③价格合理
④服务好　⑤款式新、品种多　⑥受广告传媒影响
⑦有奖　⑧售货员现场介绍　⑨朋友、亲人推荐</td></tr>
<tr><td>购物时哪些因素会影响您的购买</td><td colspan="3">①价格　②服务态度　③运输　④售后服务
⑤商场环境设施　⑥商场拥挤程度</td></tr>
<tr><td>大楼最好的地方是</td><td>最不满意的地方是</td><td colspan="2">最需改进的是</td></tr>
<tr><td></td><td></td><td colspan="2"></td></tr>
<tr><td>您最喜欢的传媒种类是</td><td colspan="3">①报纸　②电台　③电视</td></tr>
<tr><td>您对大楼的建议</td><td colspan="3"></td></tr>
<tr><td colspan="4">注:请您在有关项目上划“✓”,需填写的内容在空格内填写,建议栏若不够可附页</td></tr>
</table>

二、案例讨论

下面是广州白云山制药总厂的一项公关活动,广告登在黑龙江省及哈尔滨市的各家报纸上,标题为“白云山,白云山,爱心满人间”。

广州白云山企业集团公司广州白云山制药总厂向黑龙江省人民致意！为感谢广大用户的信赖,特开展问答有奖活动。

广州白云山企业集团公司下属的广州白云山制药总厂建厂近20年,现已发展成为全国三大制药企业之一。该厂承办了广州足球队(即广州白云队),组建了白云轻歌舞团,是国内首创。爱心洒向人间是该厂的宗旨。该厂生产200多种药品。其中,名牌产品活心丸对治疗冠心病、心绞痛、心肌缺血、心脏功能不全等症有独特的疗效,名扬中外;该厂研制成功的新产品珍珠胃安丸是纯中药制剂,是治疗胃、十二指肠溃疡的理想药物。近20年来,黑龙江省人民给予白云山制药总厂鼎力支持,对注册商标为“白云山”的产品无限信赖。为了对各界人士、用户深表谢意,特举办问答有奖活动。

参加方法:黑龙江省各界人士均可参加。请将参加表格剪下填妥,并且将白云山制药总厂生产的活心丸、化痰片、珍珠胃安丸三个产品中的一个产品的注册商标剪下贴在信封背面,并贴足邮票,寄回广州白云山制药总厂市场科(邮政编码××××××),信封上请注明“问答有奖活动”,即有机会获奖。

若答对者超过已定奖额,请公证处、消费者委员会、新闻界代表公开抽奖。

有奖活动时间:从××××年10月开始至12月31日截止(以邮戳为准)。××××年1月下旬在本报公布抽奖结果。

奖励名额:

旅游奖:10名,可获参加哈尔滨至广州、深圳10天游,包来回机票,在广州、深圳期间由厂方安排并负责食宿费用(不参加10天游者,按来回机票价发给奖金)。

鼓励奖:50名,可获价值500元奖品一份或同等价值奖金。

纪念奖:100名,可获价值200元奖品一份或同等价值奖金。

如对本厂的发展及产品开发提供有价值的合理化建议,请另来函,并在信封上注明“合理化建议”。

欢迎您参加,多谢您的支持与合作!

(根据有关报刊资料整理)

问题:为完成这次公关活动,该厂公关部需要做哪些工作?

第六章

公共关系应用技术——写作

公共关系是一门实践性很强的学问，要想使公关工作顺利开展，公关人员必须掌握多种公关技能和技巧，其中掌握公共关系的写作知识与技巧显得尤为重要。本章专门探讨公关人员如何撰写新闻稿、公关公文以及创办企业刊物等方面的问题。

“冰冻三尺，非一日之寒”，要想写得好，必须勤于动笔，经过艰苦、长期的实践磨炼，才能达到“下笔如有神”的境界。

第一节　新闻稿

在现代社会中，阅读报纸、杂志，收听、收看广播和电视，已成为人们日常生活中的一种习惯，是每天必不可少的事情。正因为如此，充分地利用这几种新闻传播媒体，对公关人员来说是十分重要的。任何一个组织要想有效地在社会公众中树立良好形象，形成有利于组织发展的社会舆论，就要充分地利用这些媒体，掌握撰写新闻稿的技巧。公关人员如何撰写新闻稿呢？首先应该知晓什么是新闻。

一、什么是新闻

所谓新闻，是对新近发生的事实的报道。新闻稿必须有新闻价值，只有具有新闻价值的稿件才会为新闻机构所采用。新闻价

值就是新闻发出后在社会中所产生的影响或效应的程度。一件事情要具有新闻价值,须具备以下几个特点:

第一,真实性。真实是新闻的生命,用事实说话,是新闻写作的一个基本要求。

第二,时效性。新闻强调的是“新”,事情发生的时间与所报道的时间间隔越短越好。

第三,重要性。这是指新闻报道的事件对国家或某一地区的政治、经济和社会生活会产生一定影响。

第四,特殊性。如果一个事件非常与众不同或者很罕见很奇特,那么,它也具有新闻价值。新闻界的人都知道,“狗咬人不是新闻,人咬狗才是新闻”。

第五,接近性。事件发生的地点与准备接受这一信息的公众在空间距离或心理距离上越接近越好。一般人都关注其周围的事情,特别是与其密切相关的事情,这些事情最能引起他们的兴趣。所以,公关人员应透彻了解社会生活,了解读者心理。

第六,人情味。亲情、爱情、友情、人道主义举动、悲欢离合的情节等,这些均能打动读者。

公关人员在了解了什么是新闻后,还要知晓新闻传播情况,如报刊是如何出版的,广播、电视节目是如何制作的,以及各种传播媒体的编辑政策、出版次数、排版日期、印刷程序、优势和劣势、发行办法等,以便有针对性地发送新闻稿。

二、新闻稿的写作技巧

公关人员在对新闻媒体有了一个基本的了解后,就可以考虑写作的问题了。在写作上必须掌握一定的技巧。

1. 抓住新闻特点选择新闻素材

在选材时,要善于从不同的角度、层次去挖掘组织的各项工作中具有积极意义和新闻价值的事情,努力抓住新闻的最佳话题,并善于把它报道出去。

就工商企业而言，有可能具有新闻价值的事件如下：

（1）企业新的经营方针与宗旨的制定和提出。

（2）产品生产、销售和技术改造上的新成就。如某种产品获奖、接到大宗订单、产品打入国际市场、企业采用了某种先进的机器等。

（3）企业的服务有了新措施。

（4）企业在产值、销售额、利润、税收等方面有了新突破。

（5）企业在经营管理方面有了新经验，如率先实行现代企业制度等。

（6）企业举行大型的奠基典礼、开业典礼或其他庆祝活动，并有重大的影响。

（7）高级管理人员的任免与升迁。

（8）职工获得荣誉、嘉奖等。

（9）企业对职工福利的关心与兑现。

（10）企业参加社会公益活动，如对灾区无偿捐献本企业的产品等。

2. 确定报道的体裁

要根据素材的特点、报道的目的等，确定用什么新闻体裁。公关活动中常用的新闻体裁主要有：

（1）消息（新闻）。它是用得最广泛的一种形式。它以简洁的文字，准确地报道周围发生的最为公众关心的最新事实。它在报纸版面上或新闻节目中经常占据主要位置。

（2）通讯。它也是为公众所喜闻乐见的一种形式，它详细地报道一个新闻事件的来龙去脉，以弥补消息信息量之不足。

（3）特写。它是取一个人物、一个活动片断加以突出的描述，且可用适当的文学语言进行细致描写。它往往能获得一个特殊的报道效果，使公众获得具体的形象。

(4)述评。它是在叙述一个新闻事件时加上作者的评论，评论应包括事件的特点、起因、发展趋势、经验教训等方面的内容，它要求作者具有较强的分析判断能力，观点清晰、论证有力。

(5)调查报告。它是围绕一个事件或公众关心的某一方面的问题，通过调查材料，全面、系统、准确地反映事件的真相及其发生发展过程。

(6)报告文学。它是一种文艺性的新闻体裁。它用文学笔法去描述新闻事件，使读者从具体的生活图画中获得对现实的深刻认识。

3. 确定新闻稿的主题

主题是一篇新闻稿提出的问题和所要表达的中心思想。选择主题时要从新闻事件的特性出发，并注意当前形势迫切需要注意和引导的、具有普遍意义的思想、观点和认识。

4. 确定新闻稿的结构

新闻稿的结构有三种常见的形式：倒金字塔结构、并列结构、顺时结构。其中最常用的是倒金字塔结构。

(1)倒金字塔结构。所谓倒金字塔，指的是新闻事件的高潮出现在文章的开头，即最重要的情况最先说，所有的重点内容都要在第一段中出现。倒金字塔结构如图 6－1 所示。

第一段是导语部分，导语是一篇新闻稿的灵魂、精华所在。导语之后就是新闻事实。新闻事实严格地按照重要的在前、次要的在后的原则来排列。如果说导语是第一重要，那么事实 1 就是第二重要，事实 2 就是第三重要，以此类推。

新闻稿采用倒金字塔结构的原因主要有两个：一是读者，读者的时间有限或受兴趣限制，不可能将每篇报道都从头至尾读一遍，但只要读过第一段，就能对报道的内容有个大概的了解；二是编辑，编辑在考虑版面不够或其他因素时，常会对新闻稿进行删改，

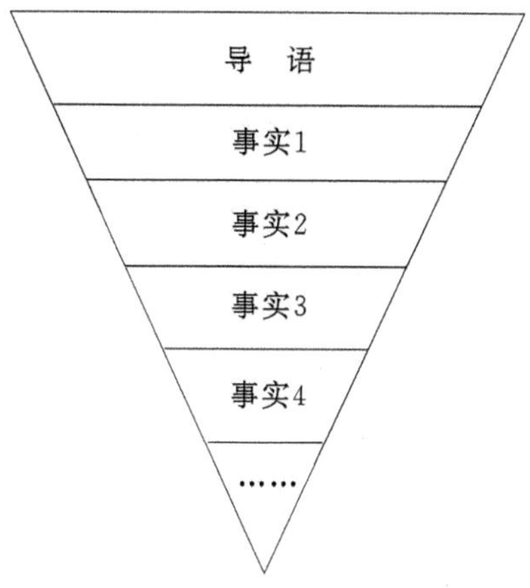

图6－1　新闻稿的倒金字塔结构

哪怕只剩下一段或一句话(即导语)时,仍然留有公关人员需要向公众报告的最重要的信息。

如2016年11月30日《北京青年报》刊登的《万名志愿者参与防艾知识宣传》新闻稿:

本报讯(记者　王晓芸)近日,在第29个“世界艾滋病日”到来之际,由团市委主办的2016防艾公益宣传城市挑战赛北京站活动在奥林匹克森林公园南园举行。活动以北京奥林匹克森林公园为主会场;同时在全市19个重点地区设立分会场,来自团市委、16区团委的团干部,社区青年汇社工以及首都高校大学生防艾志愿者近万人参与线上线下活动,宣传防艾知识。

据介绍,此次防艾公益宣传活动包括义卖安全套、征集为“艾”举手防艾照片、“向零艾滋迈进”网络签名以及招募网络防艾志愿者等四个主要环节。

《北京青年报》记者在活动现场看到,志愿者们在主题背景板前举起贴有“防艾有你我”、“合力抗艾”等字样贴纸的双手,大家纷纷拍照上传朋友圈,以示对联合防艾的决心。在发放防艾宣传品区,过往市民手里拿着手机按照工作人员的提示,扫码完成在线电子手写签名,表示对“向零艾滋迈进”这一目标的支持。

据悉,防艾公益宣传城市挑战赛活动是在团中央、国家卫生与计划生育委员会和国务院防治艾滋病委员会指导下,由国家卫生与计划生育委员会疾病预防控制局、国务院防治艾滋病委员会办公室,共青团中央维护青少年权益部和中华红丝带基金会主办,各相关省卫计委、团省委承办的大型防艾宣传教育活动。旨在面向全社会、特别是青少年宣传防艾知识、关注艾滋病人,引导社会力量积极参与防艾教育。活动采取公益挑战赛模式,在北京、上海、广州、西安和成都五个城市同步开展。

在这篇新闻中,第一段最重要,交代了主要事实;第二段是第一段的具体化和补充说明;第三段又是第二段的补充。这样,每多读一段,就多知道一层意思。如果只读第一段,也可知道新闻的主要内容。这就是倒金字塔式结构的基本特征。

(2)并列结构。在报道的内容中有若干事件且几乎具有同等重要性时,可用这种结构,即先写一段概括性导语,然后将各新闻事件并列。如《北京物资学院报》曾登载《我院师生坦率作答》一文:

为了了解我院学风状况,为全院同学创造一个良好的学习成才环境,我院学生工作部对全院师生发放了《学风状况调查问卷》,征询广大师生对学风问题的看法。包括:

对我院学风的满意度;

学校环境的变化;

对学习的态度;

对学习成绩的期望值。

(3)顺时结构。这种结构的新闻稿是按时间顺序来写的,先发生的事实先写,后发生的事实后写。其导语可以是概括性的,也

可以是新闻稿所涉及的最早发生的事件。例如:2004 年 3 月 24 日《北京青年报》刊登的一篇新闻稿:

本报讯　天安门地区管委会昨天上午宣布,天安门观礼台翻建工程今天开工。

天安门观礼台是为满足国庆庆典观礼的需要,于 1954 年 6 月在原有两座砖木结构的临时性观礼台基础上改建的砖混结构的永久性观礼台,使用面积 2 470 平方米,1959 年根据观礼规模的需求,增建了东西两座观礼台,现在的天安门观礼台建筑面积共 4 008 平方米,可以容纳 1 万余人观礼使用。多年来,天安门观礼台在国庆等盛大庆典和重大节日中发挥了重要的作用。天安门观礼台已建成近 50 年,接近设计使用期限,并且局部出现了墙体下沉和开裂现象,形成安全隐患。为了确保观礼台的安全使用,经专家反复论证并报有关部门批准,拟对天安门观礼台进行原规模翻建。翻建后的观礼台在形式、高度、体量、色调等方面将与原观礼台保持一致。此工程拟于今天开工,国庆前竣工,届时,天安门观礼台将以崭新的面貌迎接国庆 55 周年。

5. 拟好标题

标题是新闻稿的"眼睛",它直接影响公众对新闻稿件内容阅读的兴趣。一般来说,好的标题应该做到准确、鲜明、简洁、生动。准确,就是能确切地反映新闻稿件的中心思想和主要事实。鲜明,就是要观点明确。简洁,就是高度概括,十分精练。生动,就是要新颖、形象,给人以新鲜感。同时,还要注意在标题中突出的并不是组织名称、品牌,而是组织的行为和精神风貌。现举例如下。

例 1:

开放的中国赢得世界的尊敬

出国在外的大熊猫

为雪欢喜为雪忧

例2：

“为榜样点赞，集徽章有礼”网络互动结束：
“北京榜样”点赞超6000万个

我国青少年近视眼发病率居世界第二：
小眼镜为何越来越多

例3：

评职称与外语、计算机考试脱钩
——用人单位可根据岗位需要自定，相应考试仍会组织

公关学历教育获“绿卡”
——国家教委正式批准中山大学设置公关本科班

例4：

新世纪第一个春节
只要与吃有关，普遍收成不错
大饭店多云间晴，小饭馆连年高温，食品加工跟着火

凝聚公众崇尚良好道德风尚的共同心愿
首都五百万市民参与修订文明公约
公约七易其稿，日前正式公之于众

以上四组例子不仅体现了新闻稿件标题拟写的要求，而且也说明了标题的几种类型：

例1组中的三个标题为单行标题，中心明确，一目了然，简明、醒目地概括了新闻的主要内容。

例2组、例3组的标题为双行标题，但两者有不同之处。例2组中的第一行叫引题（或称眉题、肩题），起交代新闻背景、烘托气氛、引出正题的作用。第二行叫正题（或称主题、母题），起概括新

闻的主要内容或表明主要观点的作用。

例3组中的第一行叫正题，第二行叫副题（或称辅题、子题），一般用来说明事件或事实的结果、交代新闻消息的来源、依据或内容提要，对正题起补充说明作用。

例4组中的两个标题为三行标题（或称多行标题），它由引题、正题和副题构成，各司其职，组成完整的一个标题，一般在重大复杂的新闻消息中采用这种标题。

以上三种标题，在拟定中可根据新闻消息的内容及表达效果来选用，做到文题相符。

6. 写好新闻导语

新闻稿的结构比较简单，比较容易掌握，但却提出了一个难题，怎样才能抓住读者呢？别无他法，只有靠内容生动、导语新颖。由于导语是新闻稿的灵魂、精华之所在，因此写好了导语，新闻稿的成功就有了较大的把握。导语的写作应采用“开门见山”的手法，突出最新鲜、最重要的事情，醒目、精练、生动、引人入胜，使人读了马上能把握住要点。如报告火警的人的第一句话几乎总是：“××起火了！”而绝不会拿着腔调说：“今天早晨上班的时候，我发现锅炉房旁边的小平房里冒出缕缕烟雾，感到有些蹊跷，就快步走上前去，打开房门一看，啊——”如果这样报告的话，等他说完，房子已烧得差不多了！写新闻导语就要像说“××起火了”那样干脆、简短、明确，一语中的。

在表达方式上，常见的新闻导语有以下几种类型：

（1）叙述型，把消息中最具新闻性的事实，简要地写在消息的开头，又可以分为顺叙、倒叙、插叙等几种。例如，《问候》一文的导语：

昨日，在山东聊城大学校园内，大学生爱心志愿者们在开展“一个微笑、一声问候”活动。当天是世界问候日，各地纷纷开展活动传递祝福和温情。

(2)描写型,对消息中主要事实的某一场景、具有意义的某一情节或侧面,做简练而抓住特点的描绘。特别是记者根据目击事件采访而得的导语,能给读者以强烈的现场气氛和情绪渲染,增强消息的说服力与生动性。例如,《上海严寒》的导语抓住了瑰丽而奇特的雪景:

这几天上海街头积雪不化,春寒料峭,最低气温下降到-7.4℃,上海人遇到了有气象记载的80多年来罕见的严寒。10日和11日,这里出现了晴天下雪的现象。晴日高照,雪花在阳光中飞舞,行人纷纷驻足仰视这个瑰丽的奇景。

(3)评论型,在简明扼要地叙述事实的同时,对所报道的新闻加以评论,揭示事物的内涵和重要意义。例如,《上海:跨国公司竞相抢滩》一文的导语:

具有独特的地理和人文环境优势,新时期又被赋予"龙头"地位的上海,目前已成为跨国公司向中国发展的首选之地。

(4)提问型,就是故意在导语中提出有关问题,再接着简要回答,以引起读者的思考和注意。例如,《民航服务质量名次排定》一文的导语:

国内各航空公司谁的服务质量最好?国际航空公司和东方航空公司并列第一。

提问型导语要注意抓取读者有共同兴趣的问题,不要无疑而问。所提的问题以具体明确为宜。如果答案不言自明,就不应该提问题。

(5)对比型,通过对比、衬托的方式突出事物的个性特征,从而使新闻主题更加突出、更加鲜明,给读者留下深刻印象。例如:

天津市自来水公司化验后宣布:滦河水水质优于国家规定的饮水卫生标准,比北京、上海等城市的原水质要好。

(6)引语型,即引用他人的话作为新闻导语。例如,《"一份情温暖一颗心,扶百村济千户"大型活动启动》一文的导语:

“我们捐赠1千斤大米”,“我们出价值4.5万元的服装”,“我们准备在贫困地区招收员工”,“我们还要在集团公司职工中积极发动,做到人人皆知、人人参与”……目前,在《浙江日报》会议室里召开的“一份情温暖一颗心,扶百村济千户”大型活动座谈会,成了众多单位慷慨解囊、踊跃捐赠的现场会。“扶百村济千户”活动拉开序幕。

7. 新闻背景材料的运用

新闻背景材料,顾名思义,指的是向新闻事件或人物提供“背景”的材料,在报道中起着映衬、补充、烘托、说明、解释等辅助作用。背景材料是新闻稿件中不可缺少的一项内容,在许多新闻中占据一定的位置。为什么这么说呢?

首先,任何客观事物都不是静止地、孤立地存在,而是都与其他事物有纵或横的联系,这样就有了向读者提供背景材料的要求,读者可以从事物的联系中来更好地、更全面地、辩证地认识、看待事物。

其次,新闻报道的是新发生的事物,这就要有必要的说明和解释,新闻背景正是为了提供这种说明和解释。通过它可以使读者从更深层次认识新闻所要表达的内容及其含义。

比如说,某家公司与另一家公司就开发某天然气项目达成了协议,那么,政府在为签订协议而举行的谈判中起了什么作用,两家公司将以什么方式筹集开发资金,两家公司以往有无成功合作过的经验,两家公司领导人是否同乡、同学,思考问题的方法是否类似等问题自然产生。红花虽好,还需绿叶扶持,如果红花是新闻事实,那么绿叶就是背景材料。

背景材料在新闻中不是独立的结构部分,它可以穿插在各部分之中。同时,也并不是所有新闻都必须交代背景。要不要交代背景材料,取决于表达内容是否需要,不要为交代而交代。

新闻背景分为四类:历史背景、人物背景、地理背景和事物背景。

历史背景。每个新闻事件都有其历史发展过程，人们也只有在一定的历史背景下才能充分认识此一事件的意义，才能体会到其中的新闻价值。如在过去的3年里，发生事件的公司与另一与之合作的公司曾有过3次成功的合作项目，这就是历史背景材料。

人物背景。为了使新闻人物的形象立体化，使他或她在读者中产生较深的印象，有必要交代一些与新闻事件有关的人物背景。

地理背景。与人物背景一样，地理背景也可以使地名立体化，使读者对某一地方及该地方的声誉和环境有较深的印象。例如，扎玛纳什山边防站地处阿尔泰山南麓，四周是1 000多米高的雪峰，夏有洪水阻隔，冬有大雪封山，交通极为不便。这样的地理环境描写，使我们了解到驻守在那里的战士们艰苦的生活情况。

事物背景。读者的知识面总是有限的，为了使读者更全面、更深入地理解某一事物，有必要交代一些与该报道对象有关的事物背景。

8. 注意遣词造句

遣词造句对于新闻稿的写作具有十分重要的意义。其总的原则是，要求用词造句必须准确、生动、言简意赅、含义隽永，以收言尽而意未穷之效。应尽可能使用大众化词语，少用生僻的行话和过于专业的技术用语；用词要尽量生动多变，减少重复用词。此外，还要避免使用过于华丽和含义不确切的词语，并少用过长或过于复杂的句子。

此外，写好一篇新闻稿，还应注意一些技术处理的细节。如稿子誊写时，行与行之间应留空，以便于编辑进行删改补充。用方格稿纸更好，便于编辑计算字数。稿纸上最好注明组织名称、地址、电话号码、联系人姓名等，便于编辑在修改稿件遇到疑问时能够与作者及时联系。另外，应了解新闻机构的截稿时间以及发送资料、稿件的方式方法，熟悉编辑工作程序和编辑责任范围，以便于将资料和稿件尽快地发送到主管编辑手中。

以上我们介绍的是新闻稿写作的共同点。但不同的新闻媒体，对相同的报道要求是不同的。如一篇在日报上是1 000字的报道，在杂志上可能就是400字，在电视上播出2分钟，而在广播里只能播30秒钟。因此，公关人员要能够适应各种新闻媒体的要求，了解不同新闻媒体的特点，这对于有针对性地发出各种稿件是很有必要的。

三、印刷新闻媒体与视听新闻媒体的区别

1. 印刷新闻媒体

所谓印刷新闻媒体，指的是通过将信息以文字表达的形式印刷在纸张上进行传播的新闻媒体，如报纸、杂志等。其主要特点如下：

(1)读者主动。印刷媒体的主要优点之一，是读者享有控制阅读的主动权。读报看杂志，可以根据个人的习惯、兴趣、能力行事。既可以字字推敲，也可以一目十行，挑选自己需要的文章或段落阅读。还可以把杂志、报纸带在身边，只要方便随时随地均可翻阅。这比较充分地显示了读者的自主选择性。

此外，印刷媒体能适应不同受众的特殊需要和兴趣。如一些专业化、专门化的报纸、杂志，因其特殊内容而拥有特定的读者群，往往可以适应这部分读者的需求和阅读习惯，并能对其施加特殊的影响。

(2)容量巨大。印刷媒体所容纳的信息量大大超过了广播、电视，尤其是新闻信息更是如此。广播、电视的“黄金时间”(受众收视、收听人数最多的最佳时间)总是有限的，而报纸可以根据需

要增加版面，增加副刊和新闻容量。有人将哥伦比亚广播网的晚间电视新闻和《纽约时报》头版新闻进行比较，发现晚间新闻内容只及头版新闻的一半。可见，报纸可灵活增加信息量，而广播、电视则受到时间的限制，增加一个新节目就必须砍掉或挤掉原来的节目。

(3)便于保存。印刷媒体保存很方便，今天不看，可保存起来，隔些日子再拿出来翻阅。遇到希望长期保存的信息内容，可以进行剪贴、装订加以保存，非常方便。而广播、电视的节目要想保存，就没有那么方便和随心所欲，必须借助一些设备，如录像机、录音机等才可能保存，且成本也较高。

(4)印刷媒体制作容易，成本较低。

(5)印刷媒体传播信息的速度不是太快。印刷媒体传播信息不如广播、电视迅速、及时、生动逼真。特别是杂志，其出版周期较长，报纸的出版周期最快也要一天，无法消除事件发生时间和报道时间的间隔。而广播、电视通过各种先进的传播技术，如卫星转播，可以做到事件发生和报道时间的同步性，且具体、形象、逼真、感染力强。

(6)印刷媒体受众面较窄。因为印刷媒体的读者必须具有一定的文化水平和理解能力，故受众面窄。而广播、电视所传播的信息形象、口语化，不识字的公众也能够明白节目的内容，因而受众面广，对公众的影响力也大。

在当今信息时代，印刷媒体应一方面发挥自己的优势，另一方面吸收电子媒体的长处，从而使自身的发展更趋完美：

第一，在采访方面，记者将会利用无线电和视频显像终端机与传真机，将现场采访消息直接送回报社。摄影记者将使用电子摄影法，将影像借助显像终端机变为讯号传回报社，影像失真可降到最低点。

第二，编辑、排版、制版、印刷、发行以及全部报社的管理与经营都将用上计算机。编辑人员只要将存入计算机的新闻显现于电脑屏幕上,即可借助计算机软件实现各种编辑操作,其后的排版、印刷图像处理等过程均可在计算机的控制下自动完成,其效率非常之高。

第三,报社资料实现计算机存储、管理,所有有关的内部、外部、历史、现实资料,均可通过检索系统自动查阅。此外,通过建立与各种类型的计算机网络的联网,可以极大地利用和开发信息资源,例如,通过与 Internet 联网,可以瞬间获得全球范围内的大量信息。

第四,销路大的报纸可以通过卫星传送报纸版面,实现远隔万里的不同城市可以同时印报,并同步发行。报社可利用卫星传送通讯稿、照片,广告商亦可利用卫星联系在远地报社刊登广告和宣传照片。

第五,报纸电视化。将来的报纸是一版一版的新闻,经由电视传送到每个家庭。只要读者高兴,转换按钮或频道,就可以在屏幕上收看到自己喜欢的报纸。报纸借助电子技术后,使报纸出刊的速度更快,内容更完善,阅读更方便、迅速。

2. 视听新闻媒体

所谓视听新闻媒体指的是以声音和图像来传播信息的媒体,主要指广播和电视。其特点如下:

(1)迅速快捷。这一特点是指视听媒体可以将一些重大事件或突发性的新闻迅速而及时地进行广泛传播。例如,2001 年 9 月 11 日美国世贸中心遭恐怖袭击,几分钟以后凤凰卫视就全程报道了此事。据一些专家学者们调查,对一些重大事件,受众大都首先从广播媒体中得到消息。

就总体而言,视听媒体报道的时效高于印刷媒体,视听媒体中的语言广播又快于电视广播(现场直播除外)。这是因为:其一,电视新闻制作程序较广播复杂;其二,电视新闻节目设置和播出次数目前还没有广播多。因此,可以说迄今为止传播速度最快的还是语言广播,这是语言广播的最大优势。在事实无误、观点正确的前提下,许多广播电台都在争取做到“先声夺人,贵在神速,分秒必争,以快取胜”。

(2)生动逼真。印刷媒体传播信息主要依靠文字符号(可配静止照片或图画),而视听媒体则包含多种信息传播方式,主要有语言、音响、活动图像、照片、图画、文字、色彩等。这些传播方式作用于人的视听觉器官,使信息传播更加直观、生动,为人们提供了一个声图并茂、视听结合的观察世界的窗口。

2017 年中国传统节日——春节期间,中央电视台的新闻联播节目大量报道了世界各地的华人举行的多种形式的庆祝活动,来欢度春节。电视的最大好处在于它的直观性,它能把事件变动的现场“搬进”千家万户的起居室,使人有耳闻目睹、身临其境之感。从美国“挑战者”号航天飞机失事的电视新闻片中,可以看到和听到“挑战者”号从竖立待发、发射,到爆炸声中碎片飞落的惊心动魄的过程。片中起初是兴奋的观众和宇航员亲友,为老师的“腾空”而欢呼嬉闹的学生……突然,他们目瞪口呆,刹那间由不知所措到痛哭失声。在中央电视台播放这则新闻的 4 分 4 秒的时间里,电视观众如临大洋彼岸,从现场看到这航天史上触目惊心的大悲剧。

(3)受众面广。广播是信息的电波传输,它的覆盖面广,与人造地球卫星结合,其电波几乎可以传遍全球。

从文化层次上分析,印刷媒体的对象必须是识字的人,须有一定的文化水平。目前世界上还有几亿文盲,在不发达国家,最主要的传播媒体是视听媒体。视听媒体很少受文化的限制,从学龄前儿童到年逾古稀的老人,从文盲到专家学者,都可以成为视听媒体的传播对象。双目失明的人可听广播,两耳失聪的人可看电视。

(4)瞬息即逝。有人说“报纸是个面,广播是条线”,的确如此。报纸是以文字印刷的版面展现在读者面前的，白纸黑字，板上钉钉，可以直接核实，一览无余。广播（电视）是以声音（或图像、伴音）的节目形式顺时依次传输给听众或观众的，必须顺时收听（收看），转瞬即逝。这是广播（电视）的又一特点，也是它的弱点、短处，具体表现为：

选择性差。音频、视频信号顺时连续传输，不宜选择接收。报纸版面展现在读者面前，一目了然，在一定的时间内可以全部浏览，择要阅读；广播却要按顺序听，往往当时想听的内容没有，而不想听的却不绝于耳。报纸可以随时读，广播则必须按时听。在收音机和电视机前，有时听众、观众感到受限制，缺乏选择的自主权，处于被动地位。

保留性差。广播的内容转瞬即逝，难以捕捉、保存。报纸提供的信息，如没看清、没看懂、记不住，可以停下来反复读、细琢磨，必要时可以请别人来一起研究，加深印象；听广播、看电视则不行，因为是一闪而过，没听清、没看懂、没理解、没记住，只好作罢，遇到同音或谐音词，又易误解或听错，如把“时事”听成“逝世”。

针对视听媒体的缺点，世界各国的广播电台、电视台都千方百计扬己之长、避己之短（或补己之短），以便充分发挥优势，吸引更多的传播对象。

在增强选择性上，采取的办法有：

第一，延长播出时间，增办多套（台）节目，增加波段、频道，以适应各类听众的不同需要，便于他们选择接收。

第二，加强预告。出版节目报，预告一周节目内容；精编节目预告，增加每天的预告次数，以供听众选择，如中央电视台的《在下周屏幕上》。

第三，精编节目，加大信息量，提供视听便利条件。如许多电视台都有“正点”或“半点”的新闻节目。节目密度加大，时间间隔有规律，重要新闻适量重播，使听、视众可以“各取所需”，选择吸收。

在增强保留性上,采取的办法有:

第一,写好、编好、播好视听节目,在使人“容易懂、便于记”上下功夫。用准确、简练、生动的语言,选择最典型的音响和画面,使人一听就懂,一目了然,留下深刻的印象。

第二,合理的重复。这是指节目的恰当重播和关键用语、音响、画面的必要重复出现,以加深人们的印象。

第三,除在节目报上及时登出播出的广播稿和电视解说词外,还可定期编辑出版广播选稿、电视解说词和重要的音像节目资料(磁带、唱片),以便受众长期保存。

3. 网络媒体

网络是现代计算机技术、通信技术的硬件和软件一体化的产物,代表了现代传播科技的最高水平,是人类传播史上的第四个里程碑。网络的出现,将根本改变人类的传播意识、传播行为和传播方式,并影响到人类社会生活的方方面面。网络这种全新的媒体科技,具有与传统大众媒体和其他电子媒体不同的传播特征。

(1)范围广泛。网络实际上是一个由无数的局域网(如政府网、企业网、学校网、公众网等)联结起来的世界性的信息传输网络,因此,它又被称为“无边界的媒体”。

(2)超越时空。网络的传播沟通是在电子空间进行的,能够突破现实时空的许多客观限制和障碍,真正全天候地开放和运转,实现超越时空的异步通讯。

(3)高度开放。网络是一个高度开放的系统,在这个电子空间中,没有红灯,不设障碍,不分制度,不分国界,不分种族,任何人都可以利用这个网络平等地获取信息和传递信息。无论对传播者还是受传者来说,在网络这一媒体中都享有高度的自由。

(4)双向互动。网络成功地融合了大众传播和人际传播的优势,实现了大范围和远距离的双向互动。在网络上,不仅可以接触到大范围和远距离的受众,而且受众的主动性、选择性和参与性也大大加强,使得传播沟通的双向性大大加强。

(5)个性化。在网络上,无论是信息内容的制作、媒体的运用和控制,还是传播和接收信息的方式、信息的消费行为,都具有鲜明的个性,非常符合信息消费个性化的时代潮流,使人际传播在高科技的基础上重放光彩。

(6)多媒体超文本。网络以超文本的形式,使文字、数据、声音、图像等信息均转化为计算机语言进行传递,不同形式的信息可以在同一个网上同时传送,综合了各种传播媒体(报纸、杂志、书籍、广播、电视、电话、传真等)的特征和优势。

(7)低成本。相对其巨大的功能来说,网络的使用是比较便宜的。其主要原因是,目前网络充分利用了现成的全球通信网络,无须重新投资建设新的通信线路设施。在通信费用方面,无数局域网分担了区域之间的通信费用,而个别用户只需支付区域内的通信费用,因此,即便是进行全球性的联络,也只需支付地方性的费用。

由于网络具有以上与传统大众媒体和其他电子媒体不同的传播特征,政府、学校和企业在与自己的相关公众进行有效的沟通时,不约而同地选择了网络这个双向交流与沟通的渠道。

在此,我们以 2000 年奥运会期间国内网络媒体有关奥运会的报道为例,分析网络媒体传播的优势:

第一,网络媒体传播的快捷。网络对 2000 年奥运会的宣传报道,其竞争力的关键之一在于快捷。这次奥运会的所有比赛项目都在北京时间的白天进行,因此许多上班族体育迷只能选择网络而不是广播、电视来了解比赛情况。网络凭借这次奥运会赋予的天时,以迅捷的报道吸引了大批网民。据报道,新浪网站奥运频道在高峰期间每分钟传递10条以上信息;2000年9月21日,新浪网站奥运频道的点击次数突破千万大关。

第二,网络媒体传播的大容量、多频道。对于传统媒体来说,广播、电视每天只有24小时的传播时间;报纸再增版,版面也是有限的。因此,传统媒体的奥运报道必须精于选择,并且报道内容无法保留。而网站则不同,极大的容量及可以开设众多频道的特点,使得网络传播在时空上得到了近乎无限的扩充。在这次奥运报道中,国内许多大网站的奥运报道内容丰富、形式多样,包括新闻报道、奖牌榜、赛程表、幕后花絮、背景资料和赛程点评等。由于网络的存储性,新浪、网易、搜狐等大型网站还设置了百科全书式的资料库,可以检索站点内所有奥运信息。网站中翔实丰富的资料信息为网友和记者检索提供了极大的方便。这样的容量对于传统媒体来说是难以想象的。

第三,网络媒体对传播互动性的探索。网络传播作为一种新的传播方式,互动性是它的重要特点,也是其竞争的法宝。2000年奥运会报道的互动性首先是线上与线下的互动。各家大网站的奥运频道都设置了问卷调查、网友评论奥运的BBS、奥运聊天室等栏目。尤其是各家的聊天室,在比赛结束后将获奖的运动员或教练员请到现场演播室里,通过网络,与网友即时问答,亲密接触。在聊天时间里,许多网站都是人气冲天。可以说,网络聊天既增加了互动,又为接下来的网站内容设置提供了线索。

更进一步看,网站尝试深度互动理念,实现网络与传媒互动,是这次奥运传播的突破。以前的网站互动操作,主要以网络为渠道,实现网上与网下以及网友通过网络的互动,但网络传播的互动性远不止于此。我们看"网易"进行的网络与传统媒体互动的操作。在2000年奥运会报道中,"网易"与全国有线电视联播网合作制作"奥运纪事"电视节目,每晚黄金时间在全国30家以上的有线电视台同时播出,网友可以通过网上投票选择自己感兴趣的前方热点题材，全国有线电视联播网的悉尼前方摄制组根据投票结果决定每天的拍摄专题，并在“奥运纪事”中播出，这是网络与传统媒体互动的有益探索。

今后，网络媒体的发展方向应是：

第一，与传统媒体合作。传统媒体有强大的新闻采编力量和新闻线索来源，而网站有迅捷的收集反馈能力和这次奥运赋予的天时。因此，传统媒体和网站的相互渗透和合作是在奥运的大背景下反射出来的必然现象。这次奥运报道中，网络媒体与传统媒体的合作情况可以分为三个层次，它们体现了两者合作的三个途径：①初级层次，网站利用传统媒体提高自身奥运频道的知名度。尽管数字传媒代表着未来的发展方向，但目前传统媒体的受众数量大大超过网络。借助传统媒体做“广告”，不失为网站发展的一个好途径。在奥运期间，许多传统媒体的栏目和节目以网站名冠名。比如“新闻晨报”中的奥运奖牌统计栏目命名为“网易奖牌榜”，《北京晚报》推出了“搜狐明日赛事热点竞猜”等。这样做既提高了网站的知名度，又起到了让网站与传统媒体良好互动的作用。②中级层次，网站有偿利用传统媒体提供的新闻信息。奥运期间，网易等商业网站每天接受《人民日报》提供的 100 多条信息。新浪网与中新社，中国体育报业总社、新华社与华体网，elong 与 CCTV，都建立了战略合作关系。正是通过与这些传统媒体的合作，网站才获得了丰富的信息来源，从而满足整合报道的需要。③高级层次，网络媒体与传统媒体优势互补，实现真正的互动。

第二，向无线电信渗透。如今，数字通信已经向无线网络发展，移动上网成为一种时尚。2000 年奥运会期间，新浪与搜狐就在网络传播的途径拓展上进行了尝试。它们利用自身的信息资源优势与中国移动通信的网络优势合作，联合推出了奥运短信息手机点播服务，开辟了一条新的网络信息传播渠道。这项服务是将短信息中心与互联网连接、提供信息服务的一种尝试。“全球通”

用户可通过 PC 或 WAP 手机登录网站，在网站上订购需要的信息，互联网站以短信息的方式将信息发送到用户的手机上。两家提供的奥运中文短信息包括：中国队金牌快讯和奥运决赛奖牌快讯、悉尼奥运重大新闻和花絮报道、悉尼奥运奖牌榜通报、CCTV 每日赛事转播等内容。

目前网络传播的讨论热点之一就是传输途径的开拓。宽带上网是一个发展方向，这次网站与电信的合作让人们看到了网络传播传输途径的另一领域。未来，随着移动通信设备的普及和宽网等新技术的应用，互联网将拥有目前纸制传媒、电视、广播等所依仗的传播手段上的所有优势，并不断完善扩充。那时的媒体市场将更精彩。

在 2008 年 8 月北京奥运会期间，央视网对奥运会的报道就开辟了 CCTV 网络电视奥运台、CCTV 手机电视奥运台、视频直播、点播、搜索，24 小时播不停。

- CCTV **网络电视奥运台：**

60 个直播、轮播频道，播出近 16 000 小时的奥运节目。除了 28 个比赛项目的直播频道外，还有 CCTV－1、CCTV－2、CCTV－奥运、CCTV－7 四个频道供你选择。28 个比赛项目的点播频道，精心准备全部 3 800 小时的赛事视频以及 20 余个 CCTV 奥运栏目视频点播，包括奥运历史视频，共计 4 000 小时。点击央视网首页“网络电视奥运台”链接或登录 www. cctvolympics. com，即刻进入 CCTV 网络电视奥运台主页，开始你的奥运新媒体视频之旅。

无须任何注册即可直接进入观看节目。“3D 频道墙”让你随心所欲选择喜爱的频道。“边看边聊”是你和好友最直接的交流平台。“节目单”让你清晰地了解节目播放时间和节目信息，将鼠标放置在即将播放的节目条上，还可以预约节目。同时，空间、博客、相册、播客、好友、圈子、论坛等功能，为你构建起以奥运为核心的视频传播和互动社区平台。

• **CCTV 手机电视奥运台：**

开通 20 路奥运赛事直播频道，奥运海量视频库存贮视频超过 3 000 条，奥运期间日更新视频超过 300 条，全景报道奥运盛况。加入奥运关注团，即可享受 CCTV 手机电视奥运台为你量身订制的北京奥运特别体验，与朋友们一起分享精彩比赛。

一、新闻稿例文

1. 颐和园官方淘宝店正式上线

53 件特色文创产品在售　同款 APEC 丝绵披肩 9980 元

本报讯（记者　王斌）作为世界文化遗产的颐和园，如今也玩起了“O2O”。北京青年报记者了解到，昨天“颐和园皇家买卖街”官方淘宝店正式上线运营，“出恭”纸巾等特色文创产品受热捧。同时，颐和园在线下开设了两家体验店，分别位于仁寿殿南、北配殿。今年“首届颐和园文化创意产品展”期间，累计销售额达到 83 万余元。

“来朕的买卖街看看！”昨天上午，北青报记者打开手机淘宝，在首页搜索店铺“颐和园皇家买卖街”，带有浓郁古典皇家氛围的页面就映入眼帘。颐和园淘宝店以颐和园的园林文化为卖点，店名源自园中苏州街景区“皇家买卖街”，以旅游纪念品与皇家趣味生活为主,产品取的名字也都有皇家特色。

颐和园淘宝店内共有53件在售宝贝,分为宫廷家居饰品、皇家生活用品、图书音像、服装箱包、办公文具、旅游纪念、皇家生日礼物、艺术品等8个类型。

比如,最便宜的是颐和园趣味纸巾,只卖3块钱。纸巾的创意来自于“圣旨”的谐音,包装印有皇家吉祥纹饰,又分为“出恭”“女汗纸”“用膳”等三种包装,在实用价值上增添了趣味。

而最贵的当属颐和园APEC丝绵披肩了,一条就要9980元。不过,这款披肩货真价实,用蚕丝制成,更重要的是,它的纪念意义很大。两年前的11月份,北京举办APEC领导人非正式会议。当时,国家主席习近平夫人彭丽媛,特别邀请来华出席会议的部分经济体领导人或代表的夫人,参观世界文化遗产颐和园。最后来到排云殿前,夫人们披上了彭丽媛特意为大家防寒准备的紫色披肩,并合影留念。如今,颐和园在淘宝官方旗舰店上售卖的,正是当年APEC丝绵披肩的同款。

此外,颐和园淘宝店上还有橡皮擦、直尺、钥匙扣、冰箱贴、iPad保护袋等价格适中、实用性强、特色鲜明的文创产品。

据颐和园管理处相关负责人介绍,让休养在文物展厅与库房中的文物与老物件“活”起来,是颐和园文化创意的总思路。除了线上销售,颐和园还在仁寿殿景区的仁寿殿南、北配殿设立文创展品的体验店。今年夏末秋初,颐和园举行了“首届颐和园文化创意产品展”,从8月16日至10月8日,在八方亭广场、松堂广场开设展览,展览持续了54天,销售额达83万余元。

该负责人表示,依托“互联网+文化遗产地”的思路,明年还有望实现游客刷手机、刷身份证快速入园,并实现园内购物手机支付,使得游园更加便捷与个性化。

(摘自2016年11月30日《北京青年报》)

2.30 家公园可购全国旅游年票

本报讯（记者　赵婷婷）2017 年全国旅游年票昨起正式在京发售。年票中不仅包含北京、天津、河北等周边省市的 201 家景区，还有山东、山西、辽宁、宁夏等省市 160 个城市的诸多知名景区。年票售价 98 元，市民可在全市 30 家公园购买。

全国旅游年票包含太平洋海底世界、十三陵、八达岭水关长城、济南大明湖、河南万仙山、承德金山岭长城、黄山西递、苏州木渎古镇等全国 881 家景区、森林公园、文化遗址和博物馆。其中，京津冀地区还新增了温泉、滑雪、游乐场等类别，包括南宫温泉水世界、龙脉温泉、静之湖温泉、蓝调庄园温泉、钓鱼岛水上乐园、乔波冰雪世界、雪都滑雪场、盘龙翠谷魔幻冰雕、钓鱼岛冰雪乐园、鹿世界冰雪嘉年华等。

全国旅游年票售价 98 元，即日起市民可在紫竹院公园、双秀公园、玉渊潭公园、陶然亭公园、北海公园、中山公园、景山公园、北京植物园、国际雕塑公园、香山公园、天坛公园、颐和园等 30 家市区公园及保利剧院、北展剧场、天桥剧场、梅兰芳大剧院现场购买。

（摘自 2016 年 11 月 30 日《北京青年报》）

二、结合你所在的学校或单位近期发生的有报道价值的事件，写一篇新闻稿（不少于 500 字）

第二节　公关公文

一般来说，公关部门在执行对内对外联系的时候，主要通过公关公文进行。这些文字媒介常常反映着组织的政策和形象，是组织的一张“脸面”。公关公文包括的种类繁多，其中的公关简报、公关信函、介绍信、请柬、祝词等最为常用。

一、公关简报

简报是各种组织在公关活动中，用以反映情况、交流经验的一种简明扼要、及时迅速又带有报道性的汇报文件。简报的含义较为广泛，它近似新闻报道，但又不同于新闻报道。它是一种内部刊物，只限于组织内部传播，一般是定期出版。其内容不局限于组织内部，还登载与本组织活动有关的，来源于其他方面的文稿、摘录和改编的材料。组织的领导层和各职能部门通过公关简报这个窗口，可了解形势，交流信息。

1. 简报的种类

简报的种类很多，就其内容而言，大致可分为综合简报、专题简报、会议简报三类。综合简报主要是反映日常业务中各方面的工作情况，它是一种长期编发的定期或不定期的简报。专题简报是围绕某一中心工作编发的。会议简报是反映某次会议进程中的各种重要情况，如大会报告、重要讲话、重要发言、分组讨论情况，以及会前准备、会后反映、会内外花絮等内容。后两类简报是一种阶段性的简报，一般来讲，专题工作告一段落或会议结束，简报也就停办了，其时效性非常强。

2. 简报的一般格式

简报的书写格式一般包括报头、正文、报尾三个部分。

报头在第一页的上方，写有简报的名称、期数序号、编制者、编写时间。综合简报内容较多，所以在报头下，还应有所载各篇文章的目录。

正文按各篇文章的重要性排次序。报头与正文之间用一横线隔开。

报尾在简报最后一页下方，用两条间距适度的平行线画出的范围，写有报、送范围，可以是单位名称，也可以是领导者个人的职务、姓名。另外，还应在最后一条线的右下端注明“共印××份”。

简报的格式如下。

内部交流
注意保存

××公司公关简报

（第×期）

××公司公关部　　　　　　　　　　　　××××年×月×日

目　　录

一、×××××
二、××××××××××
三、××××

（标题）×　×　×　×　×

（正文）××××××××××××××……

报：×××、×××
送：×××、×××

（共印××份）

（注：“目录”只有在综合性简报中才用。）

3. 编写简报的要求

（1）精，指选材要精。编写简报时要选择那些与上级的方针政策密切相关或涉及本部门工作的，最能说明问题和表达观点的重要情况或典型经验。有些情况虽然目前看并不重要，但它带有某种倾向性的苗头或经验的雏形，发展下去有可能成为重大问题或重要经验，这些也应该通过简报加以反映。

(2)准，指材料要准。简报主要是供领导掌握情况，并作为领导决策和指挥的依据之一，所以材料一定要准确，要真实可靠。公关人员要尽量亲自下去调查，从时间、地点、参加人员到事情发生的来龙去脉、前因后果，特别是所引用的重要数据，关键性的文字、对话，都要准确核实。另外，反映的情况一定要实事求是，切忌弄虚作假，只报喜不报忧。这样，简报反映的情况才具有价值。

(3)快，它是简报的一大特点。简报是服务于现实的，它能否发挥作用或发挥作用的大小、快慢是一个重要因素。因此，公关人员要眼明手快，善于发现问题，在问题或情况刚刚处于萌芽状态时，就能及时反映在简报上，以利于领导采取相应的对策和措施。

(4)新，指内容要新。应及时反映新情况、新问题、新经验、新趋势，能给人以启发和借鉴。一般来说，领导希望从简报上看到与组织有关的新动态，发现新问题，总结带有普遍意义的新经验，并据以做出新的决策和指示，以开拓新的工作领域，推动工作向纵深发展。

(5)简，指文字简洁、精练。简报就是要简明扼要，简报是“千字文”，一般在1 000字上下，最多不超过2 000字。要体现这一特点，写法上要开门见山，直截了当，实实在在，不说虚话和空话。

二、公关信函

信函是各种组织之间在公务活动中处理大小公务的专用信件的总称。它的使用范围很广泛，既可以用于上下级之间，也可以用于平行的不相隶属的部门单位之间。

1. 信函的分类

信函在日常公关活动中，从其格式和内容看，可分为公函和便函两类。

公函,是指具有较完整的公文格式的信函,其内容多为正式的公务事项,使用公函显得较郑重、正规。

便函,是一种没有完整公文格式的信函,它是公关人员处理一般事务用的简便函件,与私人信件相似,可用组织信笺缮写,不编列发文字号,无标题,但必须加盖机关单位印章。它不属于正式公文。

2. 公函的用途及写作要求

公函按其用途性质的不同,可以分为以下几种:

(1)商洽性函。用于组织之间商量和接洽工作,这种公函多半是主动发出的,即要求对方给予协助。商洽性函正文一般包括两个部分:①商洽原由。要写清为什么提出商洽,即发函的缘由。②商洽事项。这部分是主体,要写清所要商洽的具体事项,特别要写清对对方的要求。如果所提要求包括几个方面的内容,应分条写出,以便对方考虑。

(2)询问性函。用于向对方询问问题或就对某一事项的处理办法征询意见,要求对方予以答复。询问性函正文也包括两部分:①为说明询问的目的或原因的“缘由”部分。这部分有时也叙述有关情况,以便让对方了解提出询问的背景。②询问内容部分。这是主要部分,要像出“试题”那样写得明确、具体、不发生歧义,使对方一看即懂,可依次作答。

(3)答复性函。用于答复对方所询问的问题。有时下级组织向上级组织请示一般性问题,上级也可以用“函”予以答复。答复性函正文一般包括三部分:①说明对方来函已收到,可以写明收到日期。②简要复述对方所询问题或者所提要求,然后用“经……研究,答复如下”过渡到下文。③答复内容。这是主体,要写得具体、明确而又简要,使对方一看就明白。如果所询问的问题分条列出,答复时也要分条依次作答。

(4)委托性函。用于委托有关组织代办某一事项。这种信函正文一般包括:①缘由部分。这部分既要写清委托的目的,又要写清所委托代办或代查事项的基本情况。②委托事项部分。这部分是主体，特别要写清托办或托查的要求。如果所托事项有时间限制、质量要求和数量指标，也要具体写明，以便对方在时限内按质按量办妥查清。有时在结尾可写上“以上事项希大力协助查清（或办理），请尽快见复”。

（5）告知性函。用于向有关组织告知某种情况或某一事项，如告知涉及对方利益的某事已发生，以期引起对方的注意，或在受托代办事项办理完后告知代办情况。告知性函的中心内容是告知情况或事项，要围绕告知的情况或事项写清楚有关内容。例如：

×××饭店预订处经理：

请在20××年2月16日至18日保留贵饭店最大的三间一单元客房一套。上星期看过你们的优良设施以后，我公司的总经理决定把贵饭店作为今年我公司经理会议的会址。

我们要求在一间客厅内布置可供15人用的“U”形会议桌，还有一间作为非正式会议用的活动室。

这个预订的早日确定，将是令人感激的事。

（签名）

20××年元月15日

这篇例文，在语句和措辞上礼貌、得体，给予对方充分的信任和尊重，同时又明确提出要求，达到了沟通的效果。

三、介绍信

介绍信，是介绍本单位派出人员前往有关部门商洽事情、联系工作或参观学习、出席会议所写的一种专用书信。

1. 介绍信的内容

（1）对方部门或个人的称谓。

（2）被介绍者的姓名、职务（还可以写政治面貌和年龄），如被介绍者不止一人时，还要注明人数。

(3)需要商洽联系的事项以及希望与要求。

(4)签发介绍信的单位、发信日期。

(5)介绍信的有效期限。

2. 介绍信的种类和格式

介绍信有书信式和印刷式。前者直接用本单位的公用笺书写,格式与一般书信大体相同;后者事先根据一定的格式印好,故也叫填表式介绍信。

(1)书信式介绍信(见图6－2)。

××市政机械公司:

　　现有我公司×××同志(公司副经理)前往你处联系××××××事宜,请接洽。

　　此致

敬礼

××市物资公司(盖章)

年　月　日

图6－2

(2)印刷式介绍信(二联式,留存根)(见图6－3)。

介　绍　信

　　兹介绍　　等　　位同志前往联系

事宜。

年　月　日

----------介字第　　　号----------

×××公司介绍信

____

　　兹介绍　　　等　　位同志前往您处联系

事宜。请接洽。

　　此致

敬礼

×××××(公章)

(有效期:　天)　　　　年　月　日

图6－3

3. 写介绍信应注意的问题

(1)书写要清晰、工整,不允许涂改。

(2)要填写持介绍信人的真实姓名、身份。

(3)对方单位及署名要写全称,不要简写。

(4)商洽事项要写得简练、明确,使对方清楚。

(5)一份介绍信只能填写一个单位。

四、请柬

请柬,又叫柬帖、请帖,它是邀请客人的通知,属于礼仪类书信的一种。在公关活动中,有些规格较高的会议、宴会或活动,通常都要使用请柬,这既是出于礼貌,亦能对客人起提醒备忘的作用。

1. 请柬的一般写作格式

(1)封面写明"请柬"两字。如没有封面,则要在书写用纸上端写明"请柬"。

(2)顶格一般写上被邀请者的名称。在被邀请对象较多的情况下,可以不写被邀请者姓名称谓,以便有更大的灵活性。

(3)正文写邀请的目的,活动的内容、时间、地点以及应注意的一些问题。

(4)请柬的末尾,一般应写上"敬请光临指导"之类的礼貌用语,也可以写"此致敬礼"。最后在右下方签上邀请单位的名称(要全称)或邀请者的姓名以及发出请柬的时间。

2. 请柬的写作和使用中应注意的事项

(1)要把举行活动的内容、时间、地点写清楚。如果需要使用入场券,则应附上。如果需要被邀请人在活动中讲话,可以在请柬中告诉他讲什么内容,讲多长时间。如果活动地点较偏僻,则应注明具体地点、交通线路。如果是排定座(席)次的,还应注明座(席)次或排号。

(2)请柬的文字要简洁明了,语言诚恳、热情、亲切、庄重。

(3)在款式和装帧设计上,要注意具有艺术性。目前市场上出售的请柬,印刷精美,格式固定,只需将正文中的某些内容填入即可。但应特别注意的是,在填完请柬之后,一定要仔细核对,以免有误。图6-4、图6-5是请柬的两个例子。

请　柬

定于2008年9月10日上午9时30分,在我校大礼堂举行北京物资学院建校25周年庆祝大会暨教师节庆祝大会。

敬请光临

北京物资学院(公章)

2008年9月5日

图6-4

请　柬

××同志(先生、小姐):

本公司在团结湖大街××号的新址已落成。定于本月×日正式开张营业,是日中午11:30在五洲大酒店举行宴会以示庆祝,敬请光临!

×××公司总经理(签字)

年　月　日

图6-5

五、祝词

祝词是一种在喜庆场合用以对人对事业表示祝贺的文体。祝词依据其祝颂对象、场合的不同,大体上可分为事业祝词、寿诞祝词和祝酒词。事业祝词是较常用的一种祝词,多见于祝贺会议开幕、剪彩、工程竣工、新的一年开始以及某社团、机构、报刊创办纪念日等。寿诞祝词的对象主要是老年人。在招待宾客的宴会上,宴会伊始,主人和客人都要致祝酒词。

1. 祝词的一般结构

(1)标题。祝词的标题写在正文的上方。如果是祝酒词,可写“×××的祝酒词”;如果是祝寿词,可写“给×××的祝寿词”;如果是祝贺事业有成,可写“给×××的祝词”或“在×××典礼(会)上的祝词”。

(2)正文。正文可分几个段落写。其内容一般包括:问候或祝贺、介绍有关情况和表明某种态度。祝事业成功的祝词,一般要有说明某项事业的重要意义和希望能够顺利取得成功的内容。祝寿词的内容,一般要写希望健康、长寿、幸福,并赞颂其品行和功绩。

(3)称呼。称呼要视祝贺对象的身份而定,称呼要顶格写。

(4)结束语。结束语主要是写庄重、热烈的祝贺语,文末署名及年、月、日。如果是祝酒词,则不必署名,而以劝酒词作为结束语。

2. 祝词写作时要注意的问题

(1)遣词造句要准确、严谨。

(2)语言要庄重、热烈,切忌用不伦不类的词句,以免伤害被祝贺者的感情。

例如,周恩来为朱德60大寿而写的祝词:

亲爱的总司令朱德同志:

你的60大寿,是全党的喜事,是中国人民的光荣!

我能回到延安亲自向你祝寿,使我万分高兴。我愿代表那反动统治区千千万万见不到你的同志、朋友和人民向你祝寿,这对我更是无上荣幸。

亲爱的总司令,你几十年的奋斗,已使举世人民公认你是中华民族的救星,劳动群众的先驱,人民军队的创造者和领导者。

亲爱的总司令,你为党为人民真是忠贞不贰,你在革命过程中,经历了艰难曲折,千辛万苦,但你永远高举着革命的火炬,照耀着光明的前途,使千千万万的人民,能够跟随着你充满信心向前迈进。

在我们相识的25年当中,你是那样平易近人,但又永远坚定不移,这正是你的伟大! 对人民你是那样亲切关怀,对敌人你又是那样憎恶仇恨,这更是你的伟大。

全党中你首先和毛泽东同志合作,创造了中国人民的军队,建立了人民革命的根据地,为中国革命写下了新的纪录。在毛泽东同志旗帜之下,你不愧为他的亲密战友,你称得起人民领袖之一!

亲爱的总司令,你的革命历史,已成为20世纪中国革命的里程碑。辛亥革命、云南起义、北伐战争、南昌起义、土地革命、抗日战争、生产运动,一直到现在的自卫战争,你是无役不与。你现在60岁了,仍然这样健壮,相信你会领导中国人民达到民族解放的最后胜利,亲眼看到独裁者的失败,反动力量的灭亡!

你的强健身体,你的快乐精神,象征着中国人民的必然兴旺。

人民祝你长寿!

全党祝你长寿!

一、资料阅读

1. 中国大酒店公关部致宾客的一封信

亲爱的宾客:

欢迎阁下光临中国大酒店!

广州不仅有中国“南大门”之称，亦被誉为美食者的天堂。中国大酒店的多个餐厅，提供各式各样的中西美食，无论驰名中外的地道广州菜，还是正宗欧美佳肴，皆应有尽有，名副其实是“食在中国”。

敝店力求让宾客尝遍世界风味。二楼“丽廊餐厅”正在举行“美国食品双周”，“牛扒阁”为您备有最佳美式牛扒，具有鲜美、嫩滑之特色，配以烤马铃薯、香甜玉蜀黍，十足之美国口味，更有青翠诱人之沙律及各色香醇加州美酒，任君选择。

若阁下嗜好汉堡包，请不要错过“丽廊餐厅”及“逸致轩”推出的各式口味，从夏威夷式至纽约式，款式繁多，味道纯正，必有一款合您心意。阁下光临敝店，恰逢“美国食品双周”，愿与您畅游美食世界。

公关部经理常×× 谨上

××××年×月×日

2. 武占坤在张弓先生修辞理论北戴河国际研讨会上的祝词

五彩祥云空中飘，天上飞来金翅鸟

武占坤

驰誉国际语坛的海外学者们，兄弟院校的专家教授们，朋友们：

在大会帷幕徐徐拉开之际，当我面对诸位旅途风尘虽未消退，却是堆满友善微笑的面容时，我的感奋之情，不禁油然而生，脑海里立即浮现出“五彩祥云空中飘，天上飞来金翅鸟”的旋律。贵宾们真个都是乘班机、展金翅、驾祥云，飞来赴会的。那么，就让我以这句颂歌点睛，谈谈我此时此刻的感念心情吧！

常言说得好：“有缘千里来相会。”今天在这里相会的朋友们多数都是学术界的一镇“诸侯”，都不辞炎炎盛暑的旅途艰辛，不是不远千里，而是不远几千里甚至几万里，来此相会。那么，诸位应邀到会的友谊情缘，又该是何等的山高海深，天长地久呢？

中国还有一句老话：“百世修来同船渡。”人们偶尔一次片刻间“同船渡”的际遇，都须“百世修来”才行，我们这次聚会要在4天长的时间里，像一个家族一样，同桌吃，同楼住，同去浴场洗海澡，同去看望孟姜女，那么，我们的友谊情缘，又该是多少年修呢？

“一叶浮萍归大海，人生何处不相逢。”在一叶浮萍般的漂泊人生中，在中国几亿人口的茫茫人海里，单单是我们这些人相逢在秦始皇住过的北戴河，并济济一堂，促膝尔汝，切磋学问，畅叙友情，这种充满宿命、哲理意味的幸会情缘，又是该当如何回味吟叹呢？

这样深厚的情分，这么奇巧的机缘，让我这个东道主，用什么语言向诸位谢机缘、还情分呢？还是常言说得好，“万水千山总是情”。那么，就让北戴河的山水景物替我还情吧！今天大会窗外的绿柳摇风，那就是北戴河的花柳欢迎诸位到来的婆娑起舞；海滨传来的阵阵涛声，那就是北戴河的风光向诸位远客致意的欢呼。北戴河的景观任君赏，北戴河的浴场凭君游。当前不是风行“潇洒人生”吗？愿诸位在北戴河的美景陪伴下，朝朝诗情，夜夜好梦，潇潇洒洒地度过这4天吧！

秦皇岛北戴河，自古以来就是块灵秀之土、名胜之乡，这里住过“秦皇”，游过“魏武”。秦皇岛就因公元前215年秦始皇东巡，驻跸于此得名的，当年“魏武挥鞭，东临碣石以观沧海”，也是这里。但是，像今天这样有这么多中外修辞学者聚在这里激扬文字研讨学术，恐怕还是“破天荒”第一遭。北戴河的今天，由于诸位的光临，一时间教授成群、专家结队：文光射斗牛之宫，海天为之澄澈；儒风漫秦皇之岛，景物为之潇洒。这是我们燕山赵水的殊荣，也是我们河北文运的祥瑞。为此，我向给我们燕赵土地带来殊荣和祥瑞的贵宾们再致谢意了！

来参加这次研讨会的诸位，在学术成就上都是知识富有的“大腕”，有些是张弓先生的同事，有些是张弓先生的学生，对张老为人的襟怀坦荡，不蝇营狗苟、追名逐利的高风亮节是深有感受的。张老在教育园地风风雨雨60余年，为国家培养了大批人才。在教学之余，他埋头修辞研究，取得了成宗开代的成就。修辞学，虽非金元上帝的宠儿，却是语用美神的护法。在商战的硝烟炮火中，你想加重公关语言的含金量吗？那你就得顶礼膜拜在这个护法脚下。在汉语修辞学史上，第一位对语用美神发凡雕塑的，当然是陈望道先生了。陈老在20世纪30年代出版了《修辞学发凡》一书，对修辞学的根本理论问题都有所阐述，并从总体上排星列斗地构建了学科体系，使中国修辞学脱离了“前科学阶段”，自立门户，自我完善。对修辞学科的建立，起了“开天辟地”的作用。开修辞的本质论、美学观、辞格研究的一代之宗。张老继陈老之后，在20世纪60年代出版了《现代汉语修辞学》一书，提出了现代汉语修辞学的三大任务。他的“语体论”和“寻常词语艺术化说”把修辞研究进一步引向深入，开语体学研究的一代之宗。如果说陈老是现代修辞学史上的“盘古氏”、《修辞学发凡》是创世之著的话，那么，张老则是当代修辞学史上的“女娲氏”，《现代汉语修辞学》则是补天之作。这两位老文星，一南一北，一先一后，在中国修辞学史的天幕上交相辉映，各领修辞语坛的风骚几十年。今天二老都早已“大江东去”，所以，我们对今天大会的献辞是：

长江后浪推前浪，一代新人继前人。
江山代有人才出，各领风骚几十年！

谢谢诸位！

二、技能训练

请你写一篇在“2017年班级新年元旦晚会”上的祝词。

第三节　企业刊物

所谓企业刊物是企业自己编辑出版,针对本企业特定的公众(如职工、消费者、供应商等),宣传企业形象的各种类型期刊、报纸等出版物。它是组织与其公众进行沟通的最重要、最有效的媒体之一。它可以帮助组织摆脱完全依赖传播媒体的被动状态,按照组织自己的意愿经常地、有计划地和有步骤地对组织形象进行宣传。它的最大优点在于:针对性强,准确率高,发挥的公关效益好。它通常针对特定的公众编写,通过专门的渠道分发,是任何其他传播媒体都难以取代的传播沟通手段。

一、企业刊物的种类

企业刊物的类别多种多样,按不同的分类方法,可以划分出不同种类。

1. 按企业刊物的形式划分

(1)杂志。一般为 16 开,半月、一月或一季一期,定期出版,内容多是特写文章。

(2)报纸。一般为小报,定期或不定期发行,主要登载企业各种新闻、特写文章等。

(3)企业通讯。这种形式的刊物制作简单,有时甚至使用油印或复印的技术,出版周期不定,登载的内容多是小消息、小文章。

(4)墙报或黑板报。这种形式的刊物通常由职工自己编写,一般都贴在或挂在企业内最明显的地方或公共场合,既可对内也可对外。我国大多数企业都采用此形式和职工进行沟通交流。

2. 按企业刊物的读者对象和发行范围划分

(1)内部刊物。其读者对象为企业内部各种职工。这又可以分为职工刊物、管理人员刊物、股东刊物、业务通讯等。

(2)外部刊物。它主要针对企业的外部公众。这又可以分为面向社会大众的刊物和面向特定公众的刊物。

(3)混合型刊物。这类企业刊物的读者对象包括多种公众类型,既有企业内部的公众,也有企业外部的公众。登载的内容很广,一般都是各类公众希望了解的东西。由于企业财力的限制,通常出版的企业刊物都属于这种公众混合型的刊物。这样,既节省了经费,同时又能与尽可能多的公众进行沟通。

二、如何创办企业刊物

在创办企业刊物时,应仔细考虑解决好以下一些问题:

第一,目的。出版刊物的目的是什么,必须事先确定。通常要根据企业整个的公关目标来定,要为整体目标服务。

第二,读者对象。这是由出版刊物的目的决定的。目的不同,读者对象就不同。如果目的是调动内部员工的积极性,那么读者对象就是内部全体员工;如果目的是消除公众对产品质量的误解,那么读者对象就应为消费者和用户。

第三,刊物的内容。这也是由出版刊物的目的决定的。如果是为了调动员工的积极性,就登载有关的鼓励政策,表扬好人好事等;如果是为了消除公众对产品质量的误解,就应登载这种产品的生产情况,列出权威专家的检查鉴定报告和结果,着重介绍产品的使用、维修和保养知识等。

第四,形式。是报纸、杂志,还是通讯、黑板报?要根据刊物的目的、读者对象、内容多少以及经费情况等来综合考虑。

第五,命名。刊物的名称要有自己的特色,与众不同,朗朗上口。最好与企业的名称、产品和服务的种类及企业的宗旨联系起来。如福特汽车公司出版的刊物《福特时代》,杜邦公司的《生活得更美好》。

第六,出版的数量。每一期刊物的发行数量要以刊物所要影响的公众的数量和范围来确定。数量少了，达不到宣传效果；数量多了，造成人力、物力的浪费。怎样确定适中的发行数量，明确读者对象是大前提。此外，还要根据经验和其他具体条件去加以考虑。

第七，出版周期。出版周期要根据公关工作的需求和财力而定。如果企业规模较大、需要沟通的信息多、财力较雄厚，那么出版周期就可以短些；如果企业规模不大、发生的事情不多、产品较简单、财力较单薄，那么出版周期就可适当长些；也可以采取不定期的形式，在有重要的事情需要交流时，才出版刊物。

第八，刊物是否免费。企业刊物一般都是免费的。但有些大型企业的刊物，制作精良，知识性、趣味性很强，有很高的阅读价值，也可以公开出售。

第九，登载广告。有些刊物，特别是影响很大的著名的企业刊物，不仅登载本企业产品的广告，同时也接受外来企业的广告，征收广告费。实现以刊养刊，良性循环。

第十，发行方式。指通过什么途径到达读者手中，这要视刊物的性质而定。正式出版的定期刊物可以采用较正规的公开发行的方式，但这种情况较少见。如果是内部出版物，可以由专人发送或专人站在门口发给上班的职工，也可以发行到各部门办公室供职工传阅；如果是外部出版物，可以通过邮寄、在会议上散发、社交场合赠送等方式。

为了编好一份企业刊物，一般都需要组建一个专门的编辑小组。这个小组成员属于公关部门的编制。在这个小组中应有一名以上有经验的编辑人员担任刊物的主编或副主编，由他们全权负责整个刊物的编辑出版工作，其他编辑人员和记者可以是专职的，也可以是兼职的。还可以聘请职业作家来担任顾问，这样，一方面可以得到专家的指导，另一方面可以提高刊物的知名度和社会影响力。

三、职工刊物的内容

职工刊物是企业刊物中最常见和最重要的形式。因为企业要想和其他公众进行沟通,可以利用新闻媒体、宣传资料、办展览会等方式来实现,而对企业和职工之间的沟通,职工刊物却能起到其他媒体难以代替的重要作用。因此,职工刊物在企业刊物中占有很重要的地位,它对于提高职工士气、调动积极性、提高劳动生产率等均具有非常大的意义。职工刊物的内容主要有五个方面:

第一,关于企业状况的介绍。企业是职工的立身之地,出于对自身利益和前途的关心,职工们都希望充分了解本组织的各方面情况;而对于组织来说,也需要加强职工的归属感,让职工了解企业的情况,关心企业。这样,关于企业状况的介绍就成为一件意义重大的工作。企业状况包括:企业的创立和发展史;企业的方针、政策、经营目标、经营计划;企业的财务状况,如成本、利润、产值等数据;企业的管理状况、存在的问题以及企业现阶段的处境等;企业所取得的重大成就;企业的技术状况和期待解决的技术问题;企业的产品质量、产品结构以及新产品开发的情况;企业产品销售的情况;企业今后的发展计划和方向等。

第二,关于职工工作方面的情况。让职工们了解他们的工作情况,有助于提高职工的工作热情,增强职工的工作荣誉感,满足他们自尊的需要和自我实现的需要。职工工作情况包括:职工的工作变动情况,如升迁、调动等;职工的工作业绩,如技术革新、发明创造等;职工间工作经验的交流;职工遵章守纪的情况和职工在职学习培训的情况等。

第三,关于职工生活情况的报道。职工的生活情况涉及他们最为关心的切身利益问题。这一类消息对职工来说最感亲切、最能引起共鸣。职工生活方面的内容有:职工的生养、伤病、婚嫁、生日、乔迁、死亡的情况和组织对此制定的政策;职工的物质生活水平和组织对此提供的福利;企业为职工举办的各种文体活动;企业如何帮助职工解决家庭困难问题,最好附有职工的感谢信;职工的好人好事和组织对此给予的奖励;职工子女入托、入学、就业的问题和组织对此给予的合作、提供的方便等。

第四,关于职工素质方面的情况。职工刊物还应肩负起提高职工素质的任务,这需要登载一些文化知识、经济知识、管理知识等的专题讲座,进行百科知识测验或竞赛,有意识地介绍一些新学科、新动态,以激发职工的学习积极性,引导职工的兴趣,开阔他们的思路。

第五,其他方面的内容。除上述内容以外,还应介绍企业在社会公众心目中的形象;企业为社会所承担的义务和所做的好事;遇重大节日来临,应刊登领导对职工的慰问信;对职工平时的来信也应选择其中有意义的登在刊物上;还要适当报道一些国内国际新闻、体育比赛消息;讨论当前国家的方针、政策和社会问题等。

总之,刊物内容应朝着知识性、教育性、趣味性方向发展,才能真正吸引职工,成为他们的知心朋友。

第四节 宣传资料

公共关系宣传资料是公关部门或公关人员为组织撰写的旨在介绍本组织的有关情况、扩大本组织的影响和塑造组织良好社会形象的宣传性文字材料。它可以是一本小册子,也可以是一张招贴画或传单。社会组织往往借助宣传资料把自身的形象推向社会,而公众则通过宣传资料来了解组织的基本情况。这正如人们相互交往中向对方递上名片一样,宣传资料则是组织的“名片”。

一份宣传资料可以包括:组织领导人的致辞;组织的概况和历史;特色产品或特色服务;公众需要的各种信息;公众与组织的联络方法;图片选登等。

一、组织领导人的致辞

组织领导人的致辞往往被安排在宣传资料的首页,这样既可以增加宣传的权威性,又可以使人产生一种亲切感。组织领导人的致辞不宜长,内容应简单扼要,言词要真诚、恳切,切忌说空话和套话。下面摘引交通部第一公路工程总公司第三工程公司宣传资料中的经理致词。

各界朋友:

我很荣幸代表交通部第一公路工程总公司第三工程公司向各位朋友致意!

近年来,我公司以真诚的服务态度、一流的施工质量、良好的企业信誉,在激烈的路桥市场竞争中争得了一席之地,所承建工程遍布国内10省市及伊拉克、布隆迪等国家。目前我公司已发展成为建造高等级公路和高技术桥梁的现代施工企业,荣获了“全国优秀施工企业”称号。为此,谨向多年来对我们的建设和发展给予关心、帮助和支持的各级领导及各界朋友致以由衷的感谢!

建设一个一流的现代化综合性大型施工企业是我们的追求,奉献更多的高、难、新工程是我们真诚的心愿。我们将继续保持锐意进取、开拓创新的精神,恪守“重质量,保工期,守信誉”的信条,与各界朋友共筑友谊之路,架设理想之桥,共同迈向光辉灿烂的未来!

谢谢!

郁××

二、组织的概况和历史

组织的概况和历史对任何一份综合性的宣传资料来说都是不可缺少的。如交通部第一公路工程总公司第三工程公司宣传资料中的这部分内容为:

公司是隶属于交通部第一公路工程总公司的国家二级企业，是建设部核定的公路工程施工一级企业。本公司是以承建国内外高等级公路和高技术桥梁为主，兼营其他土木建筑工程的经济实体。

公司成立于1971年，现有职工2 773人，其中专业技术人员约占总数的32%，高级工程师、工程师占技术干部的34%。

公司成立26年来，装备了精良的机械设备，现有各类大中型机械设备和车辆500多台/套，固定资产原值8 000多万元，其中有近年来从国外进口的具有国际先进水平的沥青混凝土拌和站，摊铺机，混凝土拌和、运输、浇灌设备，大孔径钻孔桩施工设备以及各种土石方施工的推、铲、平、碾压设备，同时还拥有先进的测量及试验检测设备。

公司成立26年来，在国内外修建公路400多公里，大中型桥梁80多座，还修建了部分铁路、场地、厂房等建筑。修建了全国第一座5万吨级的山海关干船坞工程和荣获国家建筑工程“鲁班奖”的京津塘高速公路天津高架桥工程，修建了连续主跨世界第一、单跨亚洲第一的黄石长江公路大桥和荣获国优工程的宁连一级公路南宋段，修建了我国第一条山区高速公路——山西太旧高速公路。20多年的施工经历，造就了一支作风过硬，经验丰富，管理严谨，科学、技术力量雄厚的施工队伍。

进入20世纪90年代以来，公司以“立足沿海，发展内陆，以公路桥梁为依托，辐射邻近行业”为指导思想，以现代化管理为手段，走科技兴企之路，逐步使公司发展成为以承建高等级公路和高技术桥梁为主的、年施工产值超2亿元的大型施工企业，并以先进的企业管理方法、良好的施工质量和建设规模被国家计委、中国施工企业管理协会评为“全国优秀施工企业”，成为全国施工企业33强之一。

展望未来，公司将继续保持锐意进取、积极开拓的精神，努力提高科技和管理水平，齐心协力，把公司建设成一个一流的现代化施工企业，用辉煌的业绩迎接美好的新纪元。

三、特色产品或特色服务

每一个组织都有一些在市场上有竞争力的产品或者引以为豪的特色服务。在宣传资料中要对此进行宣传，以引起公众对组织的兴趣。

四、公众需要的各种信息

一个组织的公关部可以在公众需求调查的基础上，确定哪些信息应该包括在宣传资料内。例如，国外一家航空公司的宣传资料里提供了一般旅客需要或希望了解的信息，主要有：

头等舱的服务；
经济舱的服务；
行李提取方法；
空中服务项目；
对残疾人的服务；
出国旅行须知；
如何办理登机手续；
儿童票价。

五、公众与组织的联络方法

组织的领导人向公众致辞、介绍组织的概况和历史、提供特色产品或特色服务的信息，目的是什么？对航空公司来说就是希望更多的人来搭乘它的班机，对生产企业来说就是希望更多的人来购买它的产品……因此，宣传资料中不可忘了公众与组织的联络方法，如提供全天的免费电话号码以及地址、邮编、网址等。

六、图片选登

宣传资料中图片占有极其重要的地位，一幅生动的图片不仅可以使人明了图中的内涵，而且会使人喜爱备至。从公共关系的角度看，图片的选择应该与公众的心理需要或审美趣味紧密地结合起来，这样才能达到较好的宣传效果。

第五节　组织如何“制造新闻”

对于任何一个组织来说，提高知名度的最好方法就是利用新闻媒体，使组织的名字经常可以在新闻媒体上出现。因此，组织的公关人员可以有计划、主动地制造出一些新闻来，以吸引新闻界和社会公众的注意，从而达到提高知名度、树立良好形象的目的。

那么，组织如何“制造新闻”呢？可以从以下几方面考虑。

一、就公众在一段时期内最关注的话题制造新闻

公众在不同时期，关注的话题也不相同。例如，奥运会召开的前后一段时期内，公众最关注的自然是有关奥运会的话题。在这段时期内，是企业制造新闻的最好时机。例如：海尔集团在北京奥运会期间推出“一枚金牌，一所希望小学”的公益项目，即中国队每夺得一枚金牌，海尔就将捐建一所希望小学。作为北京奥运会唯一指定的电器供应商，海尔集团的产品已全面进驻奥运场馆，具体为：13 236 台海尔冰箱进入 21 个奥运场馆；6 619 台海尔洗衣机进入 7 个奥运场馆；6 987 台海尔热水器进入 13 个奥运场馆；18 556台海尔空调进入 60 个奥运场馆。海尔抓住北京奥运会这个契机，向全世界充分展示了民族品牌的强大实力，为企业树立了一个令人交口称赞的形象。

中国移动上海分公司为上海市癌症患者康复俱乐部捐赠奥运会第一批门票 200 张的事迹成为媒体报道的"宠儿"。

5 年前,上海市癌症患者俱乐部的成员相约去北京看奥运,为奥运助威,用生命彰显奥运精神——更高、更快、更强。这个约定成为他们活下去的信心,5 年来他们不放弃,不言败,创造了生命的一个又一个奇迹。中国移动上海分公司的领导知晓了这个约定后非常感动,想方设法,通过各种途径筹集到 200 张奥运门票赠送给上海市癌症患者俱乐部。

但在很多情况下,组织很难在一段时期内找到与公众关注的话题密切相关的内容,这就需要公关人员从不同角度和层次去挖掘。例如,随着神舟八号飞船与天宫一号飞行器成功实现交会对接,由中国邮政集团公司和中国载人航天工程办公室联合成立的中国邮政太空邮局在 2011 年 11 月 3 日在北京海淀区航天城邮局挂牌,中国载人航天工程办公室副主任杨利伟出任太空邮局首任局长。据悉,太空邮局将作为航天科普教育邮政服务平台,为航天事业及社会公众提供以航天为主题的邮政服务,并将结合航天重大发射事件,编号发行国家级航天主题邮品,满足广大集邮爱好者的收藏要求。各大媒体纷纷报道。

二、抓住"新、奇、特"三点去制造新闻

我们从前面讲过的新闻价值的五个特点中知道,一个事件的新闻价值正是在新、奇、特上,要成功地制造新闻,公关人员必须别出心裁,使公关活动具备新、奇、特的特点。正大集团在这方面做得非常成功。当年,正大集团出资办大型综艺节目,让人感觉很奇怪、新鲜,好多人不理解,但是正是随着正大综艺节目的播出,正大集团的名字以及正大集团的产品才在中国家喻户晓。大家想一下,正大综艺播出之前,有多少人知道正大集团,正大综艺播出之后,又有多少人不知道正大集团呢?

日本一家酒店的做法也是成功的一例。这家酒店位于市郊的一个偏僻的山坡上，尽管景色很美，但住客还是很少，后来这家酒店的老板想了一个主意，在酒店的小山坡上划出一片地方，专供游客或住客种各种纪念树，这样既美化了环境，又吸引了大批的游客，而且在那里种下纪念树的游客隔一段时间还要回来看看，重温往日美好时光，从而有了一大批稳定的回头客。由于这一活动构思有新意，富于人情味，吸引了大批记者前去采访。酒店成功地制造了一则动人的新闻。

广东一家生产仿古铜工艺品的乡镇企业，在广州市非闹市区开办了一间 20 平方米的门市部，没有精致豪华的商号牌匾，只用本厂产品树起一座 3 米高的标志。开业之日，没有 7 折优惠大酬宾，没有锣鼓、鞭炮、剪彩，但却引起了各界人们的关注与兴趣，前往购买、观看的人络绎不绝。《羊城晚报》的记者为此店发了特写——《奇特商店的奇特开张》，海内外 7 家报纸、电台先后为其发了报道，使这家新办企业名声大振。

三、与传统的盛大节日或纪念日联系在一起，制造企业新闻

美国的拉蔡食品公司是利用中国传统节日——春节来制造新闻的。拉蔡食品公司在中国农历新年来临之时，制作了系列拉蔡新年菜谱，以“春节期间全家齐动手烹调美味食品、享受天伦之乐”为题隆重推出。于是，一直默默无闻的拉蔡食品公司在这个春节期间成功地吸引了新闻界的注意，不少报纸和电视台都介绍了拉蔡的新食品。

日本电通广告公司有一个传统，就是非常重视公司创立纪念日，凡是公司大事，都安排在这一天举行。1967 年 7 月 1 日，是电通广告公司创立 66 周年的纪念日，公司选择这一天搬迁，离开银座的旧楼迁入筑地的新大厦。当天清晨，公司总经理率领 2 000

多名职工,高举“谢谢银座各界人士过去的照顾”和“欢迎筑地各界人士以后多多赐教”的旗子,浩浩荡荡地由银座向筑地行进。沿街的公司和商店的职员以及行人都目睹了这一壮观场面。日本各大报纸、各电视台都纷纷报道了电通广告公司这一天的活动。看过这一天报纸和电视的人都异口同声地赞美:“了不起！到底是电通,连公司搬迁都成了新闻报道的好题材。”

四、制造新闻时,要有意识地把组织与某些权威人士或社会名流联系在一起

一家企业的厂庆活动既可以成为新闻,也可以办得默默无闻。如果这个企业能够请到知名人士,并同时举办记者招待会,发布企业自创立以来所取得的成就、为社会所做的贡献,那么这个厂庆活动就可能成为新闻。

五、注意和新闻机构联合举办各种活动

一个组织如果和报社、电台、电视台等新闻机构联合举办各种活动,就能增加组织在新闻媒体中出现的机会。因为新闻机构参与了这一活动,自然会在自己的新闻媒体上报道这一活动,组织或商品因此也得到机会与广大公众见面,极大地提高了知名度。如我要上春晚——阳光保险集团,中国好声音——加多宝,百里挑一——香飘飘奶茶,中国最强音——蒙牛酸酸乳,女人如歌——京都念慈庵,中国达人秀——海飞丝等。在这些活动当中,自然会有很多使企业露面的机会。

六、要事先制造一些热烈的气氛,使公众有心理准备,达到强化制造新闻的效果

20 世纪 50 年代,美国总统艾森豪威尔 67 岁生日这一天,美国首都华盛顿的主要干道上竖立着巨型彩色标牌:“欢迎您,尊贵

的法国客人!”“美法友谊令人心醉!”街道上、售报亭悬挂着美法两国的小国旗,在微风中飘扬。各大报纸都刊登了醒目的大标题,比如:“总统华诞日,贵宾驾临时!”和“美国人醉了!”马路上,许多轿车、摩托车、自行车纷纷涌向白宫……

白宫周围已是人山人海。人们满面笑容,挥动着法兰西小国旗,期待着贵宾的出场。

贵宾是谁呢?不是政府要员,不是社会名流,在美国总统艾森豪威尔67岁生日这一天,光临华盛顿的法国特使却是两桶窖藏67年的法国白兰地酒。

这是法国公关专家精心策划的一幕公关杰作,而美国公众在总统寿辰一个月之前就分别从不同的传播媒体获得了信息。一时间,法国白兰地即刻成了新闻报道、街谈巷议的热门话题。千百万人都翘盼着这两桶名贵的白兰地的光临。

当这两桶意义非凡的美酒登场亮相时,群情沸腾,欢声四起,有些人甚至大声唱起了法国国歌《马赛曲》,活动达到高潮。

自7年前北京获得了第29届奥运会的举办权后,中国人民就企盼着它的到来。随着奥运圣火全球传递、倒计时牌一页页揭去的铺垫,2008年8月8日,北京奥运会开幕式上点燃圣火,那一刻,万众欢腾,达到了强化效果的目的。

公关既是一门科学,也是一门艺术,特别是在公关活动方面,艺术性的东西体现得更明显,很难找出一套固定不变的程序和方法,只有靠公关人员广博的知识和丰富的想象力以及实际经验去进行公关活动。制造新闻的技巧也是这样,它有很多诀窍,上面介绍的只是其中的几个方面。公关人员要成功地制造新闻,必须通过大量的实践,不断总结经验,才能使自己的公关技巧日趋完善。

附录

一、阅读并讨论下面的案例

北京物资学院35周年校庆策划

时间:2018年9月28日。

主办单位:北京物资学院党委宣传部、院学生会、院团委及学院相关职能部门。

地点:北京物资学院本校区。

目的:庆祝北京物资学院成立35周年;回顾建院35年以来取得的成就,展望未来,增进全院毕业生和在校生的了解;让物资学院走向社会,让社会了解物资学院,创造更加利于学院发展的契机和社会环境。

要求:隆重而热烈,具有强烈进取精神但不落俗套,突出"团结勤奋、求实奉献"的校风。

工作安排

2018年9月28日是北京物资学院35周年校庆。现对有关工作做如下安排(一切可根据情况做适时、适地的改动)。校庆的工作按照时间先后分为三部分:前期、校庆、后期。不同的时期重点不同,主要负责的部门也不同。

一、前期工作

1. 校内准备

学院成立“校庆活动领导小组”。成员由校方领导、学生会干部、学生代表组成。小组全权指挥各项校庆活动，并设立意见信箱，向全院师生征集意见，以增加小组工作透明度。

训练各系方阵、表演队、拉拉队及邀请与学院建立共建单位的部队同志出席校庆开幕式并表演军体拳，为学院校庆助兴。如果可能，可邀请北京市舞狮队前来助兴。

全院动员征集有关校史资料、图片，制作展出展板。图片制作可找中国感光协会帮忙，或寻求其他赞助公司（在展板显要位置冠以公司名称）。资料、图片要突出学院35年来的变化发展以及35年来全院师生的奋斗史。

院电视台录制有关学院情况的专题节目（这项工作业已开始），节目反映现在校园风光、学子风采，介绍校友们的工作情况，追踪报道各项校庆准备活动，并在宿舍电视上播放。

面向全院征集院徽，要能体现学院特色及今后的发展方向；向全院征集35条横幅，象征学院35周年校庆，体现喜庆气氛。对入选作品的作者予以奖励。学院准备彩条，并在校园主干道、教学楼前广场悬挂。

举行全院性问答比赛——“物资学院知多少”，以院、系为单位参赛，让全院师生一齐来了解物院史。

院里置办校庆所需物品，院、系团委和学生会搞好宣传和有关的组织活动，各社团组织校庆期间的活动重在展示学校学风和活跃的大学生活氛围。院内各报刊在舆论上造成一种空前的气势，各系搞宣传和布置校园。

提前4天向气象局了解天气，以便碰到天气不好的时候可临时将校庆时间向后挪一两天或做好必要的准备（这是非常情况）。

在校庆前一天，全校停课，除必要安排外，由校团委安排各系学生会生活部组织全院同学对全院进行大扫除，包括教学楼、宿舍、校园及卫生死角；要以一个崭新、整洁的校园迎接校庆。

提前3天预测可能在校庆当天留宿校内的嘉宾、校友人数，尽量安排在学院招待所；当留宿人数较多时，可将部分校友安排在宿舍，让他们重温校园生活。

提前7天联系造石厂，制作功德碑——2m(L)×4m(H)。

2. 宣传工作

校内宣传(从开学初到9月28日)：

在教学楼建立校庆倒计时牌，由院团委负责安排。

院学生会宣传部负责各类宣传海报的制作、张贴；制作校庆专递；离校庆3天之时要加大宣传力度，进行轮番“轰炸”；校庆当天，在校园醒目位置贴挂各类祝贺校庆和欢迎嘉宾的标语。

校园电视台、广播台进行动态报道，要及时反映校庆进展；校园电视台选时播放物院特别节目。

校内宣传目的：让校庆深入人心，让每个同学真真正正地了解校庆，了解学校的发展史，尽可能地投入到校庆中来。

传统媒体宣传(9月18日~28日)：

9月18日在《中国青年报》和《北京青年报》上刊登消息，告知社会各界物院将在9月28日举行校庆，诚邀物院校友及有助于物院发展的企事业单位、个人参加。

在离校庆3~4天时联系中国教育电视台来物院录制节目，经过制作，及时在相关栏目播放，更大范围、更大深度地宣传物院校庆。

传统媒体宣传目的：让外界更好、更全面地了解北京物院，给物院今后的发展创造更好的外部环境。

网络宣传(9月18日~28日)：

由学校负责外联工作的部门或学生会外联部联系网络赞助公司，公司负责宣传物院校庆情况、校史及有关校庆资料、图片；同时公司可在物院宣传栏显要位置附有公司名称。界面由网络公司负责制作，由物院相关部门审批、通过。

在较有名气的网站建立BBS留言板，方便全院校友及其他企事业单位、个人与物院的联系和物院向外界发布信息。建立公众信箱bjwz20@yeah.net，由信息学院牵头做相关事情，并安排人员从9月18日到28日每天收取邮件（上午、下午、晚上各一次），及时公布信息。

网络宣传目的：加大宣传力度，通过BBS留言板方便与外界的联系，加速信息的流通。

3. 外联工作

联系校友：

通过校友录及网上信息了解校友情况，根据情况采用信函、电话、传真、E-mail等联系。电话联系可找一个专门办公室（如团委），由学生会安排同学值班。

由学院各刊物编辑联合整理校友名单和9月28日到场的企事业单位、个人名单，并制作成册。

学校所有的老师和学生参与校友的辅助联系，查漏补缺，尽量扩大校友阵容。

邀请嘉宾：

由学院领导联系社会知名人士参加物院校庆（主攻方向为国家领导，特别是主管教育工作的部级干部）。

邀请知名艺人和北京舞狮队为物院校庆助兴。

邀请高校著名大学生艺术团为物院9月28日晚上7点到9点的联欢会献艺（如北京舞蹈学院）。

二、校庆当天

1. 上午7点到8点，与会领导、各祝贺单位、各新闻媒体、兄弟院校同学陆续到校，学院做好接待工作。

初步安排：

从接待开始，由学生会外联部安排校礼仪同学在校门口做形象代表，并由部分礼仪同学向相关领导及同学导介。

校礼仪同学必须经过相关培训，必须清楚学院校庆的具体情况。礼仪队服必须重新设计，力求新颖，突出物院校庆的特色和喜庆气氛。

导介的老师、同学必须经过挑选、培训，非常了解学院校庆的各方面工作和学院的情况，以充分展现我院的形象、风貌。

与会领导、各祝贺单位、各新闻媒体、兄弟院校同学的休息地点将分别安排在贵宾室、卡拉 OK 厅、活动中心、大阶梯教室，具体视情况而定。

学院保安同志保证做好安全工作，负责安排与会车辆的进入、停放。

2. 上午 8 点，“北京物资学院 35 周年校庆”开幕式在操场正点开始。院长宣布校庆开始，举行升旗仪式。

到会嘉宾及学院领导进行剪彩（由学生会外联部准备剪彩用的彩布、剪子、盘子，安排礼仪队在现场）。

院长讲话，欢迎前来庆贺的各界人士，感谢各界人士及单位长期以来对学院的支持，介绍学院 25 年来的发展概况，并对今后学院的发展进行展望；表彰对物资学院有突出贡献的个人。

领导讲话并题词；嘉宾讲话，致辞；主持人宣布到会嘉宾名单，前来祝贺的单位个人。

各系方阵、到贺部队、舞狮队表演。各系方阵按顺序相继通过主席台向领导致敬，由各系安排简短贺词或口号；各系方阵通过主席台后，列队在操场跑道后，观看部队方阵和舞狮队表演。开幕式进入高潮。

组织领导、校友参观校园、校史展、书画展、摄影展、刊物展及参加各种联谊活动。活动由各社团组织。

3. 中午 12 点半举行“校庆盛餐”，学校组织领导、老师、校友、学生代表，各系组织同学在指定地点进餐（地点根据需要再定）。

具体形式有自助、酒宴、小型聚会，各系根据需要可采用不同形式。聚餐时由学生会组织向嘉宾、校友、同学赠送印有“北京物资学院35周年校庆”字样的钢笔和各种校庆专刊。

4. 聚餐完毕进行募捐活动，该活动是为了学院以后更好地发展，也是校友和其他人士关心与支持学院建设的最好表现。募捐由学院相关部门组织，捐款人士名单刻在我院功德碑上，作永久纪念（捐赠额不少于10 000元的个人和不少于100 000元的企事业单位可刻碑留念）。同时组织校友分批到各系各班参加交流会，让同学们了解学院的昨天，让校友们了解学院的今天，让大家一起展望学校的明天。

5. 晚上举办庆祝晚会，由大学生艺术团组织。晚会上新老校友同台献艺，并邀请一部分艺人为晚会添彩。晚会可以组织类如“幸运校友大抽奖”的活动。晚会从19点开始到21点30分结束。接下来进入“物院狂欢夜”，由各系或各班组织。具体有“啤酒晚会”“派对晚会”“卡拉OK”等形式。零点在大操场放焰火。

6. 当天安排人员进行嘉宾名单和校友名单、通讯地址的统计，地点可设在教学楼门口或其他显要位置。

注：当天将有中央电视台、中国教育电视台、北京教育电视台、《中国青年报》、《北京青年报》等传统媒体进行跟踪报道，同时学院进行网上宣传。当天可以进行各种留念活动，如签名、照相、互赠礼物、题词等。

三、后期工作（围绕“留住欢笑，开创未来”的主题）

1. 欢送嘉宾、校友离校。车辆由学院车队具体安排。

2. 由学生干部、入党积极分子和志愿者清理卫生、整理校园。

3. 学院领导做总结报告，回顾校庆，总结经验，为下一次校庆做好准备。恢复日常的学习、工作、生活。

4. 组织各刊物编辑整理校庆情况及校友名单、最新通讯地址，制成册留念。

联系赞助

由外联部向外界了解公司对物院校庆的感兴趣程度,收集相关资料并整理;从中找出可能有兴趣赞助学院校庆的公司,再取得联系,通过协商,达成协议,签约。(具体事宜再定)

经费预算

1. 相关社团活动经费:300×10=3 000(元);

2. 外联经费:5 000 元(包括电话费、车费、餐费及相关协议书制作费用);

3. 学生会宣传及组织经费:6 000 元;

4. 宣传展板制作费用:6 000 元;

5. 制笔经费:5×5 000=25 000(元);

6. 嘉宾、校友留宿费用:50 000 元;

7. 联系电视台及其他媒体:计 10 000 元;

8. 用餐费用:30 000 元;

9. 焰火费用:10 000 元;

10. 晚会费用:10 000 元;

11. 制作功德碑:5 000 元;

12.《舍友》、院报、《新运河》校庆专刊:15 000 元;

13. 流动资金:20 000 元;

14. 预算总计:195 000 元;

再加部分准备基金,总计 200 000 元。

预祝物院成功举办"北京物资学院 35 周年校庆"。

校庆筹备组

2017 年 4 月

问题:请你就该策划的内容,指出存在哪些不足,并请给予补充、完善。

二、技能训练

策划"制造新闻"活动。

方法:就有新闻价值的事件进行策划,极大地提高班级在学校的知名度。

要求:活动新颖独特,不同凡响,有创新。

目的:激发学生的创新能力及组织活动能力。

第七章

公共关系应用技术——各种专题活动

第一节　新闻发布会

新闻发布会又称记者招待会,是组织与新闻界建立和保持联系的一种较正规的形式。任何社会组织如政府、企业、社会团体都可以举行新闻发布会。新闻发布会一般由组织负责人或公关部负责人直接向新闻界发布有关本组织的重要信息,然后通过新闻界把消息传递给公众。新闻发布会是公关人员用来广泛宣传某一消息的最好工具之一。

一、新闻发布会的特点

第一,形式比较正规、隆重,规格较高,易于引起社会广泛的关注。

第二,在新闻发布会上,记者可就自己感兴趣的方面进行提问,能更好地发掘消息,充分地采访本组织,同时使组织也更深入地了解新闻界。在这种形式下的双向沟通,在深度和广度上都较其他形式更为优越。

第三,新闻发布会往往占有记者和组织者较多的时间,经费支出也较多,因此,成本较高。

第四,新闻发布会对于组织的发言人和会议主持人要求很高,如发言人和主持人需要十分敏感,善于应对,反应迅速等。

二、新闻发布会前的准备

第一,确定举行新闻发布会的必要性。根据新闻发布会的特点,在新闻发布会举行之前必须对所要发布的消息是否重要,是否具有广泛传播的新闻价值及新闻发布的紧迫性与最佳时机进行分析和研究。只有在确认召开的必要性和可能性后,才可决定召开新闻发布会。一般地说,社会组织举行新闻发布会的原因,有以下几方面:出现紧急情况,如爆炸事件、起火事件等;对社会产生重大影响的新政策的提出;企业的新技术、新产品的开发和投产;组织对社会做出重大贡献或善事;推出影响社会的新措施;企业的开张、关闭、合并转产;组织的重大庆典等。

第二,确定应邀者的范围。应邀者的范围应视问题涉及的范围或事件发生的地点而定。如事件在某城市发生,一般就请当地的新闻记者到会。邀请的记者应该有较大的覆盖面,既要有报纸、杂志方面的记者,也要有广播、电视方面的记者;既要有文字方面的记者,也要有摄影方面的记者。

第三,资料准备。新闻发布会需用的资料主要有两个方面:一是会上发言人的发言提纲和报道提纲;二是有关的辅助材料。前者应在会前根据会议主题,组织熟悉情况的人成立专门的小组负责起草。其内容要求全面、准确、简明扼要,主题突出。发言人的发言提纲和报道提纲,应在会前散发给记者。另外,要特别注意会前应将发言提纲和报道提纲的内容在组织内部通报一下,统一口径,以免引起记者猜疑。

辅助材料的准备,应围绕会议主题,尽量做到全面、详细、具体和形象。它包括发给与会者的文字资料,布置于会场内外的图片、实物、模型,也包括将在会议进行中播放的音像资料等。

第四，选择新闻发布会的地点和时间。在地点选择上主要应考虑给记者创造各种方便采访的条件。例如：是否具备录像、拍摄的辅助灯光，视听辅助工具，幻灯、电影的播放设备等；会场的对外通信联络条件如何，交通是否便利；会场是否安静舒适，不受干扰；会场内的桌椅设置是否方便记者们提问和记录等。

新闻发布会的日期，应尽量避开节假日和有重大社会活动的日子，以免记者不能参加会议，影响新闻发布会的效果。

第五，确定主持人和发言人。由于记者的职业要求和习惯，他们常常在会上提出一些尖锐深刻甚至很棘手的问题，这就对主持人和发言人提出很高的要求。要求主持人思维敏捷，反应机敏，口齿伶俐，有较高的文化修养和专业水平。会议的主持人一般可由具有较高公关专业能力的人来担任。会议的发言人应由组织的高级领导来担任，因为高级领导清楚组织的整体情况，掌握组织的方针、政策和计划，回答问题具有权威性。若高级领导尚不胜任，需要在会前进行必要的训练和准备，以具有在会上应付自如的能力。

第六，组织记者参观的准备。在新闻发布会的前后，可以配合会议主题组织记者进行参观活动，给记者创造实地采访、拍摄、录像等机会，增加记者对会议主题的感性认识。应在将要参观的地方派专人接待，介绍情况。

第七，小型宴请的安排。为了使新闻发布会收到最大的实效，在本组织财力允许的情况下，可以安排小型宴会或工作餐。这也是一种相互沟通的机会，可以利用这种场合融洽与新闻界的关系，及时收集反馈信息，进一步联络感情。

第八，其他。应根据会议的规模和规格做出费用预算，费用项目一般有场租、会场布置、印刷品、茶点、礼品、文书用具、音响器材、邮费、电话费、交通费等。在发出邀请信后，开会前应再电话落实。此外还应安排接待人员，布置会场，准备音响器材、签到名册等。

三、新闻发布会中的注意事项

第一,会议发言人和主持人应相互配合。新闻发布会在进行过程中,应始终围绕着会议主题进行。这就需要会议的发言人和主持人配合一致,相互呼应。如当记者的提问离开主题太远时,主持人要巧妙地将话题引向主题,发言人可通过回答问题将话题引到会议的主题上来。

第二,对于不愿发表和透露的内容,应委婉地向记者做出解释,记者一般会尊重东道主的意见。不能以“我不清楚”或“这是保密的问题”来简单处理。

第三,遇到回答不了的问题时,应告诉记者获得圆满答案的途径,不可不计后果随意说“无可奉告”或“没什么好解释的”,这会引起记者的不满和反感。

第四,不要随便打断或阻止记者的发言和提问。即使记者带有很强的偏见或进行挑衅性发言,也不要激动和失态,说话应有涵养,切不可拍案而起,针锋相对地进行反驳。

四、新闻发布会后的工作

作为一项公关活动的完整过程,新闻发布会结束之后,要及时检验会议是否达到了预定的效果。所以,会后工作主要有以下内容:

第一,搜集到会记者在报刊、电台上的报道,并进行归类分析,检查是否达到了举办新闻发布会的预定目标,是否由于工作失误造成消极影响。对检查出的问题,应分析原因,设法弥补损失。

第二,对照会议签到簿,查看与会记者是否都发了稿件,并对稿件的内容及倾向做出分析,作为以后举行新闻发布会时选定与会者的参考依据。

第三,收集与会记者及其他代表对会议的反应,检查招待会在接待、安排、提供方便等方面的工作是否有欠妥之处,以利今后改进工作。

第四，整理出会议的记录材料，对招待会在组织、布置、主持和回答问题等方面的工作做一总结，认真汲取经验教训，并将总结材料归档备查。

第二节　展览会

展览会是公关活动中经常采用的形式。它是一种综合运用各种媒体、手段推广产品，宣传组织形象，建立良好公共关系的大型活动，比较容易引起公众和新闻界的注意。展览会上不仅可安排实物、模型、示范表演，可放映幻灯片、电视、电影，还可展出照片、图片，并加以解说等，使展览会具有一定的知识性和趣味性，使公众更直观、更全面地了解组织及其产品，从而留下深刻的印象。另外，在展览会上还可以了解公众的反应和意见，相互沟通，增进友谊。可见，展览会的确是一种树立组织形象、推广产品的好形式。

一、展览会的类型

综合展览会的性质、内容、规模等因素，展览会可分为大型综合性展览会和专题性展览会两类。

1. 大型综合性展览会

综合性展览会通常是由专门性的组织机构或单位负责筹办，企业应召参加的一种全方位的展示活动。它的规模一般很大，参展项目多，参展内容全面，综合概括性强。像世界著名的“日本筑波国际展览会”、“中国改革开放 30 年成果展览会”等，都是规模宏大、内容丰富，全面展示世界范围或一个国家和地区的优秀成果。综合展览会的时间一般都较长，影响也相当大，是组织宣传形象的好机会。但由于其形式不拘一格，对主办者和参展者的技术要求很高，故需要充分的准备。

2. 专题性展览会

专题性展览会通常是由企业或行业性组织,围绕某一特定专题而举办的展示活动。与综合展览会相比,其内容较为单一、规模较小、无综合性,但更要求展示的主题鲜明、内容集中而有深度。像"中国酒文化博览会",就是专门以展示酒为核心,通过酒来展示企业文化和中国传统的酒文化。专题展览会不像综合展览会那样繁杂,故比较多见。如"北京计算机产品展示会"、"全国医用设备展览会"等,都是以某一专题为主要内容的展示活动。此外,更有一些小型展览会,是由组织自办的,所以灵活性很强,如"北京物资学院成立35周年成就展览会"。企业自办的小规模新产品展览会、企业产品(样品)陈列、与产品销售相结合的展销(以展为主)和橱窗展示,也都是专题展示活动。

二、展览会的组织工作

展览会的组织工作由如下几个步骤组成:

第一,确定明确的主题。只有明确了主题,才能使图、文、物的组合更加有针对性,才能使展示活动的整体效果得以体现。主题要写进展示计划,并且成为日后评价效果的依据。确定了主题,就要围绕主题进行准备。

第二,编辑。依据主题进行整体展示活动的规划和构思。与演戏一样,展示活动是利用展览会这一舞台来演企业形象这出戏。因此,需要有专人对展品、图文等进行编辑,撰写出展览脚本,确定整个展览会各部分之间如何衔接,负责设计会标、主题画等。

第三,搜集实物和有关资料。组织人员根据展览大纲的要求,搜集实物及有关资料。

第四,确定展品排列方式,画出展版小样。

第五,进行版面上文字图表的制作、图片的裱贴和版面加工的美化。

第六，撰写解说词。解说词要写得具体、精练。撰写好后，交给解说员，要求他们正确流利地讲解展览内容。

第七，预算展览会的费用开支。一个展览会的费用通常包括：场地费用、设计和布置费用、工作人员的费用、联络费及交际费、广告费、印刷品费、运输费、保险费等。应根据展览所要达到的效果来考虑花费的标准。

三、举办展览会应注意的问题

第一，确定参展单位、参展项目和展览会的类型。可以采取广告和给有可能参展的单位发邀请的方法吸引单位参展。广告和邀请信要写清楚展览会的宗旨、展出项目类型、对参观者人数和类型的预测、展览会的要求和费用等，应给潜在的参展单位提供决策所需的资料。

第二，选择展览会的地点。在地点的选择上，首先要考虑的是方便参观者，如交通方便，易寻找等；其次，要考虑展览会地点周围的环境是否与展览会主题相得益彰；第三，要考虑辅助设施是否容易配备和安置等。

第三，培训工作人员。展览会工作人员的素质和展览技能的掌握，会对整个展览效果发生重要影响。必须对展览会工作人员如讲解员、服务员等进行公关训练，并对每次展出的项目进行最基本的专业知识培训，以使工作人员达到展览会的要求。

第四，成立专门对外发布新闻的机构。专门的机构要负责制定新闻发布的计划和组织实施计划，负责与新闻界联系的一切事务。

第五，准备展览会所需的各种辅助宣传材料。如拍摄幻灯片和录像、制作各种小册子和目录等。

第六，准备展览会的辅助设备和相关服务。如处理对外贸易业务的部门、附设产品订购的洽接室以及文书业务、邮政、检验、海关、交通运输、停车场等。在入口处应设置咨询台，贴出展览会平面图，作为参观者的指南。

第七，设计制作展览会徽志，备好展览会纪念品，提前印好入场券并分发出去，准备好售票的地点或窗口等。

四、展览会效果的评估

展览会结束后，要测定展览的实际效果。

第一，主办有奖测验活动。试题的内容可根据展览的内容有重点、有选择地确定，可以有填空题或问答题，当场测验，当场解答，然后根据成绩，当众发送奖品。举办有奖测验活动，既活跃了展览气氛，也起到了宣传教育的作用，也为测定展览效果提供了统计的依据。

第二，设置观众留言簿，主动征求观众意见。

第三，举办观众座谈会，请观众畅谈观后的感想和意见。

第四，登门访问。

第五，发出问卷，进行问卷调查。

通过这些活动，一方面对展览会进行效果测定，同时也了解了公众对主办单位的意见和建议，为以后的展览会提供了参考。

第三节　赞　助

目前，社会组织通过对文体、福利事业和市政建设以及一些社会活动进行赞助，来扩大组织影响、提高美誉度，已经成为十分普遍的现象。特别是一些效益比较好的企业，由于具有经济实力，经常被广泛邀请进行赞助。我们常常可以看到，服装公司为体育代表团赞助服装，饮料厂为体育代表团赞助比赛期间的饮料，社会组织、个人赞助教育事业。对于提供赞助的组织来说，一方面是为了显示爱心，承担社会责任，关心社会公益事业，树立起良好的组织形象；另一方面，提供赞助也是一次十分有效的宣传机会，而且这比之商业广告更具说服力，是各种广告形式所无可比拟的。因此，组织应该重视搞好赞助活动。

一、赞助活动的类型

第一，赞助体育运动。这是组织赞助中最常见的一种形式。随着我国人民生活水平和体育运动水平的提高，人们对体育运动越来越感兴趣。因此，企业通过对体育运动的赞助，往往较易于增强对公众施加影响的深度和广度。

第二，赞助文化生活。组织进行文化生活方面的赞助，不仅可以培养与公众的良好感情，而且可以大大提高组织的知名度，创造良好的社会效益。这类赞助有两种形式：一种是对文化活动的赞助，如对大型联欢晚会、文艺演出的赞助；另一种是对文化事业的赞助，即定期或不定期地对某个文化艺术团体的赞助，通过这个文化艺术团的活动，扩大组织在社会上的影响和知名度。

第三，赞助教育事业。组织赞助教育事业，是一举两得的事情：一方面为组织与有关院校建立良好关系打下了基础，有利于组织的人才招聘与培训；另一方面，更为组织树立起关心教育事业的可敬形象。赞助方式可以是赞助学校建图书馆、实验楼，设置奖学金、助学金和其他有关教育方面的奖金或奖励。对组织来说，这既是一项智力投资，又是一项公关投资，应当给予充分的重视。

第四，赞助社会慈善和福利事业。这是组织和社区、政府搞好关系，扩大组织社会影响的重要途径，是组织对整个社会承担义务和责任的重要手段，也是组织在社会上获得知名度、美誉度的重要方面。如捐赠或资助慈善机构，在一些地区或单位遭受灾难时提供资助等。

第五，赞助学术理论研究活动。这是一种高层次的、直接追求组织的社会效益和长远影响的赞助活动。各种学术理论研究活动，有的是直接服务于整个社会的，如医学方面的研究，经济和改革理论的研讨，有的是某些社会生产技术的发展战略研究，组织可以自己设立机构,也可以长期支持某些学术研究机构的研究活动。在我国,这种赞助活动还不太普遍,有待于企业组织重视和开拓这一领域。

第六,赞助宣传用品的制作。

第七,赞助建立某一职业奖励基金。

第八,赞助各种展览和竞赛活动。

总之,组织进行赞助活动的形式很多,公关人员应善于设计出各种新颖的赞助形式,使组织获得最佳的信誉投资。

二、提供赞助的决策依据

组织所提供的赞助,或者是由组织主动选择赞助对象,或者是在接到请求时再做出反应。组织为提供某项赞助而进行决策时,主要应考虑以下几点:

第一,此项赞助的社会效益。提供赞助时,应优先考虑社会效益,如社会的救灾活动、对残疾人的福利赞助、希望工程的赞助等。

第二,在考虑社会效益的前提下,也要考虑组织的经济效益,使二者能有机地结合在一起。

第三,在选择赞助项目时,还要优先考虑与本组织有联系或关系的项目。如经营体育用品的企业可以优先考虑赞助体育活动或体育竞赛,汽车公司可以赞助赛车等。

第四,本组织的财政状况。应考虑组织目前的财政状况能否负担起赞助的款项等。

第五,对于既无社会效益,又与本组织经济利益毫无关系的赞助请求,要敢于回绝。在当前我国经济生活中,拉赞助成风成灾,对这种不良行为应坚决抵制。

为此,组织的公关部门应把社会赞助活动作为搞好公关工作的一项重要任务。组织进行哪些方面的赞助,应进行认真的研究和分析,明确基本的赞助方向及重点,使组织和社会同时受益,防止各种与组织赞助方向相差太远的现象。

三、赞助效果的检测

赞助是一项重大的专题活动，每次赞助活动结束后，都应对其效果进行调查测定。效果检测主要是了解各方面公众及受赞助的组织或个人对提供赞助的组织或个人的看法。调查是否达到了预期的效果，实现了哪些预定的目标，总结完成或未完成的原因，将各方面的情况写成总结报告，为以后的赞助决策提供参考。

第四节　对外开放参观

组织为了让公众更好地了解自己或为消除对本组织的某些误解，通常可由公关部门负责组织和邀请有关公众前来本组织参观。这种公关活动有时会收到意想不到的效果。

2006 年，北京麦当劳食品有限公司在全市征集消费者参加该公司举办的厨房开放日活动。为此，该公司在一些媒体上做广告宣传。开放日活动共吸引了 4 400 名消费者前来报名。开放日当天，全市 80 多家麦当劳门店的厨房同时向消费者敞开大门。在现场，前来参观的消费者看到，每位员工在工作前至少揉搓洗手 20 秒，戴不同颜色薄膜手套烹制不同类型的食物，使用不同花边的抹布清洁不同器皿，炸制 7 分钟后没有出售的薯条就要扔掉……这种种麦当劳厨房的规章制度使有关对麦当劳的疑问、传言不攻自破。开放日取得了很好的效果。

组织的对外开放参观活动，既是一种很好的公关活动，也是一项很繁杂的工作。因此，在组织开展对外开放参观活动时需认真研究一些问题。

一、目的

任何一次对外开放参观活动都应有明确的目的。公关人员要搞清楚通过参观活动可以达到怎样的效果，让观众留下怎样的印象，是否有真正值得报道的材料。前面提到的我国政府邀请我国香港地区代表参观大亚湾，就是为了向他们说明在大亚湾建核电站并不危害香港人的健康，反而可以提供更充足的能源。有了这样的明确目的之后，就可以围绕它展开一系列的活动了。

二、规模

参观活动开展之前要确定其规模的大小，从而做出相应的安排。如果只是少数几个人参观，可以陪同他们到几个部门去，并介绍情况，赠送资料和纪念品等；如果是较大规模的团体参观，最好制订一个计划，安排好接待次数、每次参观人数和开放时间等。一次接待 15 个人比较恰当。每天接待 2 ~3 次，有专人伴随进行讲解介绍，回答参观者所提出的问题。

三、时间

时间方面，不但要考虑开放参观的时间，也要考虑整个参观活动所需要的时间。开放参观的时间最好安排在一些特殊的日子，如周年纪念日、企业开工日、节日等。上海电视台每逢元旦、中秋节、春节便邀请本台职工家属来电视台参观，让他们知道自己的亲人在从事一种多么重要、多么崇高的工作，使他们为自己亲属在这里工作而感到骄傲，使他们支持并协助本台职工的工作。

要有足够时间准备对外开放参观活动。规模较大的开放参观活动需要 3 ~6 个月的准备时间，如果还要准备大规模的展览会，编印纪念册或其他特别节目，则需更多的时间，这时就需要注意时间安排的合理性，要尽量避开假期，并考虑天气、季节的变化等。

四、人员

从有开放参观的构想起一直到活动的结束，都应有高层主管人员参与其事。组织大型的参观活动,最好成立一个专门的活动筹备委员会。委员会成员应包括企业领导、公关人员、行政和人事部门人员等。还要根据参观的不同目的,选择不同的人参加,如果参观的目的是强调服务或产品,还要请销售部门人员参加。

五、准备宣传材料

要想使开放参观获得成功,最重要的是做好各种宣传工作,准备一份简单易懂的说明书或宣传材料,发给参观者。还可以在正式参观前放映电影、电视片或幻灯进行介绍,这样可以帮助参观者了解组织的主要概况。之后,由公关人员引领参观者沿规定路线参观并给予解说和回答问题。要想使参观活动产生持久的效果,应赠送参观者一份有纪念性的小册子,上面记载参观的过程以及其他有关本组织的资料。这些小册子有可能被转送给有兴趣但无法亲自来参观的人,从而成为很有用的传播媒介。

六、确定参观路线

要提前确定参观路线,防止参观者越过参观所限范围,出现不必要的麻烦和事故。有些组织的主管人员往往顾虑开放参观活动会使某些秘密技术或某些制造过程的细节泄露,其实,只要安排得当、向导熟练,就可以防止泄露事件。因此,不必在这方面有过多的顾虑。

七、做好接待服务工作

对参观者应热情周到地做好接待工作,如安排合适的休息场所和备好茶水饮料;需要招待用餐的,也要事先做好安排;如果邀请的对象有儿童,更要特别小心,要准备点心、休息场所和必要的盥洗设备等,也可送一些印有介绍组织材料的玩具。

第五节　宴会、自助餐和酒会

一、宴会

宴会是常见的公关活动之一。为了表示欢迎、答谢、祝贺，为融洽气氛，联络感情，公关部门常常要设宴招待客人。

1. 宴会的种类

宴会可分为正式宴会、一般宴会和便宴三种：

(1)正式宴会。遇有贵客来访或者有重大的庆典活动时可举办正式宴会。其规格较高，规模较大。正式宴会应由主持人先致祝酒词，然后宾主才能就餐。祝酒词可事先拟好，印发各位参加者，也可以发表即席演说。主人祝酒后，应请主要的客人致答谢词。祝酒词和答谢词应简洁明了，切勿长篇大论。致辞末尾要彬彬有礼地提议为友谊或为某人某事“干杯”，与会者均会立即响应，使宴会的气氛融洽、和谐。

正式宴会席位、桌次应事先排定，并在入席前通知每一位出席者(有时也可在请柬上标明)，现场由公关人员或服务人员引导。

(2)一般宴会。一般宴会规格可高可低，人数、桌数不限，形式比正式宴会随便些。为庆祝新产品试制成功时，或为庆祝某合作项目签约时，都可以举行一般宴会。

(3)便宴。便宴又称非正式宴会，形式简单、随便、亲切，可以不排座次，不做正式讲话，菜肴道数可以酌减。招待合作者、小批客人来访、洽谈工作时可举办便宴。

2. 宴会的组织

宴会的成功与否，取决于组织工作做得好坏。在具体组织时可考虑下面几个问题：

(1)目的要明确，对象、范围要合适。一般情况下，公关部门主持的宴会都是为了某一特定事件,比如庆功或答谢等。为此,应该充分考虑到邀请与此事件有关的代表人物参加,既不要有遗漏,也不要随便乱拉人凑数。参加宴会的人彼此身份要相当,否则会使宾客觉得不愉快,甚至感到自己不受尊重。

(2)确定宴请时间、地点。在确定宴请时间之前最好先征求一下主宾的意见,然后做出决定。如果他最近很忙或生病,就可以适当延期,不宜勉强。

宴请的地点也应有所考虑,如规格高低、费用多少、供应特色、环境情调等。一般比较隆重的宴会最好选择比较熟悉的地点,对其环境、供应和服务都应有所了解。

(3)及时寄发请柬。凡宴请须发请柬,这既是礼貌,亦可对客人起到提醒、备忘的作用。请柬应提前一周左右发出并写清时间、地点,以便客人及早安排。如有可能,请柬还应精心设计,使人一看到就感到这个宴会别具一格,不同一般。

(4)饭菜要合乎宾客口味。选菜不应以主人的爱好为准,要考虑到来宾的口味,他们的年龄、习惯、健康状况等。如习惯吃辣的四川人来到北京,就可以为他点些川菜。有些人因年龄或健康原因,不能吃海味,则可安排些其他的佳肴。宴请外国客人不一定总吃西餐,适当上一些中国的风味食品,可能会更助兴。

(5)桌次、席位安排是否妥当。一般来说,宴会只有一席时,要安排好座次;宴会有几席时,还应安排好桌次。应将贵宾安排在主桌上,其他各桌,也要有主有客,妥善安排。

正式宴会均需排座位,也可只排部分客人的席位,其他人只排桌次或自由入座。

安排座次的宴请,要提前在桌上放置桌次牌。桌次的安排以主桌位置为准,右高左低。排席位的主要依据是礼宾次序。有时主宾身份高于主人,为表示对主宾的尊重,可把主宾安排在主人的位置上,主人则坐在主宾的位置。

男女宾的安排,我国习惯按客人职务、身份排列。如果夫人出席,就与女主人排在一起。

席位安排还要适当考虑某些特殊情况。如身份相同、专业相同的宾客可以排在一起;也可将年龄相同者排在一起;意见分歧者,有时为相互沟通,改善关系,也可安排他们在面对面的席位上。可以说,宴会上的气氛是否热烈、融洽,很大程度上与所排席位有关。因此,公关人员在安排宾客席位时,要认真考虑,费一番心思。

下面介绍几种桌次、席位的排法。

常见的席位排法如图 7－1 所示。

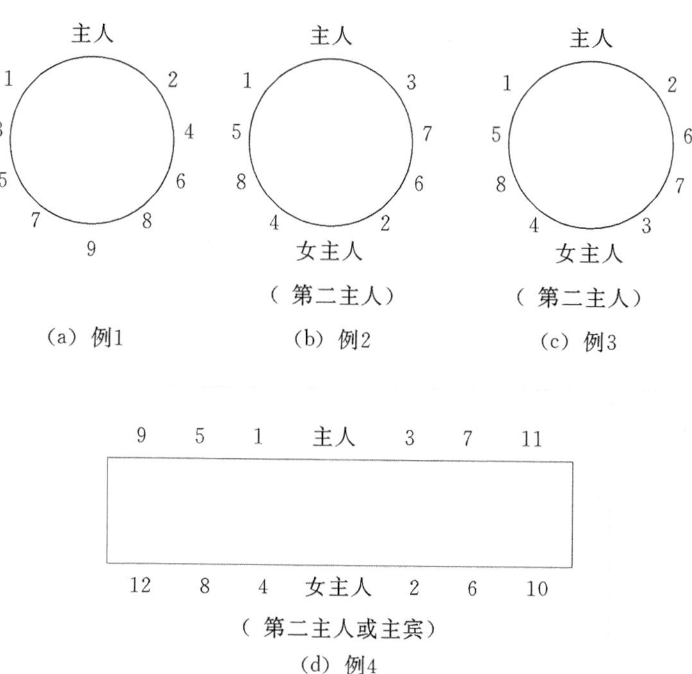

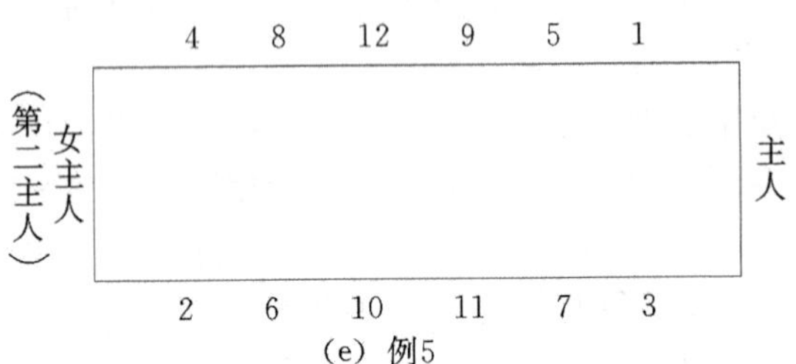

（e）例5

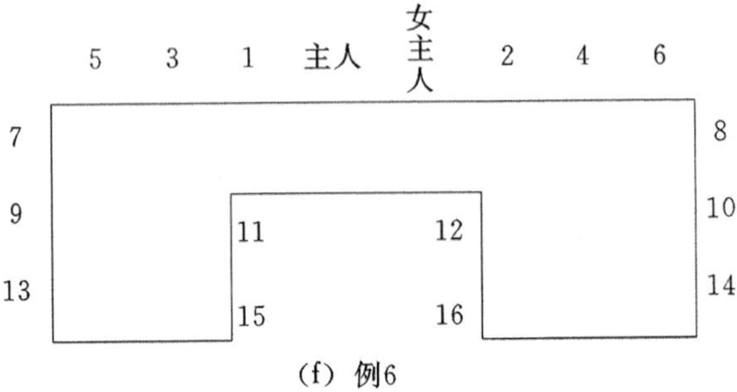

（f）例6

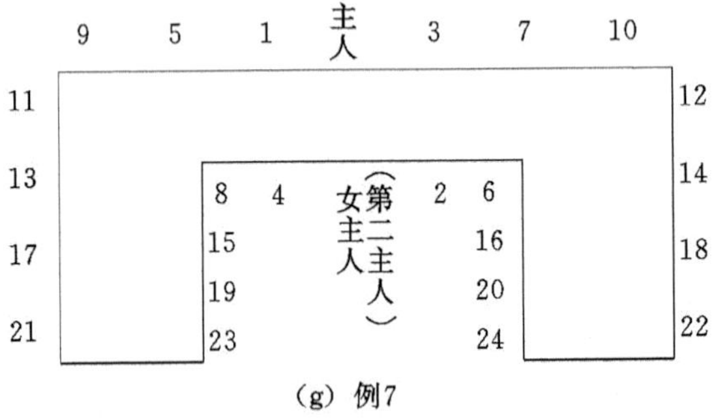

（g）例7

图7-1

常见的宴会桌次排法如图 7－2 所示。

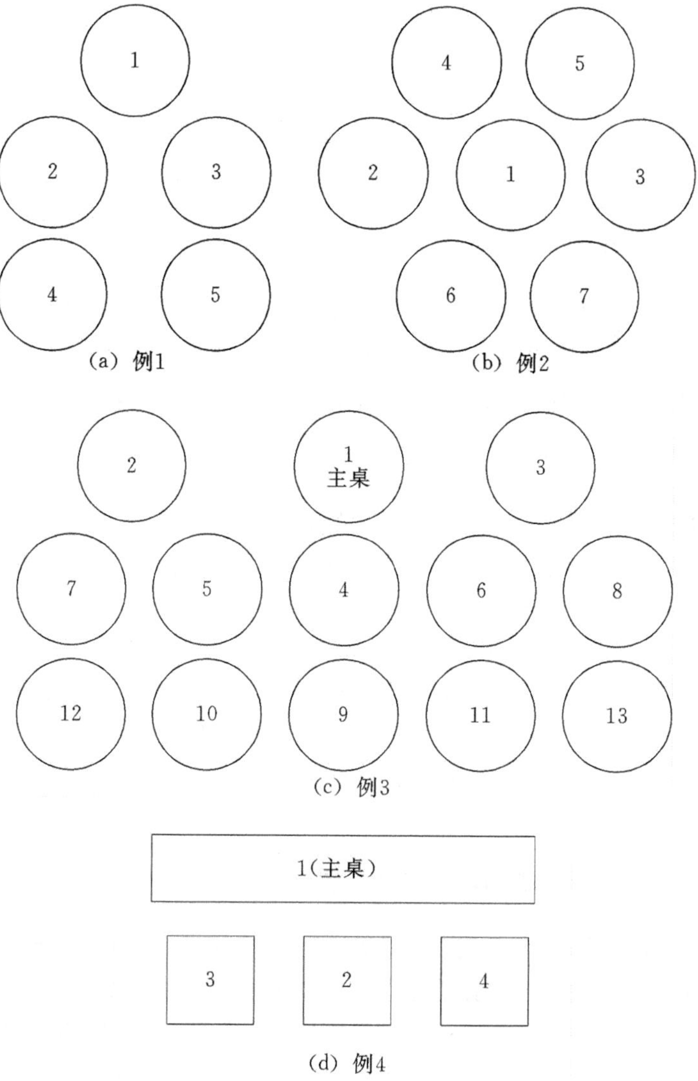

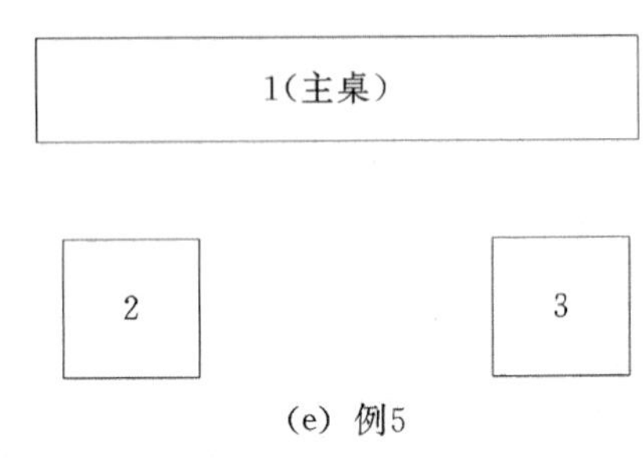

(e) 例5

图7－2

(6)进餐过程中气氛要亲切、热烈。主人要时刻掌握进餐过程中的气氛,尤其是公关人员更应掌握一些技巧来维持一个轻松愉快、热情融洽的宴会气氛。要不时提出一些具有共同兴趣的话题。一般情况下,工作问题比较严肃,不宜在宴会上说,琐碎的生活小事也不要提出与议论。餐桌上比较容易展开的话题有当前流行的文体活动、气候、市场供应、文体消息、烹饪技巧、社会时尚等。要注意满足大多数人的兴趣,不要过多讨论比较生疏的问题。对那些没说过话或话较少的人尤其要多多照顾,可以"明知故问",让他们有机会开口。

敬酒、劝菜可以使气氛更加热烈,所以公关人员应察言观色,时刻注意客人的情况,以便在适当的时机敬酒、劝菜。

在整个宴会过程中,公关人员应始终保持饱满的情绪,有说有笑,使活跃的气氛保持下来。

二、自助餐和酒会的组织工作

自助餐是一种不分桌次、席位,由主人准备各种食品,如点心、菜肴、牛奶、咖啡、汽水等,由客人自行取用的进餐方式。这种方式便捷、轻松,主客欢聚一堂,气氛热烈。自助餐一般以100人左右为宜,开始时可以由宾主双方互致祝酒词,但形式自然,不必过于正规化和过于拘束。进餐中可配上美妙的轻音乐助兴。

在准备自助餐时，应根据与会人数准备充足的点心和饮料，防止出现“供不应求”的情况。同时要注意高低档次不要相差太远，避免“一扫而光”和“无人问津”。

自助餐以条桌摆设食物和饮料，放在中间或四周，便于宾主从桌子两侧取到食物。

服务人员要及时回收餐具，使餐厅自始至终保持整洁、美观和舒适的环境，千万不能出现杯盘狼藉的混乱状况。

酒会同自助餐相比较为庄重，但比宴会要轻松自由，主要是以酒、饮料和冷餐为主招待客人，在这种场合，宾主可以自由组合，不分桌次席位，可以站着进食，食物也是宾主自由选用。

酒会也有特定的目的，客人和主人应简短致辞，但不像宴会那么认真、严肃。

三、参加宴会、自助餐和酒会的礼节

接到宴会邀请，应尽早答复对方。无论能否出席均应迅速答复，以便主人安排。答复对方，可以用便函也可以打电话。

出席宴会、酒会等较正式的聚会，应梳妆打扮，使自己看起来精神饱满、富有朝气。在正式宴会上，不修边幅往往被视为对宴会主人的不尊重。同时，其他宾客也不愿与其多交谈，从而失去难得的交际机会。吃自助餐时则可以相对随便一些。

要按请柬上注明的时间准时赴宴，既不要迟到，也不要提前得太多。到达时，应先向主人问候致意，再向其他宾客问好。进入宴会厅之前，先了解自己的桌次和席位。如果邻座是长者或妇女，应主动为其拉开椅子，让她或他先坐下。邻座如不相识，可先自我介绍。当被介绍给他人时，要用双手握住名片相送，接别人名片时，也应用双手接。接到后应认真看一下，有时可有意识地重复一下对方的姓名和职务，以示尊重和仰慕。

进餐时要注意讲话分寸，要谈一些大家感兴趣的事情，不可胡侃乱吹，最好不谈工作。在与女性谈话时，一般不询问妇女的年龄、婚否等问题，也不要议论妇女的胖瘦、身型等，与较陌生的男士谈话不要直接询问对方的经历、工资收入、家庭财产、衣饰价格等私人生活方面的问题。要举止文雅，咀嚼食物要把嘴闭起来，喝汤或羹都不要啜，不要发出声响。鱼刺、骨头、菜渣不要直接吐在桌上，应用餐巾掩嘴，用筷子或用手取出，放在小盘里。剔牙时用餐巾或手遮口，吐痰时应离开餐桌，咳嗽要避开别人。

祝酒一般由主人和主宾先碰杯，再由主人和其他人一一碰杯，不要抢着与主人碰杯。喝茶或咖啡时，应右手拿杯把，左手端放杯子的小碟。

宴会进行中，不要当众解开纽扣，脱下衣服。如因不慎发生异常情况，如餐具掉落在地或酒杯碰翻等，应沉着应对，可轻轻向邻座或他人说声“对不起”。餐具掉落可由服务员再换一副。酒水打翻，溅到邻座身上，应表示歉意，对方如是男士可协助擦干，如是妇女则递过干净餐巾，请她自己擦干即可。

一般上水果之后，宴会即告结束，这时应离席向主人致谢。通常是男宾与男主人告别，女宾与女主人告别，然后交叉告别，再与其他人告别。可适时称赞宴会组织得好，菜肴丰盛，味美可口令人难忘。赞美之词要恰到好处，与其身份和所处的环境相称。

第六节　庆典活动

组织的庆典活动形式是多种多样的，它包括纪念活动、剪彩仪式、颁奖仪式等，一般利用组织建立的周年纪念日、工程开工、奠基、纪念碑揭幕、工厂落成、商店开业、给员工或外界人士颁奖等时机举行。由于举办庆典活动可以向社会宣传组织的存在与发展，为组织创造良好的形象，因此，许多组织都非常重视这一活动。有一位公关人员曾说过，“实际上没有一天、一周、一月、一年是没有特殊事件可供纪念的，而历史上的任何事件都有它的一周年、十周年、一百周年……都是值得纪念的。”每逢过节、开张吉庆都是举办庆典活动的好借口，公关人员应该精心安排好这类活动。

一、典礼、仪式的类型

常见的典礼、仪式有法定节日庆典，如春节、中秋节、国庆节等；某一组织的节日庆典，如组织成立周年纪念日；特别“日”、“周”、“年”典礼仪式；签字仪式；颁奖仪式和授勋仪式等。

二、典礼、仪式的操作程序

在典礼、仪式开始前，要做好必要的准备工作，如精心拟定出席典礼的宾客名单，安排工作人员做好各项准备工作。正式开始时可遵照下列程序操作：

第一，主持人宣布典礼开始。正式场合奏国歌或奏厂歌、校歌等。

第二，宣读重要来宾名单。

第三，剪彩或授奖、签字等。

第四，致辞。主宾分别致辞。

第五，礼成，并安排余兴节目。

第六，参观。

第七，通过座谈或留言的形式广泛征求意见。

典礼、仪式完毕，可根据情况安排宴请。

典礼、仪式的形式不复杂，用时也不多，但要办得热烈隆重，丰富多彩，给人留下强烈而又深刻的印象并不是件容易事。这就要求公关人员既要有热情的举止，又要有冷静的头脑；既要善于鼓动，又要指挥有序。

一、资料阅读

1. 神秘的铜牌

在一次规模宏大的食品展览会上，五七罐头食品公司不幸被排在会场最偏僻的阁楼上，参观的人大多懒得登楼，第一个星期内，该公司无人问津。

总经理汉斯急中生智，创出新招。第二个星期开始时，在展览会前厅的地毯上，不时出现一个个小小的铜牌，铜牌上写道："谁拾到这块铜牌，可拿到阁楼上的五七摊位换领纪念品。"于是，阁楼从此挤得水泄不通。热闹带来了生意，这种情况一直维持到结束。结果五七公司的销售额比位于楼下最佳位置的摊位还高得多。

2. 山西一企业大街上免费发鱼翅

本报讯（记者　李华良）昨天上午，山西太原一家企业在大街上免费发放鱼翅，当天其四家店面发放了 2 800 多份、总价值 50 多万元发制好的成品鱼翅汤，并且宣布为环保将来拒绝销售鱼翅，放弃每年 5 000 万元的鱼翅营业额。

昨天上午 9 点 30 分左右，"山西豪门吉品鲍府"的店面前排起了数百人的长队，不少人是路过行人和附近的百姓，他们看到店面前摆出的关于鲨鱼翅的展板后才知道该店要免费发放鱼翅。该企业负责人上官军乐介绍，他前不久看了纪录片《海洋》，看到了海洋环境遭破坏，尤其是大量鲨鱼遭到捕杀。他决定从今年1月1日起停止销售鱼翅，为保护鲨鱼尽一点力量。

3. 城管“眼神执法”盯走占道摊贩

50余名城管站成一圈沉默注视　占道摊贩和食客抵挡不住离开

50余名城管执法队员整装肃立一旁，几桌食客原本旁若无人地大吃大喝，最终抵挡不住，将占道的餐桌搬进了店内。16日晚，记者随湖北武汉洪山城管执法大队参与占道夜市排档的整治，看到如此有趣的一幕。

大排档挤占道路，虾壳毛豆壳等狼藉遍地，既妨碍交通更影响市容。15日晚，武汉市城管局在七城区同时展开专项整治，要求每区出动50名执法人员，只能采取宣传、劝说等方式治理占道经营。

晚8时许，记者随洪山区执法队来到图书城路，远远便看到几处烧烤摊上空烟雾缭绕、气味呛鼻，一家油焖大虾店外，五六张餐桌横亘在人行道上，桌上虾壳堆成小山，桌下污水横流。“老板，你这样出店占道经营违反了市容管理规定，请你配合一下，把桌子收到店里去吧。”“进去哪有生意做?”劝说、宣传无效，50名执法队员围站成一圈，双手背在身后，沉默地注视着食客和坐在一旁的老板。如此“对峙”了27分钟后，两桌食客先“顶”不住了，草草结账离去，老板与另两桌食客又“坚持”了片刻，最终悻悻地收拾起桌椅搬进了店内。

随后，执法队伍又来到竹苑夜市、虎泉夜市、鲁磨路等处，也都以“沉默”战术制服了占道摊贩。据介绍，16日晚至17日凌晨1时，城管执法人员共劝阻占道夜市排档176处，对严重扰民的83

处占道夜市下达了执法文书。

（《北京青年报》转载《楚天都市报》）

二、技能训练

召开新闻发布会。

时机：讲授“新闻发布会”之后。

方法：学生干部充当新闻发布人，其余学生充当记者提问，教师一旁观察。

要求：学生事先准备新闻信息和书面材料，进入角色后严格按角色分工训练。

目的：训练学生善于传播信息的能力，使学生了解新闻发布会的整个组织过程，体验和总结充当各种角色的经验。

第八章

公共关系应用技术——演讲

第一节 公关演讲的作用

演讲，简言之就是当众讲话，是演讲者通过口头语言和态势语言，向公众表达思想、观点和情感的一种宣传艺术。

公关演讲是公关人员为提高组织的竞争力，宣传、树立组织良好的形象，争取内外公众的理解、信任和支持，在特定的时间和环境条件下，运用有声语言和态势语言的艺术，面向社会公众发表意见、主张，抒发情感，以感染、影响公众的一种社会实践活动。在这方面，我国有着许多成功的先例。五四运动时期，我国伟大的马克思主义者李大钊曾以言词雄辩的演讲，激励无数热血青年为中华民族的解放而自觉地奋争。在当今改革开放的条件下，在激烈的市场竞争中，如何发挥公关演讲的作用，以争取内外公众的了解、谅解、信任和支持，提高企业的知名度和美誉度，增加企业的经济效益，就成为组织管理中不可忽视的重要任务，它对组织的长久发展无疑具有重要的影响。

第二节 演讲的基本要素

任何一个演讲，都离不开以下几个基本要素。

一、演讲的内容

演讲的内容就是演讲者所要传播的信息。演讲者只有将演讲内容组织得很精彩、生动、易于理解，才有可能说服听众接受演讲者的观点，达到演讲目的。而听众来听演讲，正是为了获得对他们有用的演讲内容。因此，这是一个演讲的关键部分。演讲内容是决定演讲质量的非常重要的因素。

二、演讲者个人的因素

演讲者是表达演讲内容的主体，演讲内容必须通过演讲者的口才能作用于听众。所以，演讲者的演讲技巧是否高，个人是否有魅力，演讲中的动作和表情是否适当，都将影响演讲效果和质量。

三、演讲的听众构成

一个演讲必然有一定类型的听众。例如：是男还是女；是年轻的还是年长的；是工人还是知识分子；是医生还是机关干部；是单一类型的听众还是多类型的听众，其中各自所占的比例如何等。因为不同的听众，其感兴趣的东西不同，接受的方式也不同，演讲者只有了解听众的这些特点，才能够有的放矢。

第三节　准备演讲内容时应考虑的因素

演讲最基本的要素之一就是演讲的内容，那么，在准备演讲内容时，要考虑哪些因素呢？下面我们加以叙述。

一、何人

何人（who）包括两方面：演讲者和听众。如果撰写演讲稿的人同时也是演讲者本人，问题就容易多了。但很多时候，演讲者和撰写演讲稿的人并不同一,如演讲的人可能是厂长,而撰写演讲稿的人是公关人员。在这种情况下,撰写演讲稿的人必须了解演讲者的个性,他讲话的习惯和他的背景知识。很难想象一个人能给一个他不认识、不了解的人写出一篇精彩的演讲稿。

另外,正如刚才对演讲听众因素的分析一样,撰写演讲稿的人还必须了解这篇演讲稿所针对的听众。应在准备撰写之前,对听众有一个充分的了解。例如:听众有多少人,其性别、年龄、职业、文化程度如何等;估计一下听众将会对演讲内容的反应,他们可能会赞成哪些观点、反对哪些观点,需要什么样的解释才能说服他们;还要对听众的心理、要求、愿望等有一定的了解等。撰写演讲稿的人越了解听众,越可能写出好的演讲稿。

二、演讲的主题

在准备演讲内容时,必须根据演讲的目的确定这次演讲的主题(what)。演讲的目的,一般可归纳为以下几种:

第一,向特定的听众传播有关某一事物的信息,让听众对这些事物有更多的了解。如讲述某一企业的生产经营情况,讲述某学校改革的情况等。

第二,加强、巩固、强化听众已有的态度。如果是信誉很好的组织,还要不断进行支持其良好信誉的演讲,使得已相信这些组织的听众更加深信不疑。

第三,改变听众原有的态度。如听众误解了某种食品,认为这种食品有损身体健康,生产这种食品的企业就可以通过演讲,摆明道理,从而改变听众持有的这种不利于组织的观点。

第四,引导听众修正其行动或采取一项新的行动。如献血,可以请有影响力的人物或医生来演讲,说明献血的意义,从而引导听众踊跃献血。

准备演讲内容的人可以根据演讲目的,确定适合于这一目的的主题。演讲的主题确定后,后面的工作就好做了。因此,演讲主题的确定是准备演讲内容中最关键的工作。

三、演讲地点

在准备演讲稿时还需了解演讲地点(where)。如果演讲厅较大,演讲词就应较为严肃;如果较小,演讲气氛较为亲切,演讲词就可以多用一些聊天的形式。

四、演讲时间

演讲时间(when)也会影响到演讲稿的撰写。例如:如果早上进行演讲,人经过一夜的休息,精力充沛,精神集中,演讲稿就可以写得长些;如果是在下午进行演讲,人较累,易困,演讲稿就应尽量写得短些,并多加入一些有趣的内容或笑话。如果演讲在特别的日子或特别节日里进行,还要配合当日的气氛或习俗。

第四节　演讲开场白的语言艺术

开场白是演讲者给听众留下的"第一印象",是沟通演讲者与听众的第一座桥梁。从心理学的角度分析,在开讲的头两三分钟里是听众思想最集中的时刻,也是演讲者思想最集中、思维最敏捷的时刻。因此,演讲者应充分利用这一重要时刻,把听众的注意力调动起来,就会取得旗开得胜的效果。

一、开门见山式

演讲开场白采用开门见山的方式,简明精练地讲清所要演讲的论题,使听众能够直接明了演讲的主要内容,乃是一种最常见的形式。如邓小平同志于1980年3月12日在中央军委常委扩大会议上发表演讲时,是这样开头的:军队的问题,主要有四个问题:第一是“消肿”；第二是改革体制；第三是训练；第四是加强思想政治工作。

二、设问式

以设问的方式开头，也是公关演讲中最常见的方法之一。这种方法的运用可以使听众感到亲切，一下子由被动的听讲变成主动的思考。我国著名演讲家马相伯，在一次国难广播演讲中，一开头就说：“请看今日的中国，是谁家的天下？”这一问句一下子把听众的兴趣都吸引过去，发人深省，催人深思。

三、名言警句式

公关人员在演讲中，适当地运用名言警句、成语作为开场白，可以给听众留下难忘的印象，强化演讲开场白的分量。例如，演讲题目为“青少年应珍惜光阴”，那么在开场白中不妨用“一寸光阴一寸金，寸金难买寸光阴”和“大禹圣人，乃惜寸阴；至于今人，当惜分阴”之类的名言，给听众留下深刻的印象。这要求我们在平时多收集各种名言、警句、成语，并进行分类整理，这样到用时便可以得心应手了。

四、从我说起式

演讲者由自己的心境或对某事某地的感受谈起，如“我对于这个地方，印象非常深刻，虽离开此地很久了，有时回忆起来，真如神驰梦至。今天真的故地重游，我真是高兴极了！尤其是承蒙各位热烈欢迎，请我演讲，这更使我感到非常荣幸。”这种富有吸引力的开场白，听众感到很亲切，从而使演讲的展开立足于情感交融的基础之上，产生良好的效果。

五、幽默笑话式

以幽默的笑话作为开场白，能够使听众在轻松愉快、和谐的气氛中自觉或不自觉地接受演讲的内容，迅速沟通演讲者与听众之间的感情。

六、比照式

把两个具有较大差异的事物（或一个事物前后差异较大）加以比较对照，以便引起听众的兴趣。

七、倒叙式

倒叙式是演讲一开始就把事情的结果展示在听众面前，然后再回叙其来龙去脉。

不管什么样的开场白，从形式到内容都要有新意、有特色、有独创性，都要为打开听众心扉、阐明主题服务。

第五节　演讲结束语的艺术

演讲的结尾也应该像开场白一样，让听众感受到它的震撼力。好的结尾或铿锵有力，戛然而止；或语意无穷，耐人寻味，强化整个演讲的效果。为此，讲究演讲结束语的艺术，是保证演讲成功的重要环节。

一、对全文做总结

对全文做总结是最常用的方式。演讲者用极其精练的语言对所述内容进行扼要的概括总结，使演讲的要点更深刻地留在听众的记忆里，同时，又一次强化了主题思想。

二、以希望和号召做结尾

演讲者以一些情感激昂、富有鼓动性的希望或号召结束演讲，以进一步调动起听众的情绪，起到鼓舞士气、增加理解、鼓起干劲、促进工作的作用。

三、以正反对比做结尾

正反对比也是演讲结尾的一种好形式，能起到回味无穷的作用。例如，唐彩霞《强者之歌》的演讲结尾："亲爱的同学们，同在一辆车上，有人在奋进，有人在沉思，有人在昏睡，有人在挥霍，还有人可能中途下车，销声匿迹。生活给予我们每个人的，可能不像天平称量过的那么均衡、准确，我们学习、工作和生活的环境和条件也许有各自的不同，但是通向理想的、成功的道路只有一条，就是我们用什么动力，以什么速度，怀着何种目的，以什么样的方式前进。"这里，演讲者运用正反对比的手法阐述了在当代青年中的各种不同的人生观，从而给听众以启发和思考。

四、以名言警句做结尾

心理学家做过这样的测试：在演讲的结束语中引用权威人物的名言警句激励后人，比一般性的结尾，对人的心理撞击度可提高21.34% ~37.06%。因此，在演讲中恰当地结合演讲内容及要求，运用名人的警句结尾，可使整个演讲得以升华，给听众留下深刻的启迪和印象。例如，张惠光的《幸福与尽责社会》的演讲，就是引用马克思的话结束的："那些为共同目标劳动因而使自己变得更加高尚的人，历史承认他们是伟人；那些为最大多数人们带来幸福的人，经验赞扬他们是最幸福的人。"

五、以幽默笑话做结尾

以幽默笑话做结尾，可给人一种意犹未尽的感觉。

此外，还可以以诚恳的赞语做结尾、以寓意深刻的寓言做结尾、以决心做结尾、以独特动作做结尾……总之，只要在深化主题上，在理性的思考上能使听众的感受得以升华，在感情上能使听众有所感触、感动或受到鼓舞、激励的结尾，都是好结尾。好的结尾不仅能加深听众对演讲内容的理解，而且能起到余音绕梁，令人久久难以忘怀的效果。

第六节　演讲的语言艺术

一、准确精练

准确精练是对演讲者最基本的语言要求。所谓准确精练，就是指用词的准确和对句子的精心锤炼，即用尽可能少的语言输出尽可能多的信息量。非说不可的话要说清楚、说准确，可说可不说的话要坚决去掉，不说似是而非的话，不说平淡如水的话，不说能引起歧义、误解，甚至使听众反感的话。如根据不同的场合，应慎重挑选诸如“逝世”“牺牲”“完蛋”“死了”“走了”等语义相近的词语，有时用词不当会引起意想不到的后果。

句子的精练就是要用最少的字句，恰如其分地表达陈述的内容。恩格斯说过：言简意赅的句子，一经了解，就能牢牢记住，变成口语，这是冗长的论述绝对做不到的。演讲和文章不一样，文章读不懂，可反复读，演讲每一句都是稍纵即逝的。所以，在演讲中要避免长句和复杂句，多用简短的句子，力求简洁明快。

二、质朴亲切

质朴就是要求我们在公关演讲中，用通俗易懂的朴素语言，切忌追求不必要的词藻堆砌。演讲的语言只有简洁、质朴，才显得亲切、生动、活泼，符合听众的日常听觉习惯，更容易被听众理解、接受、记住。鲁迅曾经说过：倘要明白，我以为第一是在作者先把似识非识的字放弃，从活人的嘴上，采取有生命的词汇，搬到纸上来；也就是学学孩子，只说些自己的确能懂的话。马克思说：你怎么说就怎么写，怎么写就怎么说。有的人演讲爱用半文不白的语言，故作高深，雕琢修饰，或杜撰生造一些不合实际、不合汉语规律的词，诸如“姿影”“茂壮”“但却”等，叶圣陶先生把它们比喻为“私印的假钞”。我们要使演讲的语言通俗易懂、亲切生动，就要在演讲中把生僻的词换成常用的词，如说“驳诘”不如换成“驳斥”，“恒久”不如换成“永久”，“即”不如换成“就是”，“宜于”不如说“合适”等，这样听众听起来亲切、明白，易于理解和记忆。

三、语言清晰

一个演讲者走上讲台，是用普通话演讲呢，还是使用方言？是用北方方言呢，还是用闽浙方言？如果使用闽语，听众反映“听不懂”，讲演的效果自然付诸东流。演讲者要使用普通话，口齿清楚，念字发音准确。同时，还要注意声音的清晰流畅、抑扬顿挫、轻重缓急，什么时候响亮激越，什么时候低缓柔和，这些都是关系到演讲成败的不可忽视的问题。一般来说，表达庄重语义时要用平直而具有力度的语调，表达肯定语义时要用下抑而充满信心的语调，表达疑问语义时要用上扬而又能引人深思的语调。抑扬得当可以使演讲跌宕起伏，张弛有度，具有艺术的感染力。

四、形象生动

演讲的语言要真正吸引听众，打动听众，还要求语言准确传神、形象生动，使抽象的事物具体化，深奥的道理浅显化，概念的东西形象化。

首先，演讲者要善于用形象的语言调动听众的全部感觉器官——听觉、视觉、嗅觉、触觉、味觉，使听众如临其境，身受同感。我们都知道"望梅止渴"的故事：曹操率部行军，烈日当空，找不到水喝，全军唇焦舌燥，疲劳无力，曹操见状心生一计，传令说前方有一大梅林，结满了青梅，又甜又酸，可以解渴。士兵们听了，嘴里自然流出口水，振作精神，继续前进。曹操正是运用了对感官有刺激性的语言，鼓舞了士兵，摆脱了困境。无疑，这样的语言能产生强烈的感染力，紧紧吸引听众的注意。

其次，要使语言形象生动，还要掌握丰富的语汇和修辞方法，使它富有艺术感召力。如郭沫若在全国科技大会上发表的《科学的春天》的演讲，其结尾是："'日出江花红似火，春来江水绿如蓝'，这是人民的春天，这是科学的春天！让我们张开双臂热烈地拥抱这个春天吧！"短短 45 个字，运用了"引用""排比""反复""比喻""拟人""双关"六种修辞手法，使这个结尾妙语生辉，大放光彩。因此，演讲者有必要掌握一些语言的修辞方法，对语言进行必要的润色和修饰。

五、幽默风趣

在公关演讲中，可根据演讲的内容和要求，适时适度地运用幽默的故事、风趣诙谐的语言，往往会使演讲顿然增色。人们听演讲，除了某些庄严肃穆和某些悲痛的场合外，总希望在愉悦轻松的气氛中得到教益。幽默的演讲，寓庄于谐，寓教于乐，往往可以满足听众的高层次需求。例如，2008 年 4 月 9 日，澳大利亚总理陆克文在北京大学办公楼礼堂内进行中文演讲,诙谐的语言使会场掌声雷动,笑声、欢呼声四起。他在问候“女士们、先生们”之后,又加了个“学生们”,然后“无厘头”地问,“你们为什么不去上课?”场下学生笑倒一片。

他接着说,“校长说我的普通话流利,客气了,我的汉语是越来越差。中国有句话叫‘天不怕,地不怕,就怕老外说中国话’。”陆克文的一句调侃,让本来活跃的气氛更加轻松,同学们又一次对他报以热烈的掌声。

说到北大历史,他说,“贵校的历史比澳大利亚联邦的历史还要长3年”,“北京大学是中国最有名的大学,别告诉清华大学”。陆克文再次赢得同学们的掌声。

具体地说,幽默有两方面的作用:一是有助于引起公众的兴趣和注意;二是有助于提高形象化的语言表达水平。但是,在运用幽默风趣的语言进行公关演讲时,一要适度,不可用得过多,因为这会影响演讲的严肃性和逻辑性,严重的还会冲淡主题思想,使听众产生滑稽无聊之感。二要注意场合,在一些肃穆、隆重的场合和特殊的高层次会议上的演讲,应注意其气氛的严肃性。三要与演讲内容相协调,不要机械地运用,否则会适得其反。

第七节　演讲态势语言的艺术

如果说,有声语言是表达演讲内容的主要手段,那么,态势语言则是配合有声语言完成演讲表达的最有效的辅助手段。言之不足,手之舞之,足之蹈之,用手足及身体各部的动作以表情达意,叫作态势。演讲者的每一个态势语言,如手的高低起伏,动作的节奏和力度,面部表情的喜怒哀乐,都能影响到演讲效果。一位心理学家曾总结出一个公式:感情表达=7%的言辞+38%的声音+55%的面部表情。态势语言在表达人的情绪、情感和态度方面要比有声语言更具有感染力、吸引力和表现力，也更容易被接受。因此，公关演讲必须讲究态势语言艺术。下面，我们从演讲者的风度、手势、面部表情三方面来进行具体说明。

一、演讲者的风度

1. 仪表风度

仪表，是指人的容貌、身材、体形和服饰打扮。这里侧重于指演讲者的外表形象。风度，是指人的思想文化素质、精神面貌以及心理禀赋、性格、气质等在言谈举止中的外在表现，在这里侧重于指演讲者的文化修养。演讲者的仪表风度是影响演讲效果、吸引公众注意力的重要方面。孙中山先生对演讲中的仪表风度非常重视，他指出：一个宣传者“身登演说台，其所具风度姿态”应该是“衣着整洁、举止大方，还没开口即使全场有肃穆起敬之心”，最忌“轻佻作态”。衣着整洁、风度高雅、体态端庄、气度不凡的演讲者往往能使听众一见就顿生敬意，各种杂念悄然而逝，自然将注意力集中到演讲上来。反之，衣着不整、精神倦怠、蓬头垢面，必然会影响听众的情绪和演讲的效果。因此，演讲者应注意自己的仪表风度：一是衣着要整齐端庄，符合自己的年龄、职业和身份，服饰打扮要得体、和谐、适中；二是头发应梳理整齐，有光泽；三是精神要饱满，气宇轩昂，落落大方，给听众留下一个内外一致、美好得体的形象。

2. 上下场风度

一般来说，演讲者从离座走向讲台到面对观众站立，只有30～50秒的时间，在上下场极短的时间里，演讲者给听众留下什么印象，对演讲的效果能起一定的影响。正确的做法是：离座走向讲台时，要稳健大方；面对听众时，要亲切、自然，目光要照顾到在场的所有听众，上场时的环视还可起到“打招呼”的作用，并能起到集中听众注意力即“镇场”的效果。走上讲台如此，走下讲台亦然。

切不可失去常态，仓促退场。如遇听众的掌声时，应立即面向听众表示回谢，态度应真诚、谦逊。在演讲中站立的姿态，应直身收腹，双手自然下垂，并伴随演讲内容的进展和起伏，适当地变化姿态和动作，并注意双手不要拄着讲台或手插兜内，更不要重复同一动作或侧目斜视，这有损于演讲者的形象，实为演讲之大忌。

二、演讲者的手势

俗话说："手是第二张脸"。在演讲中，用大方得体的手势来抒发内心炽热的情感，激发听众的情绪，是演讲者必不可少的手段。

手势可分为情意手势、指示手势、形象手势和象征手势四种。情意手势是演讲者伴随演讲内容的起伏发展而用来表达自身思想情感的手势动作。如指心表示忠诚，抚胸表示悲哀等。指示手势是演讲者在演讲过程中显示听众视觉范围内的事物的动作。如在说到你、我、他或这边、那边时，轻轻用手指示一下，可以使听众更具直观印象。形象手势主要用来模仿形状物，以增加听众的形象直感，如讲到"微型收录机只有香烟盒那么大"时，用手势配合一下，既形象又具体。象征手势主要用来表示抽象的意念，用得准确恰当，能引发听众心理上的联想，如讲到"同志们，前程似锦，奋发努力吧"时，用右手向前上方果断挥出，遒劲有力，以示未来，象征着奋勇前进的精神。

在公关演讲中，使用手势应注意：一不要过多重复某一个动作，否则会引起听众的厌烦心理，分散听众的注意力，影响演讲效果。二是手势应当与演讲者的身份、有声语言、表情等协调一致，否则会闹出笑话。如明明用手指着听众，嘴上却说"我"，指着自己说"你们"。反复实践，强化训练，是演讲者运用手势成功的秘诀。每一个有志于演讲的人，都要重视姿态和手势的设计和训练。

三、演讲者的面部表情

据生理学和神经心理学研究，人的复杂的思想感情、心境、情绪，如喜悦、畏惧、悲痛、忧虑、失望、报复心、疑惑等，都可以反映在脸上，所谓“喜怒形于色”。记得某一位大文学家也说过，面部表情是人类多少世纪以来培养成功的话语，是比嘴巴里讲的复杂千万倍的语言。人的表情具有生物和社会的意义。因此，人们自觉不自觉地运用表情来表达自己的思想感情，其他社会成员也能读出这种特殊的“语言”。在公关演讲中，演讲者应该善于通过自己的面部表情，有效地表达其丰富的内心世界，对听众施加心理影响，构筑起与听众建立思想感情交流的纽带和桥梁。那么，如何才能做到这一点呢？一般地说，演讲者应注意鲜明感和灵敏感的统一。鲜明感是指演讲者的面部表情伴随其演讲的内容而准确、明朗地表现出来。该喜则喜，该悲则悲，该怒则怒，该忧则忧，不能似是而非。灵敏感是指演讲者伴随演讲内容的进展，能够迅速、敏捷地反映出内在情感的变化。在演讲中，演讲者的面部表情是通过两者的有机统一而表现出来的。

眼睛是心灵的窗口。人的喜怒哀乐，不同的思想感情都可以通过眼睛反映出来。目光清澈、明亮，表现出为人正直，心胸宽广；目光狡黠、游移，表现出为人虚伪，心胸狭窄；目光坚毅、执着，表现出志向高远，信念坚定；目光流动、漂浮，表现出为人轻薄浅陋、猥琐贪婪。目光睿智者，聪明机敏；目光呆滞者，心事重重；目光坚毅者，自强、自信；目光衰颓者，自暴自弃。因而，一个高明的公关演讲者，应善于恰当而巧妙地运用自己的眼睛去辅助有声语言，充分表达自己的感情。

第八节　即席发言

即席发言也是一种广义的演讲，但它不同于那种事先有确定好的选题、经过精心准备的正规演讲，而是在无充分准备的情况下被邀请“讲几句话”。比较起来，即席发言具有临时性、广泛性和不确定性的特点，最能反映演讲者的演讲水平——逻辑思维能力和口头表达能力。那么，如何应对突然降临的即席演讲呢？下面提供几点经验供参考。

即席发言的场合几乎无所不包，比如各种会议、各种仪式，甚至朋友欢聚、婚庆喜宴等。如果你接到某集会的通知或邀请，首先要估计一下自己有没有被要求发言的可能性，如有的话，你应小有准备，如问问自己：该讲些什么？事先打个腹稿，组织一下演讲顺序，到时就能沉着镇定、侃侃而谈了。

确定即席发言的话题应慎重，最好是与听众有密切关系的话题，因为听众对自己周围发生的事感兴趣。因此可以从听众本身引出话题，谈谈他们自己和他们从事的工作，他们的贡献和影响，并用一两个实例做证明；也可以从所在场合寻找话题，如这次聚会的意义；还可以从别人的发言中寻找话题，就其中某一使你感兴趣的问题抒发自己的感受。这里需要注意的是，一定要根据场合选择发言的内容，如果以礼节性的言辞为主，发言一定要精练得体，不可胡吹乱捧，应尽可能给人留下言词恳切、恰如其分的印象。

成功的即席发言是真正的“即时即兴”，它应表达出发言者对听众和当时情景出自内心的所感所思。另外，应注意掌握话题的范围与深度，时间不宜过长，除少数庄重肃穆的场合，一般应庄谐结合，力求营造轻松愉快的气氛。

对于经常出席这一类会议、宴会的人，平时不妨做些准备，记下一些重要的新闻或资料，这样，在即席演讲时就会使内容更加丰富。

第九节　培养演讲才能的方法

演讲的才能尽管受到天赋的影响，但更重要的是后天的培养。只要经过正确的训练，人人都可以成为一名出色的演讲者。那么，如何培养演讲的才能呢？下面提出几种方法。

读。要想口才好，必须见多识广，有丰富的知识。读书会使人的头脑开阔，思维敏捷，想到哪就可以讲到哪，看到哪就可以说到哪，问什么答什么。“读”又是“背”和“诵”的基础。读有默读、朗读、唱读。唱读更有利于锻炼口才。

背。它是读的发展，是熟记的必要手段。背，是培养记忆的最好方法。要多背名篇、名段、名句，久而久之，印在脑海里的东西就丰富了、深刻了、巩固了，这样演讲起来就头头是道。

诵。它是背的艺术化，是要把演讲者的感情倾注到字里行间。要有抑扬顿挫、高低快慢和喜怒哀乐的色彩。

讲。就是使用，多讲，反复讲，不仅能熟记事物，而且能培养胆量、养成习惯，持之以恒可使口齿清晰，发音准确，表情丰富。到各种正式场合和非正式场合去讲，尤其是在讨论会、学习会上踊跃发言，久而久之胆子就大了。同时，应该对每次演讲，无论是成功还是失败，是好还是不好，都进行追踪记录，总结经验教训。

练。可以是单独练，对着物体练，对着镜子练，请人指教练等。

一、例文阅读

不要抛弃学问

胡　适

(1929年)

诸位毕业同学：

你们现在要离开母校了，我没有什么礼物送给你们，只好送你们一句话罢。

这一句话是："不要抛弃学问。"以前的功课也许一大部分是为了这张毕业文凭，不得已而做的。从今以后，你们可以依自己的心愿去自由研究了。趁现在年富力强的时候，努力做一门专门学问。少年是一去不复返的，等到精力衰时，要做学问也来不及了。即为吃饭计，学问也绝不会辜负人的。吃饭而不求学问，3年5年之后，你们都要被后进少年淘汰的。到那时再想做点学问来补救，恐怕已太晚了。

有人说："出去做事之后，生活问题亟须解决，哪有工夫去读书？即使要做学问，既没有图书馆，又没有实验室，哪能做学问？"

我要对你们说：凡是要等到有了图书馆方才读书的，有了图书馆也不肯读书。凡是要等到有了实验室方才做研究的，有了实验室也不肯做研究。你有了决心要研究一个问题，自然会撙衣节食去买书，自然会想出法子来设置仪器。

至于时间，更不成问题。达尔文一生多病，不能多做工，每天只能做一点钟的工作。你们看他的成绩！每天花一点钟看10页有用的书，每年可看3 600多页书，30年读11万页书。

诸位，11万页书足可以使你成为一个学者了。可是，每天看三种小报也得费你一点钟的工夫；四圈麻将也得费你一点钟的光阴。看小报呢？还是打麻将呢？还是努力做一个学者呢？全靠你们自己的选择！

易卜生说："你的最大责任是把这块材料铸造成器。"

学问便是铸器的工具。抛弃了学问便是毁了你自己。

再会了！你们的母校眼睁睁地要看你们10年之后成什么器。

二、阅读下列二则演讲稿，并回答后面所提问题

1. 我竞选班长

我本来不想做班长，因为我相信别人能把班级搞好。但是，现在我自信，我能把班级搞得更好。因此，我竞选班长。

在我的任期内，我保证做到以下几点：

(1)使我们班成为一个坚强的集体、团结的集体。我班的班风是：团结、活泼、求实、进取。

前一阵子，物管班的一位朋友对我说："你们工管班就是这样，争争斗斗太激烈了，没意思！"我想这位同学的话不无道理。我们工管班从建班至今日，几任班长上上下下，没有人能在班长的"宝座"上坐长。原因是你掌权时不管你的成绩如何，不整你下来我就不舒服！几年来，这样的事情还少吗？我们受到的损失还不严重吗？中国人有句古话，叫"和为贵"，团结就是力量。因此，我

上任后的第一件事,就是使我们班成为一个坚强、团结的集体。

(2)使全班学习风气高涨,学习成绩普遍提高,学年平均成绩名列全系第一。同时,我组成的班委会成员的学习成绩至少在中上水平,起模范带头作用。

(3)鉴于我们是学工业管理的,为使每个人都有机会得到锻炼,学会“管理”,每两周一次的班会将由各寝室轮流主持。同时,本人将充分发挥每个人的特长,做到人尽其才。

(4)我组成的班委会将与团支部很好地配合,与外系、外校的一些班级结成友好班级,并共同组织一些活动,如郊游、野餐、联欢、球赛等。

(5)在搞好学习的基础上,班委将组织几次勤工俭学活动。收入作为班费和一些活动的经费。

(6)全班所有同学享有充分的民主权。在任何时候,如有1/4的同学对班级状态表示不满,我将自动辞职。

(7)本人还重视女同学在班级中的作用。尼采曾经说过:“去找女人吗?请带上你的鞭子!”我可以改成:“去找女人吗?请带上你的微笑和尊敬!”我班女生虽然只占1/10,但从性别上看,她们代表着人类的一半!

记得日本人有句口号,叫作“日本第一”。我这里也有一句口号,叫作“工管第一”!

也许有的同学认为进校以来我没有担任过班级干部,没有经验。对此我不想否认。但是,大家都知道“旁观者清”这一俗语。正因为我是普通一兵,我才更清楚地了解班级里存在的问题。我自信:我能和在座的各位很好地合作,去争取第一。

最后,我要说:“请投我一票,我将是你们最好的班长!”

(摘自《演讲与口才》杂志)

2. 在新教师欢迎会上的致辞

各位新老师：

你们的到来，给我们学校注入了新鲜血液。（鼓掌）

掌声证明：对于你们四位，我们是热烈欢迎的。

在生理学的意义上，血液有O型、A型、B型、AB型之分。我不管在座各位老师是何种血型，也未曾做过调查。不过，你们可以相信，在非生理学的意义上，我们都是"AB型"，能接受任何"血型"；我们又都是"O型"，能输送给任何"血型"。在以后的日子里，我们新老"血液"一定能友好地、融洽地相处。（掌声）

据说，人体的心脏是世界上最卓越的水"泵"，每天泵出血液达七至八吨。你们四位每时每刻泵出的"新鲜血液"与大家汇流在一起，无疑，我们的学校将更加充满生机！（热烈鼓掌）

问题：

1. 上述两个演讲是不是成功的？
2. 你认为成功的竞争演讲应包括哪些内容？

三、技能训练

召开一次主题演讲。

演讲稿字数在1 000字以内或时间控制在3分钟左右。

目的：训练学生写作的技巧以及演讲的能力和技巧。

第九章 公共关系应用技术——广告

第一节　广告的概念及特点

从字面上看,广告就是“广而告之”的意思,但这不能作为广告的科学定义。

广告的定义,随着时代的变迁以及商品生产和商品交换的发展而不断演变。早期的广告,其含义仅指唤起大众对某一事物的注意;而现代广告由于运用了现代先进的制作技术,大大地扩大了广告的空间范围,因而使广告的目的就不仅囿于诱导消费者购买商品,还带有树立产品形象,提高企业知名度,培养新的消费观念和购买习惯,促进社会再生产的明显倾向。因此,“广告是在我国社会主义现代化建设的路线、方针、政策指引下,通过各种传播工具,如实地提供信息,为疏通流通渠道,指导和促进消费,刺激商品的扩大再生产,并为建设精神文明与方便人民生活而服务的综合手段。”这是我国广告界对广告的解释。

在这里,我们把广告的定义概括为:广告是由确定的广告主以付费的方式,并通过一定的传播媒体向目标市场介绍商品、报道服务内容或观念等的一种宣传手段。

由此定义我们可以看出广告有以下几个特点:

有偿性。广告要借助于各种传播媒体（如电视、报纸、广播等）和自筹式传播媒体（如广告牌、海报、招贴等），将信息传递给消费者，而这些传播媒体要由确定的广告主通过付广告费取得。

自主性。由于支付了费用，广告主就取得了对自己广告形式的支配权，如媒体的选择、广告的内容、具体的推出时间和推出方式等。

诱导性。广告只有对人的心理产生激发才能发挥作用，是一种劝说的形式，具有诱导性，所以可以带有艺术性，有一定的承诺、夸张、渲染等。

第二节　广告的演变过程

尽管现代广告的历史尚不足百年，但从广告的根本思想——传递信息来说，则古已有之。早在几千年以前，我国的商人就懂得在店前竖招牌或挂旗帜招揽顾客。当然，这种广告形式简单，技术落后，同现代广告不可同日而语，但它同现代广告有着渊源关系。下面，我们从四个阶段来探讨一下广告发展的历史。

一、印刷术发明之前（约15世纪以前）

在原始社会，人们过着以自给自足的渔猎为主的生活，没有什么剩余的东西可供交换，因此，不存在广告。随着社会分工，生产力发展，剩余产品也随之出现，这就自然形成了商品交换，涌现了一批专门经营商品买卖的商人。商人为推销商品，使用了如吆喝、设地摊、陈列商品等手段，于是各种较为原始的广告形式逐步诞生。

这一时期，广告的主要形式为口头、实物、旗帜广告等。

口头广告又称叫卖广告，是最原始、最简单的广告形式。我国古代伟大诗人屈原曾在《天问》中提到："师望在肆，昌何识？鼓刀扬声，后何喜？”这里的师望便是吕望，即姜子牙。姜在未被起用时，只是个卖肉的，他的买卖方式与众不同，总是“鼓刀”，即把肉刀在砧板上剁得很响，并且拉开嗓门，高声吆喝（即“扬声”）。这种叫卖形式，如今仍然存在，如卖杂货或针头线脑的有货郎鼓，磨剪子磨刀的以手摇串铁为标志，卖油的以打鼓打梆为标志等。还有全靠吆喝的（即以叫卖声为标志），如北京过去卖布头、卖药糖的吆喝最有特点，有腔有调，合辙押韵，把所卖物品的特点、优点都唱了出来。如北京的杏以北京南口八达岭的最好吃，叫卖时就要突出八达岭这一产地。

实物广告，其含义有二：一是以物易物，双方摆出各自的商品让对方观看挑选，在各自满意的情况下，交换成功。《诗经 · 氓》篇中，曾对这一现象做过描述：“抱布贸丝”，就是用布这一实物交换丝这一实物。这种广告形式，在今天仍是商业广告中的基本形式，只是实物展示的设计比古代高明得多。二是悬物告示，即在店门前悬挂与经营范围有关的物品或模型，如卖扫帚的店铺，门前悬一把扫帚；卖灯笼的则挂一个灯笼；酒店挂酒壶；乐器店的锣、鼓和首饰店的金簪、银簪等模型，比实物大几倍，以夸张的形式出现。

旗帜广告（又叫幌子）在古代也颇流行。当时不少商家用旗帜做广告，以弥补店堂无招牌之不足。如饭铺的带穗罗圈布条，如果是三根绳，在东北地区则表示有蒸笼食品；如果是双旗，表示店家有较高的烹调技术；挂单旗，多为小吃部，经营简单饭菜等。有的则挑以旗牌布标，直写“酒”“茶”“烟”“药”“当”“赁”等字，挂于门首或框台两侧。幌子与招牌的作用基本一致，主要是兜揽生意，招徕顾客，扩大影响。如酒店的“陈年老酒”，药店的“丸散膏丹、参茸饮片”，茶行的“香气宜人”，布店的“湖绉南绸”等，都明确表示出行业特点和经营范围。

二、印刷术应用时期(约15世纪~1840年)

印刷术的发明和使用,促使广告得到广泛的发展和应用。我国是发明印刷术最早的国家,到了宋代,印刷业有了迅速发展,广告也有了新的突破。

这一时期的广告,在形式上突破了先前的叫卖、实物、旗帜等形式,向着真正的印刷广告迈出了第一步。上海博物馆收藏的北宋济南刘家针铺广告铜版,就是我国最早的工商业印刷广告。铜版4寸见方,上端横排刻有“济南刘家功夫针铺”字样,下边竖排刻着“收买上等铜条,造功夫细针”文字,正中是白兔商标,两侧注有说明文字:“认门前白兔儿为记”。这是至今发现的世界最早的印刷广告物,比西方最早的印刷广告——1473年英国第一个出版人威廉·坎克斯顿印刷的宣传宗教内容书籍的广告早上三四百年。

三、近代广告的发展时期(约1840~1945年)

近代广告发展时期是广告形式发展的最重要阶段,广告经历了这一阶段后,才发展成为现代广告。19世纪以前,社会化大生产不发达,产品的销售以个体为主,所以广告也以自筹式广告媒体为主要传播渠道。18世纪末19世纪初,随着生产的机械化普及,大型企业开始代替家庭式生产作坊,成为商品的主要生产者。大规模生产可以降低成本,又可以降低产品价格。但大规模销售并非易事,必须把以前等顾客上门的销售方式变成主动催促顾客购买的推销方式,才能把产品销售出去。所以,大众化的广告应运而生了。

19世纪初,在美国出现了廉价报纸运动,报纸上开始大量登载广告,由此报纸成为最早的大众传播媒体,而报纸上的广告也成为最早的大众化广告。大众化广告超过自筹式广告形式,成为广告的主体。

这一时期广告发展的另一特点是广告公司的出现。第一家广告公司于1849年在美国出现。广告公司的出现,彻底改变了广告活动的形式,使得原来企业自己进行的辅助性推销活动,变成了一个独立的商业性产业。广告公司作为广告主企业同媒体单位之间的中间人,以其专业化的服务,大大促进了广告业的发展,使广告走上了专门化的道路。

我国的报纸广告比西方晚一些。据说1895年,我国出版的《察世俗每月统计件》上第一次刊登了一则书刊广告;1913年,我国的《申报》设立广告部门。

四、现代广告的发展和腾飞时期(约1945年至今)

第二次世界大战后,随着各国经济的恢复和工业的崛起,商品生产进入了一个突飞阶段,这就促使广告进入了一个新的时期——现代广告的发展与腾飞时期。这一时期,广告的发展主要表现在两方面。

其一,广告规范的出现。为保护广大消费者的利益,惩治不法商人,政府开始运用广告法规来管理广告,促使广告走向真实可靠的正轨,广告业也由此走上有约束的发展道路。

其二,广告媒体日新月异,广告空间不断扩大。时至今日,除了传统的四大媒体——报纸、杂志、广播、电视仍在传播中起主导作用外,电子广告、投影广告、卫星广告、激光广告、电话广告、网络广告等正在进入现实生活中。广告信息的传播媒体已大大超出了传统的范围,广告的空间已超越了国界、洲界,甚至渗透到人们的日常生活之中,广告成了无处不在、无时不在的东西了。

从广告的演变过程看,我国的早期广告是十分发达的,二十世纪三四十年代,在一些大城市,广告得到迅速发展,广告业已开始扮演商业社会中的重要角色。新中国成立后,广告曾一度受到严格的控制，影响了广告业的正常发展。到了“文化大革命”时期，广告作为“资本主义的标志”之一，被打入冷宫，形成了长达10年的发展空白。1979年前后，广告重新在中国内地出现，以适应改革开放的需要。仅20年的时间，广告业就取得了惊人的发展，成为产值增长最快的行业之一。

广告作为企业的“名片”，产品的“敲门砖”，信息传播的“使者”及产品促销的“催化剂”，在信息高度发展的今天，已越来越成为促进商品流通、促进市场发展的工具，成为传播经济、文化、科技、社会信息的有力手段。特别是我国社会主义市场经济不断完善的今天，没有广告就没有市场，没有广告，企业就难以生存和发展，这话已不再是危言耸听，一则广告救活一个企业的事也已屡见不鲜。

随着商品经济的进一步发展，我国广告业的发展将会更加迅速，并将对社会产生更大的影响。

第三节　公共关系广告

公共关系广告（简称公关广告）是从广告家族中分衍出来的一种特殊广告，它与商品广告有着明显的区别。

一、商品广告和公关广告的概念

商品广告是以促销为目的的广告，我们每天所看到的广告，绝大多数都是商品广告，如介绍某一商品的特点，其与同类商品相比有何优点，售后服务措施如何完善等，促使消费者赶快去买。

而公关广告则不是这样，它是通过广告的形式，来塑造良好的组织形象，增进公众对组织的整体了解，提高组织的知名度，从而赢得公众对组织的喜爱和支持。如在元旦、春节、国庆节等重大节日时，单位主要负责人以组织的名义，向大家致以节日祝贺之类的广告就是如此。它的用意不在于宣传组织某一种技术或产品，而在于使更多的公众认识组织、了解组织，从而提高组织的知名度和影响力。

二、商品广告与公关广告的区别

1. 二者的直接目的不同

商品广告多以推销商品为直接目的，因而往往采取“自赞其物”、“自夸其美”的方式，给商品冠以“国内首创”的美称；而公关广告的直接目的在于引起社会公众对组织的重视，产生对组织的信任和好感，从而树立组织的良好形象，刺激用户的潜在需求。有人通俗比喻为：商品广告卖商品，公关广告卖企业；一个是买我，一个是爱我。

2. 二者的内容不同

商品广告的主要内容多通过宣传商品的名称、商标、质量、功能和价格等来介绍商品和服务；而公关广告在宣传内容上注重长期性和系统性，通过宣传组织的发展目标和经营计划、经营方针和政策、职工的素质和水平、先进技术在组织内的渗透推广度等方面的内容，间接地介绍组织的产品，从而提高人们对组织的信赖程度。

3. 二者的效果不同

商品广告侧重于它的营业效果，亦即广告对于产品销售额、利润额或服务收入增加的促进作用；而公关广告侧重于传播效果，即它播出后，对提高组织的知名度、美誉度所起的作用。

4. 二者的应用范围不同

商品广告只是为工、商、服务等经济行业所采用，而公关广告不仅可为这些经济行业所用，还可为行政管理等部门所用。

5. 二者的报道方式不同

商品广告的目的决定了它较为直接地列出商品的种种优点，总有催促人们购买广告商品的味道，商业味浓；公关广告则较为含蓄,不直接劝说人们购买商品,主要是唤起人们对组织的注意、兴趣和好感,使人耳目一新,乐于接受,商业味淡。

三、公关广告的类型

公关广告因具体目标不同分为不同类型。

1. 公司(企业)广告

公司(企业)广告是以提高企业的知名度和树立企业良好形象为主要目标的广告形式。

任何企业都有一块招牌,它的名称(包括商标)和声誉如同企业的财产一样是构成企业存在的基石。从某种意义上说,牌子比财产还重要,没有财产,可以创造财产;牌子要是倒了,企业的生命也就完结了。为此,许多企业家十分重视企业广告。

“人类失去联想,世界将会怎样?”提起联想集团,这句广告词就会回响在人们的耳畔。联想集团通过企业广告向世人传达了企业理念,树立了企业的良好形象。

“白云山,白云山,爱心满人间”,树立了把爱洒向人间的广州白云山制药厂的形象。

还有诸如:“选择工商银行,实现心中理想——工商银行”;“山高人为峰”——经塔集团等。

2. 响应广告

每个组织与社会各界都有密切的关联,一方面有需要各界广泛理解和支持的意愿,另一方面也有希望通过一种途径向社会表达自己乐于支持政府和各界活动的意愿,因而就产生了一种“响应广告”。其主要内容是对政府的某种活动或社会生活中的重大事件表示响应和支持的广告。例如,“凝聚爱心　托起希望　加油中国　海尔与您在一起”。

另一种常见的“响应广告”是祝贺性的广告。如某公司新开业,以同行的身份刊登广告致以热烈祝贺,这是表示愿意携手合作,共同繁荣,也是表示欢迎正当竞争。许多时候这类广告的做法是,向新开业单位赞助若干广告费,并在该单位的开业广告上署名祝贺,该单位通常也会以某种方式表达谢意。

祝贺性广告对受贺方和祝贺方都有好处。受贺方可以极大地提高自己的知名度,有效地向社会显示自己的横向联系能力,从而含蓄地表明自己的光明前景,同时也可节省一笔广告费用。至于祝贺一方,虽说是出钱为别人做广告,但也不无裨益:首先可以借助这类广告,广结良缘,建立友善关系;其次可以提高声望。这对一个小的或原先知名度甚低的企业来说,花不多的钱,把名字登在报上,是值得的,况且,若能多次以祝贺者姿态出现,那声名必定会日渐远扬。

3. 创意广告

创意广告是以企业的名义,率先发起某种社会活动,或提供某种有意义的新观念的广告。如每年5月的第二个星期日是传统的母亲节,可以举办"献给母亲节"有奖征文,讴歌无私的母爱,提倡尊重母亲的风气。创意广告一般来说要有明确的主题和目标,以表明企业对社会活动的关心、支持与积极参与的态度。

4. 致歉广告

致歉广告,顾名思义,是表示歉意的广告。常见的致歉广告有两种。

(1)向公众赔礼道歉的致歉广告。刊登这类广告,往往是由于刊登者本身出现了差错,并殃及某些公众利益。如2008年3月20日在《北京青年报》上刊登的《改版失败　湖南卫视主播公开道歉》一文中这样写道:

"张丹丹先向大家做个检讨,我牵头组成的红花绿叶组受到观众的严厉批评,我向公众道歉。"

在2008年中央电视台3·15晚会上,公众传媒被曝发垃圾短信后,其创始人江南春通过央视第二套生活栏目向全国人民道歉。

这类广告的制作，并无多大窍门，关键在于是否有勇气。不少企业明知做错了事，损害了部分公众利益，但怕事态扩大，败坏形象，为保全面子，因而想方设法遮盖真相，不敢主动认错。这种做法常常适得其反。明智的做法是，除采取补救措施，如停产整顿、查办失职人员、向客户退赔损失等外，还应公开刊登广告赔礼道歉。这样才能挽回损失，重新确立自身的良好形象。

(2)向公众排除误解的致歉广告。这类广告是以致歉的形式，向公众更正事实，排除误解。如消费者手持劣质产品上门责难，经检查责任又不在生产厂家或发现是仿制品，这时，应该怎么办？登报"严正声明"未尝不可，但从公关角度看，用硬碰硬的"声明广告"不如改用语气谦和的致歉广告。山东一家洗衣机厂收到了许多顾客的投诉后，立即派人调查。结果发现，导致洗衣机质量低劣的根本原因在于铁路部门野蛮装卸。于是，该厂在报上登了一则广告，内称由于未能及时发现运输环节存在的问题，致使已损坏的产品到达顾客手里。为此，深表歉意，并表示今后尽力避免类似事故发生。这种主动从自己身上找过失并公开致歉的做法，相对于发表义正词严的声明，更能显示企业真心服务大众的诚意。

5. 公益广告

公益广告是就某些行为、观念、道德或哲理向社会公众进行告知、提示、劝导和警示的社会性广告。其主要内容涉及社会的方方面面，诸如社会公德、文明礼貌、风俗习惯、生态环境保护、慈善救灾、交通安全、禁赌戒烟、防火防盗、心理教育、亲情友情等。

公益广告发挥正能量的作用。对于社会来说，其作用在于提高整个社会公民的素质，唤起整个社会公民对社会责任和社会问题的正确认识和密切关注，以促进社会的文明进步和健康发展。例如："江河并非万古流，生命离不开水"；"拒绝冷漠，见义勇为，从我做起"；"点滴相助，却能挽救无数人的生命"；"还记得天空的颜色吗？保护环境，减少大气污染”；“知识的富有才是真正的富有”；“讲文明、树新风”系列广告等。

从另一方面讲，公益广告对社会组织来说，由于它是社会良知的体现、社会进步的象征、社会文明的标志，因此，它也可以给组织带来无法估量的社会效益。例如：“夜深了，请您调低电视机音量，以免影响邻居休息”；“今天下雪路滑，保险公司提醒市民注意交通安全”；“FAMILY　大声说出你的爱”等。这种细心、及时、真诚的提示，缩小了公众与组织之间的心理距离，体现了组织对公众的关心、爱护，赢得了公众的喜爱。

公益广告成功的基础在于抓住公众的心理，研究公众的需要。例如，“曾几何时，我们奔波于事业，陶醉于爱情，却忽视了饱经沧桑的母亲。回家，哪怕打一个电话！”这则朴素的广告词，唤醒了忙碌于现代社会的人们对亲情的珍视，对家的思念，很容易使人们产生共鸣。

由于公益广告用极其凝练、富有艺术性的文字和创意性的画面与公众达成一种感情上的沟通和心理上的契合，因此，很容易使公众对组织产生某种认同感，从而改善和强化公众对组织的印象，是社会组织树立形象、赢得公众信任和支持的一种有效手段和策略。

第四节　公共关系广告的写作

公关广告的写作有广义和狭义之分。广义的写作包括：广告语言、照片、绘画、音乐等。狭义的写作指广告作品中的语言部分。这里所讲的公关广告的写作，是从狭义角度讲的，指用以展示广告宗旨的语言文字。

一、公关广告的写作

1. 确定主题

这里的“主题”是指一则公关广告中要说明的重点问题与所期望达到的主要目标。公关广告的总目标是树立、提高组织的良好形象。但由于每个社会组织的具体情况不同,所制作的公关广告的主题重点也就不同了。比如,一个新成立的企业,其公关广告应着重于宣传本企业的宗旨、经营范围、环境条件等;一个已具有一定知名度的企业,其公关广告则应主要宣传自己设计、生产的新产品,技术上的新成果,生产上的新设备及消费者的好反响等;一个声名鹊起的企业,其公关广告的重点应放在赞助社会公益事业,创意发起社会新风尚的活动上。

一般来说,公关广告的主题可围绕以下几个方面来确定:

(1)组织声誉主题。通过广泛宣传组织的历史、规模、产品、政策方针、企业文化、精神理念、分配制度、管理制度等,来树立组织的良好声誉。

(2)社会服务主题。通过向公众说明本组织对社会所做的重大贡献,包括对社区、对本行业、对国家所做的贡献及提倡某种有意义的新观念、新风尚、新行为,引起公众对组织的注意和赞誉。

(3)特殊活动主题。通过宣传和报道公关专题活动,如庆典、展览、新厂落成、设备投产等,引起公众对组织的兴趣和好感。

(4)职工关系主题。通过宣传组织内部公关工作的新情况、新动向,促进与内部员工的积极沟通。

2. 制作标题

标题是公关广告的题目,它应揭示广告的主旨。广告标题应力求简洁、生动、独特、富于趣味性。标题拟写的方式,主要有以下几种:

(1)直述式。就是把广告的主要内容直接、准确地告诉公众,给公众留下明晰的印象。例如:“祝贺××公司成立”,“××公司向社会各界人士拜年”,“常饮劲酒,精神抖擞”等。

(2)内蕴式。这种标题比较含蓄、委婉,只有看了广告文之后才会明白标题的含义。例如:“千万不要卖掉你的黄金”,“乘本航空公司飞机从香港飞往旧金山只需5分钟”,“天上彩虹,人间长虹”等。

(3)提问式。标题中向公众揭示与组织有关的问题,以引起人们的思考和注意。例如生产某品牌牙膏的企业在电视广告中,首先提出“为什么全国90%以上的人患有不同程度的牙周疾病”的问题,以引起公众的注意,从而体现出该组织对公众的关切之情,同时推出自己的产品,为公众排忧解难。

3. 写好正文

正文是广告的中心部分,也是表现主题的主要部分。由于公关广告内容广泛,目的有别,很难规定一个统一的模式。但通常的要求是:重点突出,简明易懂,具体亲切,真实自然。如日本三菱商事在我国做的广告的正文是:

童年的时代,在长大成人以后会消失到哪儿去呢?那满身大汗、全身泥巴,直到傍晚还在踢足球的日子!我们三菱商事珍爱日常生活的充实,同时也愿意向您提供丰富每日活动的美梦与感动,日常感受的幸福与珍藏于胸怀的幸福融合为和谐的新生活。

长大成人之后,感动是忘不了的,这就是我们每个职工的纯朴心情。

优美、朴实的语言,诚心诚意,真实自然,沟通了企业与公众的感情。

4. 标语的写作

标题与标语在广告的写作中都是以引人注目的词句出现的,但二者不完全一样:

(1)标题的作用是引导公众注意广告和阅读广告正文;标语

的作用是使消费者建立一种观念，用以指引选购行为。

(2)广告标题可以随广告设计的变化而变化；广告标语一经选定，可以在相当长的一段时间里不变，用在各个不同设计的广告上。

因此，在拟定标语时，应注意要简短、独特、易记，要精心推敲，认真措词。有些广告标语之所以尽人皆知，就因为它具备这些特点。例如："雀巢咖啡，味道好极了"；"燕舞，燕舞，一片歌来一片情"；"要想皮肤好，早晚用大宝"；"维维豆奶，欢乐开怀"；"全心全意——小天鹅"；"钻石恒久远，一颗永留传"等。

5. 写清随文

随文是公关广告中对组织名称、地址、法定代表人、邮编、电话、传真、商标、牌名、价格、经销部门等内容的说明，对公众起联络或购买指南的作用。

二、公关广告的写作原则

1. 内容真实

公关广告必须以事实为依据，既不能夸张，也不能掺假，要始终按照客观事实的本来面目进行宣传。若其内容不真实或言过其实，就会损害公众的利益，对组织的声誉是不利的，会导致组织的信誉下降。必须谨慎使用诸如"领导世界新潮流"等一类词语。

2. 合规重德

合规重德是指公关广告要符合国家有关方针政策和法律的规定，注重社会主义道德规范的要求。在当前改革开放的形势下，公关广告不仅是一种简单的经济现象，而且是一种社会意识形态，它的内容和形式对社会文化和社会风气的好坏都将产生一定的影响。因此，公关广告的写作必须做到合规重德。

3. 立意深刻

公关广告要宣传一个什么主题，要达到一个什么样的宣传效果，要运用什么样的宣传方式使听众最易接受、启迪最深，这些都是公关广告立意构思的重要内容。通过公关广告的宣传必须使公众认识到组织的整体形象，领悟到组织的群体精神，感受到组织的强大凝聚力。否则，广告宣传就失去了意义。

4. **构思新颖**

公关广告的效果在于新颖性、启发性，有艺术感染力。为此，创意要时时更新，用语要时时出新，不能囿于格式化，忌讳人云亦云和千篇一律。创作人员要发挥艺术想象力，使构思独特，内容简洁完整，令公众产生新奇惊喜之感，这样广告所要传达的信息也就深深刻印在他们的心目中了。

5. **友善悦人**

公关广告的宗旨是尽可能多地争取朋友，协调与同行间的关系。在广告创作过程中，要通过文字的表达和感情的倾诉密切组织与同行间的关系，在和谐的气氛中使接触者感受到组织的亲切和温暖。就是对竞争对手，也不要肆意贬低，对那些曾排挤和刁难过自己的公众，也不要肆意攻击。另外，公关广告应给人以真善美的熏陶，使人获得精神上的愉悦和享受。

第五节　公共关系广告效益的测算

组织在花了人力、物力、财力做了广告后，一般都会收到一定的效益。广告效益有两种：一是广告的营业效益，即广告对产品销售的促进作用；二是广告的传播效益，即广告对公众的影响程度和影响范围。

广告效益的测算是很难的一项工作。因为组织的发展、销售额和利润额的增加，并不只是广告作用的结果，可能还有其他许多因素起了作用，而且广告的效益需要一段时间才能看到。但这并不意味着广告效益不能测算，事实上可以用许多方法来测算广告效益。

一、营业效益的测算方法

(1)广告费用比值法。就是将一定时期内销售增加额与广告费用增加额加以对比,衡量广告效益。公式为:

$$广告效益=\frac{销售增加额}{广告费用增加额}\times 100\%$$

这种方法常被企业采用,但不太准确。

(2)增长速度比较法。广告往往要在一个较长的时期内发生作用,这就要求从一个时期的动态数列中分析广告效益。具体来说,就是将组织销售额的年平均增长速度与广告费用的年平均增长速度相比较,看二者之间的关系。如果前者大于后者,说明广告效益高;反之,说明广告效益欠佳。

此种方法也可以用于通过利润、实现产值与广告费用的变化情况测算广告效益。

二、传播效益的测算方法

传播效益是通过公众对广告的注意、记忆和理解程度来计算的。传播效益的测算一般采用抽样调查的方法,被选取的调查对象可以是家庭,也可以是个人。抽样调查可以采用卡片式,由调查对象自行填写;也可用随机简单提问的方式进行;还可由已建立的由众多公众组成的固定广告信息反馈网络,定期收集有关信息。具体有以下几种:

(1)注意度测算法。此种方法可以了解公众对广告内容的注意程度。

$$注意度=\frac{对广告内容有印象的人数}{接触广告媒体的人数}\times 100\%$$

(2)记忆度测算法。运用这种方法可以了解一则广告播出后受众的记忆程度,如有多少受众记住了广告节目,记住了多少内容等。

$$\text{记忆度}=\frac{\text{记住广告节目的人数}}{\text{收看广告节目的人数}}\times 100\%$$

(3)视听率测算法。运用这种方法可以了解有多少公众收看、收听广告节目。

$$\text{视听率}=\frac{\text{收看、收听广告节目的人数(户数)}}{\text{拥有电视机或收音机的人数(户数)}}\times 100\%$$

(4)知有率发展速度测算。运用此方法可以了解广告播出前后知晓某商品的人数变化情况。

$$\text{知有率发展速度}=\frac{\text{广告后单位人数中知晓某商品的人数}\div\text{单位人数}}{\text{广告前单位人数中知晓某商品的人数}\div\text{单位人数}}$$

对以上方法可单独或综合使用,要视具体情况而定。

一、例文阅读

让我们互相期待

当1 500多封应聘信铺展在书桌上时,我们的心中溢满感激之情,然而,当我们无法完全满足这些上至七旬老者,下至19岁的青春少年的要求时,我们的心中又是多么的歉疚……

我们感谢您把关注的目光投向我们,

感谢您把关怀的双手伸向我们,

感谢您把期待的脚步迈向我们……

可惜,由于名额的限制,我们与您失之交臂了。

在十分遗憾的同时,我们殷切地期盼着能有机会与您再次握手。谋事在人,成事也在人——让我们互相期待,好吗?

××××公司

地址:上海×××路×××号　电话:××××××××

二、资料阅读

1.广告用语有讲究

龚玉鸿

广告语使用不当,就有可能因违法而受到法律制裁。地处204国道的江苏盐城市南郊金融服务社是一家金融性企业,为扩大对外宣传,花费1万多元制作了广告词为“银行千万家,南郊数最佳”的户外横幅广告,并将它立于国道上。最近当地工商部门依据《广告法》的有关条款,对该金融服务社做出罚款2万元和公开更正广告词的处理决定。

我国《广告法》第12条规定:“广告不得贬低其他生产经营者的商品或者服务。”以“最佳”“最优”“第一”等文字出现的广告属于比较性广告,广告主如无确实证据证明其发布的广告信息是真实可靠的,则构成对其他金融企业商业信誉的贬低,侵害了竞争对手的商业信用、名誉权和荣誉权,破坏了市场公平竞争的正常秩序,属于不正当竞争的贬低竞争对手的行为。

另外,广告语的使用有着禁止性的规定。一般国家的广告法都对广告语的使用有严格限制,同样,我国《广告法》第7条也规定了广告禁止使用的文字,其中第2款明确指出:“广告不得使用国家级、最高级、最佳等用语。”

按照我国《广告法》的有关规定,广告经营者和发布者明知违法而受人委托制作和发布广告，是共同违法人，承担相同的法律责任。

为追究广告使用禁止使用的文字和利用广告贬低同行的法律责任，我国《广告法》第39条和第40条分别对违反第7条第2款和第12条的行为做出了类似的处罚规定："由广告监督管理机关责令有责任的广告主、广告经营者、广告发布者停止发布、公开更正、没收广告费用，并处以广告费用1倍以上5倍以下的罚款"。第39条同时还规定了对违反第7条第2款规定，构成犯罪的，依法追究刑事责任。

2. 奇闻广告集锦

朱本先

• 引起打官司的广告

在原西德，帕克斯殡仪馆为了提高知名度，和阿乌格丝布尔克足球队达成了协议，该队在参加比赛时，运动员穿上印有帕克斯殡仪馆广告的运动衫参加比赛。这下引起了大多数观众的愤怒，事情竟闹到法院。慕尼黑地方法院做出裁决：禁止该足球队员穿印有帕克斯殡仪馆广告的运动衫参加比赛。该队和殡仪馆不服，向上级法院申诉。在法官们争论期间，该队继续穿印有该馆广告的运动衫参加比赛。结果，这场官司替帕克斯殡仪馆做了一次义务广告，使该殡仪馆名声大振。

• 鼓励摔器皿的广告

法国一个瓷器制造商在报上刊登了这样一条广告："不必烦恼！无须压抑怒气！夫妻吵架，乱砸器皿是心理缓解的最有效的方法……为了家庭和睦幸福，使劲摔吧！劝君莫吝惜。"为何这位瓷器制造商做这样奇特的广告？原来，他发现家庭中夫妻之间发生矛盾引起不和、吵架、打架后会摔碗砸碟使财产受损，然而一旦风波平息后都会后悔莫及。他根据这一社会现象，专门生产了一批供人们摔砸的价格低廉的瓷壶、瓷碗、瓷碟等家庭器皿。此广告刊出后,许多人纷纷到商店购买这种低劣瓷制品,使该瓷器制造商大发其财。

• 最差产品展销广告

我国内地一家电扇厂为使产品打入某沿海城市,在该市报纸、电台、电视台做了一条奇特广告:“本厂一批最差电扇产品将在人民商场展销,您可先取一台试用,不合意可随时退换,满意时分期分批付款。”人们被这条广告所吸引,纷纷到商场看这“最差电扇”的质量并争相要求“试用”。但夏天过完了并无退货者。此后,该厂和商场共同刊出一封感谢信:“感谢全市用户的理解与支持,以后将以南江厂上乘产品服务本市!”自此,该厂电扇风行该市。

• 征集对联的广告

三星白兰地酒为了打开上海市场,采用重金征集对联,上联是“五月黄梅天”。广告刊出后引起上海市民的极大兴趣,纷纷挥毫书写对联。不少对出的下联是“三星白兰地”,从而使三星白兰地酒很快打开了上海市场。

• 引起公愤的广告

日本一家生产黄泥酱的公司,在报纸上刊出广告:“本公司将把生产的黄泥酱用飞机撒向富士山,让其变成黄色。”富士山是日本的国宝,让其变色还了得。公民纷纷投书报纸谴责这一行为。后来该公司在报上又刊出启事:“应广大国民的要求,本公司不把黄泥酱撒向富士山。”这个公司在“公愤”的谴责声中,提高了知名度。

• 实物运行广告

如今,消费者对产品质量十分挑剔,如何使自己的优质产品展现在人们面前和刻在消费者心中,一些企业采取独特的广告实物运行。南京电扇厂的蝙蝠牌电扇摆到南京新街口百货商场的橱窗里,用醒目大字书写了一条广告:“从 4 月 1 日起,该电扇昼夜不停地运转，请您计算一下，现已连续运转了多少小时？”前来观看的人川流不息，有的人还深夜悄悄来看电扇是否运转。结果蝙蝠电扇采用实物运行的广告，赢得了广大消费者的信任。

三、技能训练

根据所给材料，写一条精练的广告语。

北京华麟企业（集团）有限公司即将隆重推出新一代山楂饮品——华麟天然果肉果汁。本品选用无污染的鲜山楂等原料，按国际标准经科学配方、先进工艺精制而成。该饮品富含防癌、防心血管病等功效的黄酮类化合物，维生素 A 和维生素 B_1、B_2 以及维生素 C，还有人体必需的钙、磷、铁等营养物质，还富含促进消化的各种有机酸。为更好地服务于各界消费者，现面向社会公开有奖征集能充分反映华麟天然果肉果汁特点的精练广告用语。

第十章

公共关系应用技术——谈判

第一节　谈判的概念及原则

一、谈判概念

从广义上讲，谈判是我们每个人日常生活中不可缺少的活动，不论你是否喜欢，我们都是坐在谈判桌上的谈判者。日常生活里，我们都有过这样的经历：

在农贸市场买东西时的讨价还价。

孩子要买游戏机，你说考“双百”就买。

夫妻为买家用电器而争论。

……

凡此种种，每个人都会遇到。这些都是在不知不觉中进行着的谈判。

如何给谈判下个定义呢？

有人说：谈判是一种权力，更是一种竞争，是在一条非常有秩序的轨道上进行的竞争。

有人认为：谈判是企业的权力，进行竞争的手段，沟通联系的纽带。

有人断言：谈判是一项双方合作的事业，一种寻求双方共同的、公平的利益的行为过程。

被誉为“全世界最会谈判的人”的高韩所著《你可以说服任何人》一书中说：“谈判是知识和力量的汇聚”，是在寻求对方许可中得到我们需要的。它“就像在一张绷紧的网中，运用情报及权力来左右的行为”。

由上述关于谈判定义的观点中，我们可以看出，人们每一个行动和由此引起的反应后面，都隐藏着要求满足人的某种需要的愿望。每一个要求满足的愿望，每一项寻求满足的需要，都会诱发人们去进行谈判。只要是为了满足人的需要，任何问题都可以谈判。满足需要是一切谈判的共同目标。因此，我们可以把谈判看作“合作的事业”。谈判时假如双方建立在合作的基础上，则彼此就会朝着公平分享的目标前进。

综上所述，笔者认为：谈判是有关组织（或个人）对涉及切身权益的有待解决的问题进行充分的交换意见和反复的磋商，以寻求解决的途径，意欲达成协议的合作过程。

我们可以从下面四个方面来更好地理解什么是谈判：

第一，谈判必须有两个或两个以上参加者；

第二，谈判各方均有自身的利益和目标，一方的利益和目标与另一方有直接的利害关系，从而导致彼此之间的争议；

第三，谈判的主要手段是协商，在相互顾及双方利益的前提下，调整己方利益目标，但最终必须满足己方利益；

第四，谈判成功的结果是双方互惠，双方利益都能获得相对满足，从而取得一致性的意见和行动。

二、公关谈判的基本作用

公关谈判是一种特殊的谈判，它的目的是改善组织形象，协调关系，而不是压倒对方，你败我胜。它要求公关人员坚持自己的观点和原则而又不树敌，令双方满意，这就需要渊博的知识、高度的机智和高超的谈判艺术。

公关的对象是公众。对于一个组织来说,它所面对的公众是十分广泛、复杂的,与公众发生误解、摩擦、纠纷等也是不可避免的,这样就要求公关人员担负起协调组织与公众之间的关系、平息争端的责任,通过谈判来消除双方(或几方)的冲突,排除外部环境中对组织发展的不利因素,争取相互合作、支持与谅解,促使参与方共同受益。因此,作为协调关系的基本手段——谈判,也就显得十分重要,这就是公关中谈判的基本作用。

三、公关谈判的原则

1. 平等互利原则

谈判双方应遵循平等互利的原则,在法律地位上享有的权利、义务应一律平等。不论组织规模大小、实力强弱都要坚持平等互利原则,使谈判双方都能获得利益。既要避免出现你赢我输或你输我赢,一方侵占另一方利益的结局,又要避免出现你输我输,双方你争我夺、两败俱伤情况的发生,而应该追求你赢我胜、互惠互利的结果。

2. 友好协商原则

在谈判中,谈判双方应在平等互利的基础上,经过相互充分协商,达成一致。但在实际谈判中,由于利益关系经常出现争议,有时谈判一方甚至采取强制、要挟、欺骗等手段,把己方意志强加于对方,这是不足取的。正确的做法是友好协商。无论对方有无诚意,或是条款存在争议,只要有一线希望,遵循友好协商的原则都可能会促使谈判得到满意的结局。谈判往往是在冲突中实现各自的目标,因此切忌草率中止。

3. 依法办事原则

谈判不仅关系到谈判双方的利益,还涉及国家整体的利益。遵纪守法,当事人的权益才能受到保护。在谈判及合同签订的过程中，必须遵守国家的法律法规及政策；对外谈判，还应遵守国际法则及尊重对方国家的有关法规。与法律相抵触的谈判，即使出于双方的自愿并且意见一致，也是不允许的。

4. 时效性原则

所谓时效性原则，就是要保证谈判的效率和效益的统一。公关谈判要在高效益中进行，不能搞马拉松式的谈判。但这并不意味着谈判进行得越快越好，而是要尽量避免不必要的拖延，在谈判中抓住一切有利的机会，迅速达成协议。

5. 最低目标原则

目标是人们行为的方向，激励着人们的行为。目标是由目标体系构成的。在目标体系中，有大目标，也有小目标；有总体目标，也有具体目标；有长远目标，也有眼前目标。人们在实现这些不同类型的目标时，一般要分阶段、分步骤地进行。在谈判中，遵循最低目标原则是谈判获得成功的基本前提。也就是说，谈判双方在不违背总体经济利益的原则下，按照双方的意愿各自可适当地让步。从心理学角度看，初次接触和合作，人们最忌讳的是过高的要求和苛刻的条件。只有在相互交往、加深了解之后，信任程度才会逐步加深，才能引发出诱人的合作前景。所以，谈判只要达到了最低目标就应是成功的。

从每一个组织的具体情况看，它的公众并非只有一个。如果与每一个谈判对象都能达成最低目标协议，集合在一起就能逐步向最高目标迈进。虽然单个协议对组织来说可能是无关大局的，但多个协议的集合，就能增强组织的活力，有利于实现组织的总体目标。

第二节　谈判的过程

谈判的全过程应包括以下四个方面：谈判的准备、谈判气氛的创造形成、正式谈判以及谈判的收尾。

一、谈判的准备

谈判事先一定要有准备。《孙子兵法》云："知己知彼，百战不殆"。所以，谈判前的准备无非有两个方面，"知己"和"知彼"。

1. 知己知彼，首推知己

对自己要有一个真切的了解，自知才能知人。具体讲，就是要了解自己在谈判中的相对位置，如自己的优势与劣势、舆论对自己的评价、自己的竞争能力等。此外，充分的心理准备，健全的、健康的心态也是公关谈判取得成功的关键之一，也可认为是"知己"的自然延伸。

所谓"知彼"，就是尽可能详细地调查、收集对方的各种情况，甚至要了解对方负责人或谈判对手的性格、兴趣爱好等。只有对谈判对手了解得真切，才能做到"心中有数"地制定策略，对付谈判对方。

有这样一个例子。某年6月，济南第一机床厂厂长孙宝君率领产品推销组赴美国谈判。临行前，"知己"准备得非常充分，"知彼"也做得很好。他们对谈判对方的经营状况进行了仔细的调查，得知由于美国保护本国对外贸易，对日本、韩国和我国台湾提高关税，美国卡尔曼公司由此受到冲击。一方面台湾商人迟迟不肯发货，另一方面卡尔曼公司却与客户签订了合同，开出了信用卡，急需机床。而济南机床厂的规格型号与美国需要的基本一致，这为该厂产品打入美国市场提供了良好机会。

6月9日，孙宝君谈判组来到美国洛杉矶卡尔曼公司总部，双方进行了谈判。由于交谈双方在价格上互不相让，相持不下，卡尔曼公司的总裁提出考虑几天。这一考虑，卡尔曼公司却连续两天不做任何回答。此时，已经掌握卡尔曼公司情况的孙宝君也不动声色，不催不问。果然，卡尔曼公司沉不住气，打来了电话。

6 月 12 日,谈判初告战果,成交 150 台机床。

孙宝君又率领谈判组飞往田纳西州,与代理商美国皮尔格林公司谈判。6 月 16 日谈判开始,皮尔格林公司总裁史德梅先生对中方出售 150 台机床给卡尔曼公司表示不满,认为这样做影响了他们的销售。孙宝君谈判组针锋相对地做了说明,接着也向他们推销机床。而皮尔格林公司一再回避订货问题,谈判极不融洽。

一拖又是两天。孙宝君看出对方在故意拖延时间。为迫使对方就范,18 日午饭后,孙宝君直截了当地对该公司董事长海尔梅斯说:“如果贵公司没有订货诚意,我们决不勉强。目前,在美国芝加哥、底特律都有我厂客户,也愿做我们的代理。如果你公司有困难,我们打算就此告辞,到芝加哥去。”一席话使皮尔格林公司有些慌张。当天,他们便提议到旅馆洽谈,又成交 160 台。至此,孙宝君谈判组在美国签订了 310 台机床、价值 1 836 万美元的合同。①

孙宝君谈判组在美销售机床成功的经验告诉我们,作为一名公关谈判人员,在谈判前,一定要做好充分准备。

2. 拟订谈判计划

在调查研究的基础上,拟定谈判计划(正式或重大的谈判都必须拟订一个谈判计划)。谈判计划主要从以下几个方面制定:

(1)谈判组人员的确定。选择谈判组领导人、主要成员、专业人员(如法律、金融、技术、商务等专业人员)和临时工作人员等。

(2)谈判组织工作的实行。

(3)谈判的主题即谈判内容,如代销羊毛衫的谈判,就赔偿电机设备的谈判等。

(4)谈判的目标,如交易额的大小、价格的高低等。

(5)谈判的方式方法。

① 摘引《公关》杂志 1991 年第 2 期,《与美方的一次谈判》一文。

(6)谈判日程安排。日程安排应兼顾双方的利益,必要时还可召开双方人员会议共同商讨,统筹兼顾,通盘考虑。

谈判是一个千变万化的过程。因此,不能把谈判计划看得一成不变,死死守住寸步不让。理想的状态应该是:预先制定计划,根据面临的实际情况进行必要的改动,提高谈判的成功率。

3. 做好必要的物质准备

物质准备包括两项:一项是谈判人员的食宿安排;另一项是谈判本身所需的物质。

谈判人员食宿安排不仅包括双方谈判人员吃、住,而且还应包括行,如来回飞机、火车、船票的购买,安排场外轻松愉快的活动等。同时要注意各国、各民族的文化习俗差异,尽可能满足对方谈判人员的合理要求,从而保证谈判能够顺利进行。

谈判本身所需物质准备包括向谈判双方提供具有通讯、照明、冷暖设备且安静的谈判房间。谈判房间的布置要庄重、朴实、大方,应添置必要的辅助设备以及谈判时必需的文件、文具,如传声设备、书、笔、墨、纸等。

物质准备工作做得好,可以向对方显示出诚意,并可帮助树立起我方良好的谈判形象,造成一种友好、和谐、宽松的谈判气氛。

4. 模拟谈判

一切准备工作做完后,还可以进行一次模拟谈判,预演谈判过程。通过模拟谈判,可以检查谈判的准备工作,从而使谈判的准备工作更趋完善,在谈判中处于有利的地位。

二、创造和谐的谈判气氛

有这样两个谈判场景:

场景1:宽敞、明亮、整洁的房间里,谈判双方围坐在一张圆桌旁,你一言,我一语,并不时发出一阵阵的笑声,双方谈判人员轻松愉快,室内气氛热烈且活跃……

场景 2：凌乱、昏暗、肮脏的房间里，谈判双方各占据一角，你争我吵，谈判双方人员个个面红耳赤，谈判气氛紧张……

请问，你愿意置身于哪个谈判场景之中呢？你认为哪个场景更利于谈判呢？大家肯定愿意参加场景 1 的谈判。因为它使谈判人员感到轻松、安宁、和谐，符合人的正常心理要求，也有利于谈判的成功。

任何谈判都是在一定的气氛中进行的，其气氛如何影响到整个谈判结果。所以，一个称职的谈判人员必须抓住一切机会，积极主动地去为谈判创造、建立一个和谐的、宽松的、有利于谈判成功的气氛，那么，这种谈判气氛如何去创建呢？

1. 树立良好的第一印象

第一印象往往会使人难以忘怀，对造成和谐的谈判气氛至关重要。树立良好的第一印象有很多方面，如上面提到的作为东道主的谈判人员，可以做好各种物质准备，使谈判有个舒适的环境，从而为创造和谐的谈判气氛打下物质基础。此外，谈判人员整洁的衣着、得体的仪表、高雅的气质和优雅的谈吐也可以给对方留下良好的第一印象。

中美恢复建交谈判是一场复杂和艰巨的谈判。当周总理上前与走下飞机舷梯的尼克松总统紧紧握手时，周总理说："你把手伸过了世界上最辽阔的海洋来和我握手！"这机智、形象、生动、亲切的讲话给尼克松总统留下了深刻印象，尼克松也形象地说："我们都是同一星球上的乘客。"这表明中美建交有了共同的意向。众所周知，周总理是一位最杰出的谈判艺术家，不论是对手还是朋友，在谈判桌前，总是为他的大家风范所折服。就连大名鼎鼎的外交家、美国的基辛格博士，也不由得赞叹道："每当我坐在周恩来面前，就无法不感到自己是一个从蛮荒中走来的人。"因此，周总理总是能够掌握谈判的主动权，即使达不成协议，对手们也由衷地尊敬他。

另外,还可以通过第一次见面时的体态语言(如握手、目光交流、微笑等)使对方感到很亲切、真诚,对谈判很有诚意,从而留下良好的第一印象。

2. 抓住正式谈判前开场白的机会

在谈判伊始,双方正式见面,彼此寒暄、入座,主持者道几句开场白,此时正是谈判者创造和谐谈判气氛的好时机。首先应该认识到,一开始就进入正题往往是弊多利少,容易造成空气紧张,不利于良好气氛的形成。在谈判开始到底应该选择什么话题才能创造出和谐的谈判气氛呢?选择容易引起双方兴趣而又与谈判内容无关的中性话题比较适宜。谈判中常用的中性话题有:

对方一路旅途的经历;

近期的体育新闻或文娱节目;

个人爱好,如喜不喜欢歌剧?周末常去垂钓吗?

回顾以前的合作经历;

天气情况;

对本地的印象。

通过这样的开场白,双方的感情一下子会接近许多,此后再谈正题就好办得多了。但是,开场白也不宜过长,以免冲淡谈判的主题。时间应占谈判总时数的5%左右,如谈判预计为1小时,那开场白的时间应为3分钟左右。

三、正式谈判程序

1. 开局阶段

开局阶段亦称“开谈阶段”。它延续了开场白阶段所营造的良好气氛,又为以后进入实质性内容做好必要的准备。如何开局是谈判人员必须掌握的技巧之一,一般可以以轻松、愉快的口气,以询问商量的方式与对方交换些容易达成一致意见的话题,如谈判的目的、谈判的程序等。这些话题与谈判有关,但又是非实质性问题,一般不会引起对方的反感。一开始双方取得程序等方面的一致,就为以后谈判取得进展甚至达成协议开了一个具有象征意义的好头。

2. 概说阶段

概说阶段双方各自说出自己的基本想法、意图和目的。概说时要简明扼要、诚挚友善。经过此阶段后,双方都对对方有了一个大致的了解。

3. 明示阶段

不可否认,谈判双方必会有一些不同意见和分歧,明智之举是及早提出这些问题以求彻底解决。一般而言,谈判双方包含四类问题,即自己所求、对方所求、彼此互相所求、外表看不出的内蕴需求。为了达成协议,双方应心平气和地提出这些问题并就此展开讨论。

4. 交锋阶段

谈判的目的就是获得自己想要的东西,谈判双方的对立状态在这个阶段才渐渐明朗。谈判双方都列举事实与数据,希望对方理解并能接受自己的要求,而对方也会举出事例来反驳,从而各自坚持自己的立场。

5. 妥协阶段

交锋不会无休止地进行下去。与激烈的交锋同时进行的,便是双方均在寻找与对方的共同点,寻找缩小双方目标之间差距的各种可能途径,并就此提出各种可行的折中方案,这就是让步或妥协的过程。只要谈判的双方均有诚意并存在共同利益,就会在经过激烈交锋之后达成妥协。不管谁先向对方妥协,必须因此得到补偿。

6. 协议阶段

经过交锋和妥协,双方均已认为基本上达到了自己的目标,即可形成双方认可的协议书并由双方代表在协议书(亦称谈判合同书)上签字,并加盖双方单位的公章。

7.进行公证

由公证员当场进行公证,宣布双方所签订的谈判合同书自签订之日起有效,负有法律责任,双方都应严格遵守等。至此,谈判程序结束。

四、谈判收尾

谈判的收尾工作有三点:

第一,将谈判的成果以及谈判取得成功的友好气氛继续下去,以利于以后双方的各种交往和谈判。

第二,对一些贸易谈判而言,要马上落实各项事务,以保证所签合同的履行。

第三,需将谈判情况进行总结。总结内容主要有:目标制定、谈判前的调研、物质准备、程序安排、谈判气氛营造、谈判中遇到的各种情况和问题以及谈判的策略、技巧等。

第三节　谈判的策略与技巧

谈判的策略与技巧是指为实现谈判目标所采取的智谋手段。在谈判中正确地运用各种策略与技巧,可收到事半功倍的效果。谈判中的策略与技巧不胜枚举,这里介绍几种常用的策略与技巧。

一、以迂为直

以迂为直策略是指直路一时难以走通,不妨绕个弯子,同样可以达到既定的目标。谈判中,有时可以用上以迂为直的策略。例如,深圳蛇口工业区负责人在国外与某财团进行合资经营新型浮法玻璃的有关谈判时,由于对方自恃技术设备先进,要价很高,使谈判陷入了僵局。正在这时,该财团所在的市商会请这位负责人去发表演讲。在演说中，他不无所指地说："中国是个文明古国，我们的祖先很早以前就将四大发明——指南针、造纸、印刷术和火药的生产技术，无条件地贡献给了人类。而他们的子孙后代从未埋怨他们不要专利权是愚蠢的；相反，却盛赞祖先为推进世界的科学技术，做出了杰出的贡献。现在，中国正在加强与各国的经济合作，并不要求各国无条件地让出专利，只要价格合理，我们一分钱也不少给……"结果，即将破裂的谈判最终成功了。

二、以诚取胜

在谈判中，并不是所有的谈判信息都要求保密，有时开诚布公反而能收到意想不到的效果。1986 年，广东玻璃厂与美国欧文斯玻璃公司就引进设备一事谈判就是很好的一例。在谈判过程中，双方在全部引进还是部分引进这个问题上僵持住了，双方各执一词，相持不下。这时广东玻璃厂首席代表换了一个愉快的话题。他说，你们欧文斯的技术、设备和工程师都是世界上一流的。你们投入设备与我们合作，只能用最先进的设备，这样我们才能成为全国第一。这不单对我们有利，而且对你们更有利。欧文斯的首席代表是一位技术水平很高的人，听了这番话心里自然很高兴。接着广东玻璃厂的代表话锋一转："我们厂的外汇有限，不能买太多的东西，所以国内能生产的就不打算进口了。现在，你们也知道，法国、比利时与日本的厂家都在与我国北方的厂家搞合作，如果你们不尽快与我们达成协议，不投入最先进的设备、技术，那么你们就会失去中国的市场，人家也会笑话你们欧文斯公司无能。"经过这一番开诚布公的交谈，濒于僵局的谈判气氛得到了缓和，最后双方达成了只进口主要设备的协议。广东玻璃厂因此省下一大笔外汇，而欧文斯公司也因为对广东玻璃厂出口技术和设备，并使其成为全国同行业产值最高、耗能最低的企业而声名大噪。

三、最后期限

大多数谈判，常常是到了谈判的最后期限或临近这个期限才达成协议。谈判的任何一方都有期限，谁的期限临近，谁承受的压力就更大，谁让步的可能性也就更大。一般来说，商业贸易上的交货期、订货期是保密的。如果我方能获得这方面的情报，就可以利用对方心理上的紧张感，使对方感到日益逼近的日期对他们自己是不利的，迫使对方让步。

在谈判中，也常有这样的情况，在开始谈判时，就告知对方最后期限。对方对此并不留意，但随着这个期限的迫近，对方内心的焦虑就会渐增，并表现出急躁不安。到了截止期这一天，这种不安和焦虑就会达到高峰。所以在谈判中，老练的谈判者总是不紧不慢，采取“拖”的战术，对棘手问题按兵不动，待最后期限临近时，开始向对方进行心理攻势，迫使对方做出让步。

四、出其不意

出其不意是指谈判手法、观点或提案的突然改变，以促使谈判出现戏剧性的变化。在一些谈判中，常用这样的手法：突然用一个备用提案来打乱甚至推翻前面的提案，使对方感到措手不及、不知所措。要取得这种效果，应在一些人看来这个提案已经是拍板定案的时候，却又突然抛出新的提案。

心理学的研究表明，当你的对手突然推翻前面的提案，采用“出其不意”的手法向你“袭击”时，常出自两种动机：一种是根本不想成交，或者是感到成交的时候不到，条件不具备；另一种是你的对手对你是否接受前一提案产生了怀疑，因而推翻前一提案，目的是测试你的反应，从而估计自己是否在这笔交易中吃了亏，并伺机重新制定谈判的方案。但“出其不意”的手法在使用时要谨慎。

五、先苦后甜

先苦后甜的意思是先紧后松，通过这种心理上的对比，强化对方认为眼前所争取到的已是比较大的利益，从而达成协议。比如，飞机晚点，最先预报晚一小时，可等了几分钟后又预告只晚半小时，最后只晚 15 分钟到达，这时旅客都非常高兴，额手称庆。从最终结局来看，飞机确实是晚点了，但旅客们却反而感到庆幸和满意。

先苦后甜就是有意识地利用人们这种心理上的效应。如当你想要对方在价格上打折扣，但又估计对方难以接受时，可以采用"先苦后甜"策略。除了价格以外，你同时在品质、运输条件、交货和支付条件等几方面，提出较苛刻的要求。在交锋时，你要尽力使对方感到，在好几项交易条件上，你都做了让步，对方占了不少便宜。于是，当你提出折扣问题时，可能不费多少口舌就能获得对方的同意。事实上，前几项交易条件上的让步是你本来就打算给予的，只是为了达到先使对方尝到甜头，最后，在你关注的项目上让步的目的。

六、虚设后台

在谈判中，如果你想要拒绝对方时，可以虚设后台来达到目的。可以对对方讲："事情不在我，要看合伙人怎么决定"；"抱歉，我的客户没办法接受你的那个提议"等。因为这个"后台"并未参与谈判，所以可以借他之口而拒绝一些难以满足的条件。出现僵局时，还能起到缓和紧张气氛的作用。如果在谈判中，你觉得必要的话，就试试这种手段。

七、缓兵解围

当谈判出现僵局或出现难以应付的新情况或一方不满现状

(如会谈拖拉、效率低等)时,可尝试缓兵解围这种策略,即暂时中止谈判,目的是制定应付的策略。这同体育比赛中的暂停是一样的。

八、使用“润滑剂”

谈判双方在交往过程中,经常会出自礼貌、友好和联络感情而相互赠送一些礼物、纪念品等,这无疑会对谈判的进展起到润滑剂的作用,故称为“润滑剂”策略。“润滑剂”策略是个微妙的策略,敏感性很强,弄不好会引起对方种种误解、戒心、反感,效果适得其反。同时,由于文化、习俗的差异,各国谈判界对使用“润滑剂”策略的评价也不一,因此我们还应慎重对待。

馈赠礼品时要注意对方的文化背景、风俗习惯;礼品的价值不宜过重;注意送礼的场合,尤其在初次见面时即以礼相赠有失妥当,甚至被认为是贿赂。总之,我们在涉外谈判过程中,如果需要向对方馈赠礼品,就一定要以尊重对方习俗为前提。

九、让步

在谈判中,一方向另一方让步,甚至双方互做一定程度的让步是常有的事。但是,实际做起来却不是一件容易的事。每一个让步,均应考虑其对全局的影响。一般来说,让步有下列基本原则和策略:每一次让步都应争取得到对方的回应,不做无谓的让步;让步要恰到好处,即以最小的让步使对方感到获取了最大的满足;在重要的问题上,力求使对方先让步;让步幅度不宜过大,节奏也不宜太快,让对方珍惜我方的每一个让步;不要承诺做同等幅度的让步;让步要同步进行;让步可以反悔,完全可以推翻重来。

十、暗示

暗示具有与明示、明言相反的含义。某些情况下,不便于直接说出某种话，或不便于明确地表达出某种含义，则可用隐晦、曲折的语言，或某些特定的表情、动作，表达出“只可意会，不可言传”的内容，对方对此也只能心领神会。因此，暗示只能是在特殊场合使用的特殊语言，如使用得当也可收到特殊的效果。

在商务谈判中，商业情报、技术秘密，以及涉及谈判对手与第三方的情况等往往不可公开，但已成为影响谈判进程的筹码。如谈判对手对某技术要价过高，可适当暗示自己有开发的能力，或具有从第三方购买的可能性。当然，也可以就对手的暗示进行反击，如暗示对手借以索取高价的情报并不准确，或对方的技术可能被潜在的第三方超过等。中国的兵法云：“有，示之无；无，示之有”。谈判中常遇到“兵不厌诈”的情况，因此，对于暗示的应用应十分慎重，对于对方的暗示也应十分警惕。

一、资料阅读

如何摸清外商的家底

彦　梅

现在，国内许多企业在对外交往活动中，由于急于求成或不了解合资合作的一些基本条件，而盲目轻信外商的某些举措和行为，最终导致企业的经济利益受到损害。

比如，当一位外商来洽谈投资的时候，一些企业领导看到外商坐着600型奔驰汽车出入宾馆饭店,听传闻说其有亿万家产,于是生怕失去一个大财神,大摆宴席招待“贵宾”。

其实,在这位投资者的种种行为中,已暴露出一些细小的问题,例如,“要是他有这么高的身份,拥有规模很大的公司,为什么不派他的下属来,何劳大驾亲临呢?”如果企业领导能在这些细节上注意一下,并且不是花钱请客吃饭,而是请调查公司帮个忙,或自己在掌握要领后,派人通过银行进行简单的了解,也许就不会上当受骗,导致决策上的失误。

曾经有一位企业领导在这种问题上动了一下心眼儿。他想:“对外商的真实身份进行一些调查不过三五千元钱,相当于一顿客饭。如果他是我们理想的投资合作伙伴,再请他吃饭也值得。”他立即委托某调查公司对投资方的情况进行了调查。下面就是调查公司了解到的情况:

问题之一:贵公司能否提供近3年的年度报表?

——在经济发达国家,大企业、大公司都会有年度报表。如果没有,说明公司的规模不会很大。

问题之二:您的公司是否已上市?

——如果是上市公司,它的经营是要受到监管部门监督的,与其合作会比较可靠。

问题之三:贵公司没有年度报表,也不是上市公司,那么能否提供3年来的纳税申报?

——此时若外商以各种借口拒绝提供,如“正在办离婚,不便透露财产数额”等,我们可以这样回答他:

“我们只希望了解贵公司的资产情况,对您的私产我们可以不过问。”

——如果外商回答其资产和家产是在一起的,则说明他的公司是一个小公司,公司的主要成员可能只有他和他的太太。

问题之四:您可否告之您公司的开户银行账号?

——我们按照对方所提供的银行账号,花不到1 000元钱就可以通过中国银行了解到对方开户银行的情况及被调查人简要的年往来资金情况。

当然,对方银行一般不会公布其客户的具体数据,但会透露如下情况:被查询者的年往来金额为7位数以上,8位数以下;该公司在银行的余额通常在6位数,另或有透支情况等。

这时,我们通过关系找当地人,按照外商名片所提供的地址查找其所在地的情况或公司的规模状况。若得到的答复是“地址为私人住宅”,我们需穷追不舍。

问题之五:您要用您的房产作为公司业务的担保,那么您能否拿出您的房契?

——按照国外惯例,买房子交了10%的定金就可以住进去,待把银行本息还清后才转为自己的财产。在此之前,房契一般由按揭银行保管。

从外商那里得到房契的影印件后,我们即可找到对方房契的按揭银行,告之其客户正同我方进行生意往来,希望查询一下他房契付款状况。按揭银行的回答会很迅速、真实,“外商声称200万美元的房子价值不过40万~50万美元,而且只付清了20万美元。”

……

只用了几天时间,对于投资者的真实家底我们已一清二楚。现在,这个企业可以信心十足地告诉外商:“我们合作的基础不会超过20万美元。”不管外商出于怎样的用心,这个聪明的企业领导为企业避免了因轻信而带来的不必要的损失。

二、谈判能力测试题

1. 你通常是否先准备好,再进行谈判?

①每次②时常③有时④不常⑤都没有

2. 你面对直接的冲突有何感觉？

①非常不舒服②比较不舒服③虽然不喜欢，但还是面对着它④有点喜欢这种挑战⑤非常欢迎这种机会

3. 你是否相信谈判时对方告诉你的话？

①不，我非常怀疑②普通程度的怀疑③有时候不相信④大概相信⑤几乎永远相信

4. 被人喜欢对你来说，重要不重要？

①非常重要②比较重要③普通④不太重要⑤一点都不在乎

5. 谈判时你是否常作乐观的打算？

①几乎每次都关心最乐观的一面②相当的关心③普通程度关心④不太关心⑤根本不关心

6. 你对谈判的看法怎么样？

①高度竞争②大部分的竞争，小部分相合作③大部分相合作，小部分竞争④高度的合作⑤一半竞争，一半合作

7. 你赞成哪一种交易呢？

①对双方都有利的交易②对自己较有利的交易③对对方较有利的交易④对自己非常有利，对对方不利的交易⑤各人为自己打算

8. 你是否喜欢和商人交易？（家具、汽车、家庭用具的商人）

①非常喜欢②比较喜欢③不喜欢也不讨厌④相当不喜欢⑤憎恨

9. 如果交易对对方很不利，你是否会让对方再和你商谈一个较好一点的交易？

①很愿意②有时候愿意③不愿意④几乎从没有过⑤那是对方的问题

10. 你是否有威胁别人的倾向？

①常常如此②相当如此③偶尔如此④不常⑤几乎没有

11. 你是否能恰当地表达自己的观点？

①当然可以②超过一般水准③一般水准④低于一般水准⑤相当差

12. 你是不是一个很好的倾听者？

①非常好②比一般人好③一般④低于一般水准⑤很差

13. 面对语意含糊不清的词句，其中还夹着许多赞成和反对的争论时，你有何感觉？

①非常不舒服，希望事情不是这个样子②比较不舒服③不喜欢，但还可以接受④一点也不会被骚扰，很容易就习惯了⑤喜欢如此，事情本来就该如此

14. 有人在陈述和你不同的观点时，你能够倾听吗？

①把头掉转开②听一点点，很难听进去③听一点点，但不太在意④合理地倾听⑤很注意地听

15. 在谈判开始以前，你和单位里的人如何彻底讨论商议的目标和事情的优先程度？

①适当的次数，讨论得很好②常常很辛苦地讨论，讨论得很好③时常且辛苦地讨论④不常讨论，讨论得不太好⑤没有什么讨论，只是在谈判时执行上级的要求

16. 假如你公司的产品可以在原有价格上提高5%，而你的老板却要提高10%，你的感觉如何？

①不愿意，会设法避免这种情况的发生②虽不愿意，但还是会照老板的指示去做③勉强去做④尽力做好，而且不怕尝试⑤喜欢这个考验，而且期待这种考验

17. 你喜欢不喜欢在谈判中聘用专家？

①非常喜欢②比较喜欢③偶尔为之④假如情况需要的话⑤非常不喜欢

18. 你是不是一个很好的主谈人？

①非常好②比较好③公平的领导者④不太好⑤很糟糕

19. 置身在压力下，你的思路是否仍很清晰？

①非常清晰②比大部分人清晰③一般程度④在一般程度之下⑤根本不行

20. 你的经济判断能力如何?

①非常好②比较好③和大部分主管一样好④不太好⑤我想我不行

21. 你对于自己的评价如何?

①高度的自我尊重②适当的自我尊重③很复杂的感觉,搞不清楚④不太好⑤没什么感觉

22. 你是否能获得别人的尊敬?

①很容易②大部分如此③偶尔④不常⑤很少

23. 你认为自己是不是一个谨守策略的人?

①非常注意②比较注意③合理地运用④时常会忘记运用策略⑤我似乎是先说再思考

24. 你是否能广泛地听取各方面的意见?

①是的,非常能②大部分如此③普通程度④不太听取别人的意见⑤相当固执

25. 正直对你来说是否重要?

①非常重要②比较重要③一般重要④不太重要⑤非常不重要

26. 你认为别人的正直重要不重要?

①非常重要②比较重要③一般重要④不太重要⑤非常不重要

27. 当你手中握有权力时,会如何使用呢?

①尽量运用一切的手段发挥②适当地运用③我会为了正义而运用④我不喜欢使用⑤我很自然地接受对方作为我的对手

28. 你对于“行为语言”的敏感程度如何?

①高度敏感②比较敏感③普通程度④比大部分人的敏感性低⑤不敏感

29. 你对于别人动机和愿望的敏感程度如何?

①高度敏感②比较敏感③普通程度④比大部分人的敏感性低

⑤不敏感

30. 对于以个人身份和对方结交,你有怎样的感觉?

①我会避免如此②不太妥当③不好也不坏④我会被吸引而接近对方⑤我喜欢超出自己的立场去接近他们

31. 你洞察谈判中的要害问题的能力如何?

①我通常会知道②大部分时间我都能够了解③我能够猜得相当正确④对方常常会令我惊奇⑤我很难知道真正的问题所在

32. 在谈判中,你想确定哪一种目标呢?

①很难达成的目标②比较难的目标③不太难,也不太容易的目标④相当适合的目标⑤不太难,比较容易达成的目标

33. 你是不是一个有耐心的谈判者?

①几乎永远如此②比一般人有耐心③普通程度④一般程度以下⑤我会完成交易,为什么要浪费时间呢

34. 谈判时你对自己目标的执着程度如何?

①非常执着②比较执着③一般程度④不太执着⑤相当有弹性

35. 在谈判中,你是否很坚持自己的意见?

①非常坚持②比较坚持③适当的坚持④不太坚持⑤根本不坚持

36. 你对对方私人问题的敏感程度如何?

①非常敏感②比较敏感③一般程度④不太敏感⑤根本不敏感

37. 对方的满足对你有什么影响?

①非常在乎,我尽量不使他受到损害②有点在乎③中立态度,但我希望他不会被伤害④有点关心⑤各人都要为自己打算

38. 谈判中你是否想要强调你的权限?

①非常想②比较想③适度地想强调④比较不想强调⑤不想强调

39. 谈判中,你是否想了解对方的权限?

①非常想②比较想③我会衡量一下④不太想⑤非常不想

40. 谈判中,当你听到一个很低的报价时感觉如何?

①非常高兴②比较高兴③一般,很正常④怀疑有质量问题⑤放弃,不值得买

41. 通常你如何让步?

①非常的缓慢②比较的缓慢③和对方的速度相同④我多让点步,试着使交易快点完成⑤我不在乎付出更多,只要完成交易就行

42. 对于承受有可能影响你事业的风险,感觉如何?

①比大部分人更能承受大风险②比大部分人更能承受相当大的风险③比大部分人能承受较小的风险④偶尔冒一点风险⑤很少冒险

43. 你对于承受财务风险的态度如何?

①比大部分人更能承受大风险②比大部分人更能承受相当大的风险③比大部分人能够承受较小的风险④偶尔冒一点风险⑤很少冒险

44. 面对那些地位比你高的人,感觉如何?

①毫不理会②不太理会③复杂的感觉④不舒服⑤相当不舒服

45. 你要购买耐用消费品的时候,准备程度如何?

①很全面②比较全面③普通程度④不太全面⑤没有准备

46. 对方告诉你的话,你调查到什么程度?

①调查得很彻底②调查大部分的话③调查某些话④知道应该调查,但做得不够⑤不去调查

47. 你对于解决问题是否有创建?

①非常有②相当有③有时候会有④不太多⑤几乎没有

48. 你对其他人是否有魅力及影响力?

①非常有②比较有③一般程度④有一点⑤一点也没有

49. 和他人比较,你是不是一个有经验的谈判者?

①很有经验②比一般人有经验③普通程度④经验比一般人少⑤没有丝毫经验

50. 你对己方谈判班子里的主谈人感觉如何？

①舒服而且自然②比较舒服、自然③很复杂的感觉④存有某种自我意识⑤相当焦虑不安

51. 没有压力时，你的思考能力如何？（和同行相比较之下）

①非常好②比大部分人好③普通程度④比大部分人差⑤不太行

52. 兴奋时，你是否会激动？

①很镇静②比较镇静③一般程度镇静④比较激动⑤会很激动

53. 在社交场合中人们是否喜欢你？

①非常喜欢②比较喜欢③普通程度④不太喜欢⑤相当不喜欢

54. 你工作的安全性如何？

①非常安全②比较安全③一般程度④比较不安全⑤相当不安全

55. 假如听到对方四次很详尽的解释，你还是必须说四次“我不了解”，你的感觉如何？

①太可怕了，我不会那么做的②相当困窘③会觉得很不好意思④感觉不会太坏，还是会去做⑤不会有任何犹豫

56. 谈判时对于处理困难的问题，你的成绩如何？

①非常好②超过一般程度③一般程度④一般程度以下⑤很糟糕

57. 你是否会问探索性的问题？

①擅长此道②比较不错③一般程度④不太好⑤不擅此道

58. 你能不能对谈判计划的机密守口如瓶？

①严守秘密②注意保密③一般程度④常常说的比应该说的还多⑤说得实在太多了

59. 对于干好自己这一行，你的信心如何？（和同行相比较之下）

①比大部分人有信心②相当有信心③一般程度④有点缺乏信

心⑤坦白说,没有信心

60. 你是单位家属宿舍楼的发包人,由于单位职工的要求而更改设计图,现在承包人因为这个原因要收取更高的费用,而你又认为只有他能把这项工程做好,而非常需要他。对于这个新的加价,你会有什么感觉呢?

①马上跳起来大叫②非常不高兴③准备好好地与他商议,但并不急着做④虽然不高兴,但还是会照做的⑤和他对抗

61. 你是否会将内心的感受流露出来呢?

①非常容易②比大部分人多③普通程度④不太经常⑤几乎没有

分数表:

按照下面的分数表,把每一个问题的正分或负分加起来,然后你就能得到一个介于 -668 至 +724 之间的总分。

(例如:假如你选择第一个问题的答案②,你的分数是 +15;选择第二个问题的答案①,分数是 -10;依此类推)

1. +20 +15 +5 -10 -20
2. -10 -5 +10 +10 -5
3. +10 +3 +4 -4 -10
4. -14 -8 +0 +14 +10
5. -10 +10 +10 -5 -10
6. -15 +15 +10 -5 +5
7. 0 +10 -10 +5 -5
8. +3 +6 +6 -3 -5
9. +6 +6 +0 -5 -10
10. -15 -10 +0 +5 +10
11. +8 +4 +0 -4 -6
12. +15 +10 +0 -10 -15
13. -10 -5 +5 +10 +10
14. -10 -5 +5 +10 +15
15. +8 -10 +20 +15 -20
16. -10 +5 +10 +13 +10
17. +12 +10 +4 -4 -12
18. +12 +10 +5 -5 -10
19. +10 +5 +3 +0 -5
20. +20 +15 +5 -10 -20
21. +15 +10 +0 -5 -15
22. +12 +8 +3 -5 -8
23. +6 +4 +0 -2 -4
24. +10 +3 +5 -5 -10
25. +15 +10 +5 +0 -10
26. +15 +10 +10 +0 -10

27. +5 +15 +0 -5 +0
28. +2 +1 +5 -1 -2
29. +15 +10 +0 -10 -15
30. -15 -10 +2 +10 +15
31. +10 +5 +5 -2 -10
32. +10 +15 +5 +0 -10
33. +15 +10 +5 -5 -15
34. +12 +12 +3 -5 -15
35. +10 +12 +4 -3 -10
36. +16 +12 +0 -3 -15
37. +12 +6 +0 -2 -10
38. -10 -8 +5 +8 +12
39. +15 +10 +5 -5 -10
40. -10 -5 +5 +15 +15
41. +15 +10 -3 -10 -15
42. +5 +10 +0 -3 -10
43. +5 +10 -5 +5 -8
44. +10 +8 +3 -3 -10
45. +15 +10 +3 -5 -15
46. +10 +10 +3 -5 -12
47. +12 +10 +0 +0 -15
48. +10 +83 +3 +0 -3
49. +5 +5 +5 -1 -3
50. +8 +10 +0 +0 -12
51. +15 +6 +4 +0 -5
52. +10 +8 +5 -3 +10
53. +10 +10 +3 -2 -6
54. +12 -3 +2 -5 -12
55. -8 +8 +3 +8 +12
56. +10 +8 +8 -3 -10
57. +1 +1 +4 +0 -5
58. +10 +8 +0 -8 -15
59. +12 +1 +0 -5 -10
60. +15 -6 -3 -10 -15
61. -8 +8 -5 +5 +8

判断:

分数越高越好,级别越低越好。

第一级: +376 至 +724

第二级: +28 至 +375

第三级: -320 至 +27

第四级: -668 至 -321

第十一章

公共关系应用技术——危机公关

“天有不测风云，人有旦夕祸福”，正所谓世事无常、命运难料。对于任何一个组织来说也是一样，一切危机事件都有可能发生。事件一旦发生，将严重威胁组织的利益和生存。因此，组织对危机事件要迅速处理，正如救生艇需要对紧急呼救立即做出反应一样。这种类型的公关实践，我们通常称为“危机公关”或“危机管理”。

在组织发生危机时，公关部门通过对传播沟通工作的重视以及对有关危机信息的管理，帮助组织很好地处理与受危机影响的各种重要公众的关系，即在危机发生时或发生后尽可能地与重要公众，如员工及其家属、媒体和一般社会公众保持良好关系，尽量满足公众利益和组织需要。公关部门应在危机期间维护组织的声誉，这主要通过回应公众和特殊团体的利益来实现。

第一节　危机公关的概念与特征

一、危机与危机公关

危机，从字面上看即“危险与机遇”，是组织命运“转机与恶化的分水岭”。我们把危机定义为突然发生的危及组织生存和发展的严重恶性事件。各类社会组织都可能因主观和客观因素的变故而发生意料之外的突发事件,从而使本组织遭遇危机。诸如飞机失事、突发山洪、井喷、塌方、火灾、毒气泄漏等。

社会组织发生的危机主要有三类:

- 由主观因素引发的危机,如因管理不善,煤矿发生特大瓦斯爆炸事件和集体食物中毒等。
- 由客观因素引发的危机,即意外灾难事故,如火灾、水灾等。
- 由公众误解引发的危机,如严重的舆论危机、新闻批评、行为冲突等。

无论何种因素引发的危机都有以下特征:

第一,突发性,即都是突发的事件,令人难以预料。例如:2004年2月15日,吉林市中百商厦发生特大火灾,54人葬身火海;2004年2月5日,北京密云县密虹公园内一桥上,由于人多拥挤,发生挤死、踩死37人的重大恶性事件。

第二,严重性,即对组织的伤害是严重的、恶性的,对组织的生存构成严重威胁或造成重大损失。

第三,迅猛性,即来势迅猛、冲击力极强。

第四,敏感性,即危机都具有社会敏感性,一经发生马上成为新闻媒体关注的热点和公众舆论的中心。

危机公关是公共关系学和管理学结合的产物,是运用公共关系学的基本原理和方法,科学地处理组织潜在的或现存的危机,从而把"大事化小,小事化了",甚至变坏事为好事的一种管理行为。

二、公关危机的概念

公关危机特指因危机事件的影响,社会组织与公众之间所发生的关系危机。这种关系危机的诱因主要有以下几方面:

第一，对组织突发的严重危机事件处理不利，在公众中产生不利于组织的舆论冲击。

第二，轻视公共关系，从而导致公众与组织日益严重的冲突。

第三，公众误解、不明真相所导致的不利舆论或行为冲突。

第四，由于组织的不良传播使得信息失真而导致的传言危机。

第五，舆论的引导者煽动所造成的危机。

公关危机虽不会给组织造成有形损失（如火灾烧毁等），但其给组织造成的无形损失，诸如信誉上、形象上、公众关系上的损失则是重大的、无法弥补的，而且还会因这种无形损失危及组织生存并导致有形损失，如重大经济损失等。

下面列出的是一些企业在实际运营中可能存在的具体的公关危机种类：

（1）企业解雇员工和员工流失。几乎企业的每一次对职工的较大解雇行为和对员工的重新安置都会导致员工的焦虑，使员工丧失对企业的忠诚感，并对未来产生不稳定感。

（2）财务指标低于预期值。当企业的财务指标没有达到所有者、股东、员工、市场分析家或媒体的预期值时，企业就会面临危机。

（3）员工士气低下。当员工感到工作有压力或不被信任时，其士气就会受到打击。

（4）企业诉讼。每一个企业都对诉讼很敏感。走上法庭对每个企业来讲都不是一件愉快的事，它会使企业在公众心目中留下不好的印象。

（5）企业中存在的歧视、骚扰。如性别歧视、宗教歧视、外貌歧视、年龄歧视、对艾滋病毒携带者的歧视及性骚扰、种族骚扰等。

（6）负面影响的媒体报道。任何一个发表在媒体上的对本企业具有负面影响的报道以及系列报道都能够立刻引发一个企业的危机。

(7)破坏性的传闻。一些对企业具有破坏性的想象、推测、误解的传闻的传播,都会给企业带来危机。

(8)企业产品缺陷或质量问题。这些问题往往会导致产品退货,甚至有可能扼杀一个品牌或产品线。

(9)技术上的失误。如在企业计算机系统的日常使用中,病毒和应用程序中的一些微不足道的问题,往往会造成系统数据毁坏,甚至瘫痪。

(10)员工不满引发的暴力威胁行为。一个或几个员工可能会由于对某些方面不满意而变得非常愤怒,甚至会在特殊的情况下,成为有暴力倾向的员工。

(11)工作事故。如员工在企业内致残或死亡,或是由于企业所犯错误及产品缺陷造成对顾客的伤害。

(12)高层决策者的突然死亡。如企业高层决策者因车祸、心脏病突发、飞机失事死亡或自杀。

(13)丢失主要的客户。如丢失某位在企业销售总额中占有很大比例的重要客户。

(14)政府调查或罚款。任何司法机关对企业进行的调查都会引发企业危机。

(15)企业成为并购的目标。公开招股的企业可能会成为被兼并的目标,但如果企业不是自愿兼并的话,会使社会公众一片哗然。

(16)经济抵制。如某个协会可能会说服其成员不买你企业的产品。

三、公关危机的特征

1. 突发性

危机事件一般都是在组织毫无准备的情况下突然发生的,公关危机也是这样。这些事件容易给组织带来混乱和惊慌,使人措手不及,如果对事件没有任何准备就可能造成更大的损失。

2. **难以预测性**

组织所面临的危机往往是在正常经营情况下难以预料的,它在某种程度上具有不可预测性,会给组织带来各种意想不到的困难。特别是那些组织外部的原因造成的危机,如国家政策的变化、科技发展带来的冲击等,它们往往是组织始料不及并难以抗拒的。

3. **严重的危害性**

任何公关危机对组织、社会都会造成一定的损害。对组织而言,它不仅会扰乱目前的正常经营秩序,使组织陷入混乱,而且还会对组织未来的经营和发展带来较大的影响。从社会角度看,组织出现危机会给社会公众带来恐慌,有时还会给社会造成直接的物质损失,如有害物质的排泄污染环境,给人造成终生残疾或对环境造成不可逆转的破坏。

4. **舆论的关注性**

在大众传媒十分发达的今天,一个组织的危机事件常常成为社会舆论关注的焦点、热点,成为媒体捕捉的最佳新闻素材和报道线索。有时候它会牵动社会各界,乃至在世界上引起轰动。所以公关危机给组织带来的影响是非常深刻和广泛的。

第二节　未雨绸缪——做好危机处理计划

任何事物都存在着可能发生的一些意外情况,我们把它分为“已知的未知”和“未知的未知”。

“已知的未知”是指由于组织本身的性质所决定而可能出现的问题。如果是生产产品的企业,如生产机器设备、汽车、药品等,那么“退货”的可能性总是存在的;如果你在化工厂或核工厂工作,那么放射性或致命物质的泄漏对你来说便是潜在的危险;至于航空、航海、铁路……都存在着已知的危险。在这些场合下，人们知道事故随时会发生，但究竟什么时候发生，人们则无法预测。

“未知的未知”是指无法事先预见的突发性灾难。这种突发性灾难可能是自然灾难，如洪水、地震、火山爆发等；也可能是人为的，如恐怖行为或劫机、战争等。作为公关实践者，无论这意外是“已知”的，还是“未知”的，只要有发生的可能性，就必须对意外事件的发生有所准备，以应付危机。

由于危机是突发性的，危机发生后又需要马上做出反应，以减少危机事件所带来的损失，所以，在近几年的公关实践中，危机公关已成为公关中最新的内容，并且得到了发展。如国外已有专门处理危机事件的公司、专家，铁路系统、航空系统的一些公司也有专门处理危机事件的程序。

危机公关并不常见，可能永远不会影响到我们大多数人。但只要组织处于可能发生的“已知”和“未知”灾难的环境中，就应该事先有准备，备有妥善的应急计划来处理这类突发事件，这是十分必要的。

预先做好应付各种危机的准备工作，制定危机处理计划，应包括以下步骤和内容。

一、预测和分析

1. 预测

危机虽然难以预测，但大多数危机在发生前还是有预兆的。危机的发生通常是由一场事故、一个错误或者某些警告信号作为先导的，这样能使我们在它发生之前得到警告，其中包括能够觉察组织中不知不觉出现并能爆发危机的潜在问题和弱点。

下面是一些危机警告信号，组织可以根据警告信号预测有可能出现的潜在危机，见表 11－1。

表 11－1

警告信号	潜在危机
员工有不满情绪	工作地点发生暴力
令人失望的财务结果	消极的媒体报道、员工流失、士气问题
顾客抱怨	产品回收、失去业务、产品可靠性诉讼
年龄过大的 CEO 或高层决策者	受到突然或严重的伤害
忽视代理人、会计师或税务顾问的建议	罚款或处罚、消极的媒体报道、丧失信用/信任
不健全的环保过程	罚款或处罚、昂贵的诉讼费、丧失信用/信任
研究和投资的减少	丢失市场份额、糟糕的财务表现、声誉受损
没有充分考虑员工的工作计划	严重的质量问题、事故、失去业务
没有持续的计划	工作业绩不佳
没有经营计划	由于缺乏战略/战术和长期计划，使得工作业绩不佳
没有危机管理计划	危机管理不当、消极的媒体报道、声誉受损

此外，对于没有警告信号出现的诸如火灾、地震、中毒、洪水、人身伤亡等危机事件也应在预测范围之内。

2. 分析

警告信号反映出组织的薄弱环节，所以预测是经过公关人员的大量调查研究，从发现组织的薄弱环节入手的。接下来就要对这些薄弱环节进行分析，并排出先后顺序，从而找出对组织损害最大的潜在危机。

下面介绍分析的方法。

现在，请你准备两张表，每张表可以按顺序分为三部分，分别以红色、黄色和绿色相区别。第一张表包括那些最有可能发生的弱点/危机，另一张表包括那些如果发生，会给组织造成严重损害的弱点/危机。这里所定义的“严重损害”指的是它们对组织的声誉、信用和商誉的影响。

然后，对每一个弱点/潜在危机按先后顺序排列。

下面是如何编制“发生可能性”表的方法（见表 11－2）。

表 11－2　潜在危机/“发生可能性”

最有可能发生（红色）： 1. 2. 3. 4. 5.
能够发生，但在近期内不会发生（黄色）： 1. 2. 3. 4. 5.
不可能发生（绿色）： 1. 2. 3. 4. 5.

下面是按“对组织的严重损害”的顺序排列的弱点/潜在危机（见表11－3）。

表11－3　潜在危机/“对组织的损害”

会造成严重损害（红色）： 1. 2. 3. 4. 5.
会造成损害，但是能够加以管理（黄色）： 1. 2. 3. 4. 5.
会造成很轻微的损害，并且可以很容易地加以管理（绿色）： 1. 2. 3. 4. 5.

下一步就是根据以上两张表，再编制第三张表。这是一张组合表，它会告诉你哪些弱点/潜在危机被认为是既可能发生，又会对组织造成最大损害的。

第三张表的排列顺序如下：首先从你在前两张表中同时列为“红色”的弱点/潜在危机开始，接着是在一张表中被列为“红色”，而在另一张表中被列为“黄色”的弱点/潜在危机。下一步，是你在前两张表中同时列为“黄色”的弱点/潜在危机，然后是“黄色”和“绿色”的弱点/潜在危机。最后是在前两张表中同时被列为“绿色”的弱点/潜在危机。

现在，你将组织的薄弱环节经过大量的调研，按先后顺序排列了出来(见表11－4)。从这张表中，你会知道哪些薄弱环节应该进一步明确、防范并制定相应计划。由于你没有时间来为所有的偶发事件制定计划，通过这张表，你就有了选择重点的良好基础。

表11－4　最有可能发生的严重损害

最有可能发生，会造成严重损害的(红—红)： 1. 2. 3. 4. 5.
最有可能发生，会造成损害，但可以管理的(红—黄)： 1. 2. 3. 4. 5.
能发生，但在近期不可能发生，会造成严重损害的(黄—红)： 1. 2. 3. 4. 5.

下面就危机分析举一实例。

某家由私人拥有的国际性日用玻璃产品生产商是世界上最大的生产商，总部位于纽约，其在15个国家拥有生产厂。

企业沟通副总裁和COO（首席运营官）同意进行正式的操作来明确最有可能发生的能够造成最严重损害的潜在危机。其目的是更好地建立起潜在危机的先后顺序，使企业知道哪些危机最应该进行有效管理。

对弱点的分析花了3个月的时间。公司在全世界范围内选择了一个员工样本组进行调查。收到调查问卷并在完成后通过内部邮件寄回的被调查对象包括150名高级经理、总部的200名员工、美国国内工厂的500名员工以及位于其他14个国家的工厂的200名员工。

公司还聘请了一家调查公司对北美、欧洲及环亚太地区国家的每位消费者进行了5分钟的电话调查。在这3个市场上，分别访问了大约1 500名被调查者。对公司在世界上400家主要分销商也进行了电话调查。此外，公司还对每个市场中的一些政治家和主管官员，以及报道公司的行业媒体的记者、编辑进行了个人访问。

调查数据的分析结果，主要用于帮助提高公司的顾客满意度，改进经营、营销、公关、投资方关系以及其他方面的工作。此外，还用于帮助识别企业最脆弱的方面——如果不加管理，就会发展成危机。这种分析帮助企业缩小了进行防范和管理的危机范围。

下面就是该公司进行弱点分析的结果（见表11－5、表11－6和表11－7）。

表11－5　潜在危机/“发生可能性”

最有可能发生的（红色）：
1. 玻璃碴或碎片伤害消费者
2. 关于产品质量的不好传闻，会使销售受到损失

续表

3. 生产缓慢,产品产量不足,严重伤害同分销商的关系 4. 某位高级官员离开公司,加入竞争对手的行列 5. 消极的媒体报道,造成销售滑坡
会发生,但在近期不可能发生的(黄色): 1. 主席/CEO 的突然死亡(现年 72 岁) 2. 某家生产工厂发生死亡事故 3. 对公司和/或行业造成严重损害的政治行动 4. 现有或以前的员工由于有不满情绪而在公司内造成他人严重伤害或死亡 5. 严重损害公司声誉的主要诉讼
不可能发生的(绿色): 1. 工厂突然关闭 2. 员工被大量解雇 3. 产品造成消费者死亡 4. 缺少矿石或其他原料,影响生产能力,无法达到预期产量 5. 主席/CEO 意外辞职

表 11－6　潜在危机/“对企业的损害”

会造成严重损害的(红色): 1. 产品造成消费者死亡 2. 严重损害公司声誉的主要诉讼 3. 消极的媒体报道,造成销售滑坡 4. 主席/CEO 意外辞职 5. 玻璃碴或碎片伤害消费者

续表

会造成损害,但可以管理的(黄色): 1. 关于产品质量的不好传闻,会使销售受到损失 2. 主席/CEO 的突然死亡 3. 工厂突然关闭 4. 某家生产工厂发生死亡事故 5. 现有或以前的员工由于有不满情绪而在公司内造成他人严重伤害或死亡
只会造成很轻微的损害,并且可以很容易地加以管理的(绿色): 1. 缺少矿石和其他原料,影响生产能力,无法达到预期产量 2. 对公司和/或行业造成严重损害的政治行动 3. 员工被大量解雇 4. 生产缓慢,产品产量不足,严重伤害同分销商的关系 5. 某位高级官员离开公司,加入竞争对手的行列

表 11－7　最有可能发生的严重损害

最有可能发生,会造成损害的(红—红): 1. 玻璃碴或碎片伤害消费者 2. 消极的媒体报道,造成销售滑坡
最有可能发生,会造成损害,但可以管理的(红—黄): 1. 关于产品质量的不好传闻,会使销售受到损失
会发生,但在近期不可能发生,会造成严重损害的(黄—红): 1. 严重损害公司声誉的主要诉讼
在短期内发生可能性很小,会造成损害,但可以管理的(黄—黄): 1. 某家生产工厂发生死亡事故 2. 现有或以前的员工由于有不满情绪而在公司内造成他人严重伤害或死亡 3. 主席/CEO 的突然死亡

弱点分析帮助组织识别出应该多加关注以防止它们变成主要问题的薄弱环节，同时也为组织将来的危机计划活动提供了需注意的方面。玻璃制造商的任何一个危机管理计划都应该充分认清这些地方，并且一旦这些情况发生，其制订的计划应该是可实现的。

二、制订危机处理计划

对预测分析的各类危机按顺序分别制定应急方案，应该安排好危机中和危机后处理各种问题的各环节合适人选，使这些人事先了解面对不同危机时，他们应该怎样做。这一工作不是公关部门能够独立完成的，要在各有关部门配合协调下，统一做出安排。

危机处理计划一般包括以下要素：

- 对组织的危机管理哲学和危机计划重要性的表述。
- 对企业认为是“危机”并引起危机计划实施的事件、事情或问题所下的定义。
- 会影响企业的潜在危机情形。
- 企业在未来可能会面对的潜在危机种类。
- 企业的整体目标和危机管理目标。
- 危机报告和协调的汇报结构。
- 危机管理团队成员的名单，要附有电话、传真、手机号码和电子邮箱地址等。
- 紧急情况下的工作程序，包括同警察、消防和其他社区官员打交道，要附有电话号码。
- 紧急情况下需要接触的新闻媒体，包括其最新的名称、电话和传真号等。
- 企业第一和第二发言人的名单以及严禁其他人同新闻媒体或其他企业讨论此事的严正声明。
- 在危机中需要立即首先采取的步骤，例如需要接触的人和危机管理团队应该碰面的地方。

• 在危机发生期间和危机发生后所需要的有关企业和其他方面的信息、背景材料。

• 最新的员工名单(如果太长,就写一些经过挑选的经理名单);主要联系的顾客;供应商/经销商;股票交易所(如果你是一家股票公开上市公司);地方政府官员(要有地址和电话)。

• 企业所在社区的有关组织的名单。

• 主要市场和行业分析家的名单。

最后,将预测分析和制定危机处理计划写成书面报告,并呈送上层管理部门批准。

三、向员工介绍

可将对危机情况的预测和相应的应急措施制成通俗易懂的小册子(最好配有示意图)发给全体员工,同时通过多种方式向员工介绍应付危机的办法,让员工对危机发生的可能性和应付办法有足够的了解。

对以上工作,最好举行一些模拟性的实践演习。例如:我公司的飞机毁于午夜怎么办?如果我公司决策人之一自杀了怎么办?如果我厂的产品销售在市场上突然被削弱了怎么办?……你会看到,每一个怎么办都会有一个答案。通过模拟性的实践演习,可以增强防灾自救意识,掌握自救方法,修正、完善应急计划。

每一次模拟性的实践演习都应经所有与之有关的人评审讨论。有录像则更好,重放录像有助于提高评审的效果。

四、事先确定一名发言人

当危机发生后,要由发言人代表组织对内对外介绍事件真相和组织在处理危机事件中所进行的努力。危机突发时,可能会造成一定程度的混乱,并给人们在心理上造成紧张、恐惧的感觉,此时最容易出现流言。为了防止流言，维护组织的形象，发言人应及时以恰当的方式公布事实，让人们了解有关情况，理智地对事件做出分析判断，然后采取适当的行动。

大多数发言人对于应付新闻媒体及在接受记者采访或发布信息时如何有效地进行信息沟通经验很少，因此媒体训练显得尤为重要。媒体训练是训练组织发言人同新闻媒体进行有效沟通的专门练习。为达到一定效果，媒体训练应包括以下内容：

- 讨论新闻媒体以及印刷品、电视和广播媒体，一般记者、企业记者和行业记者的本质区别。
- 检查需要进行沟通的主要信息。
- 回答可能提出的惯常和困难的问题。
- 讨论进行有效沟通的要点和技巧（例如，克服恐惧感和紧张感、恰当的身体语言、眼神的交流和服装）。
- 新闻发布会或媒体说明会的排演录像（广播训练则是排演录音），或是由资深采访者进行的精彩访问或演讲。
- 用于提醒的活页或手册，以备必要时使用。

五、对主要员工进行培训

对主要员工进行培训的主要内容有：快速反应训练，在电话、电台讲话的培训以及接受电视采访的训练，一些设备、工具的使用训练等。受训人员需配备有效的通信工具，一般的通信手段可能难以应付重大的应急任务。

六、事先拟订应付危机的新闻计划

因为一旦危机发生，组织在处理新闻发布方面的做法可以决定该事件对公众所引起的注意程度，而新闻界的报道对组织的信誉又能产生极大影响，所以应设有专人负责与新闻界联系，包括平时同新闻界建立良好的关系，使新闻界对组织的基本情况有明确的了解，当危机发生后能迅速做出反应，能用大众容易听懂的语言对事件做介绍。同时,组织也减少了来自新闻界的危机。

七、安慰受害者及其家属

公关人员要以高度的同情心去关心慰问受害者及其家属,对于他们的批评意见乃至严词责难,要耐心倾听,为受害者及其家属尽力做到一切可能做到的福利安排。

如果受害人及其家属在情绪激动的时候出现了过分的言辞,提出过分的要求,公关人员也要耐心倾听,不要急于争辩和解释,应在其情绪平静下来之后,再谈及具体的要求和条件。应该明确,危机事件的处理是面对整个公众,要争取广大公众的同情和谅解。对受害者及其家属的赔偿要合理,最好能满足他们的要求。

八、同可能需要求援的单位建立联系

注意与医院、消防部门、公安局、邻近的部队、科研单位、兄弟单位等建立联系,让它们了解组织的基本情况以及组织在危机发生时可能在哪些方面需要帮助。这样,当危机发生时,救援单位就可以准确无误地提供组织所需的帮助和支持。

以上我们介绍了如何应付危机事件的计划程序。由于危机事件的发生是不可知的,所以我们依照这个计划程序,事先做好准备,就能在危机发生时做出迅速的反应,使危机带来的灾难和损失减少到最小的程度。

第三节　危机公关的处理

一、危机公关处理的重要意义

1. 妥善处理危机可以减少组织的损失

妥善处理危机事件,迅速控制事态的发展,能使组织的损失减

少到最小限度。这对于事后迅速恢复生产经营活动具有重要意义。

2. 妥善处理危机可以维护组织的形象

组织形象是组织的重要资源。无论是纠纷事件,还是突发事件,都会给组织带来一定的形象损失。公关人员应以维护组织形象为己任,处理好危机事件,这对于维护组织形象具有重要意义。

3. 妥善处理危机可以增强内部团结

处理危机事件不仅是对组织凝聚力的检验,也是加强内部团结的好时机。

4. 妥善处理危机可以创造经营时机

在处理危机事件中,公关人员应树立“妥善处理危机就等于盈利”的观念。成功的组织与失败的组织之间的差别,并不在于是否出现过与公众的纠纷和危机事件,而在于出现危机后所采取的截然不同的处理方法,即借助于处理危机事件创造有利的经营因素和条件。

二、危机处理的方针

危机事件一般都出乎人们的意料之外,舆论影响较大,时间比较紧急,处理起来比较棘手。公关部门在处理危机事件时应遵循的方针有:①保持镇定,判明情况;②最大限度地平衡组织与公众的利益;③真实报道,争取主动;④积极善后,控制局势,平息风波,挽回形象。

三、危机处理的程序

由于危机的不断发生,许多组织已拥有一套处理危机事件的程序,以便灾难来临时及时处理,将损失减少到最低程度。

1. 查清事故全貌

无论应急计划准备得多么完善,也不可能使危机的发生和预先准备的方案完全合拍，所以当危机来临时，优秀的公关人员及组织领导者必须具备良好的心理素质，首先应该保持镇静，接受既成的事实而不惊惶失措，然后应迅速查明有关事故的基本情况，包括：

(1)查明事故的种类、事故发生的时间和发现时间、事故发生的地点和发生的原因。

(2)查清事故的后果和影响，如人身的伤亡和严重程度以及在什么医院接受治疗、本组织设施损失的状况和价值、公共设施损害的程度和范围、其他组织的损失情况以及这些后果将会造成什么社会影响。

(3)查清事故的现状怎样。它是否还在发展，或者已经得到有效的控制，控制措施的实施情况如何；如果事故还在发展，原因是什么；怎样才能使事故得到控制。

(4)事故的发展结果如何；采取措施后的效果以及可能出现的社会影响有哪些。

(5)本次事故牵涉的公众对象有哪些，直接及间接的受害者有哪些，与事故具有直接和间接责任或利害关系的组织或个人有哪些，与事故处理有关的机构有哪些。

2. 迅速隔离、控制危机

在查清事故的同时，要迅速隔离、控制危机，以免危机蔓延扩大。隔离、控制危机可从两方面着手：

(1)人员隔离，即把人员划分为处理危机的和维持日常工作的两部分。规定领导人中何人专司危机管理，何人负责日常工作；一般人员中，哪些人参加危机处理，哪里人坚守原工作岗位。不能因危机发生造成日常管理无人负责，日常工作无人从事而使组织陷入混乱，造成更大的危机。

(2)危机隔离，即对危机本身实施隔离。对危机的隔离在发出警报时就应开始。警告信号应明确表示危机的范围，以便保持其他部分的正常工作秩序，减小危机损失，同时也为危机处理创造了条件。例如,处理列车事故,除了抢救伤员以外,最重要的是开通线路。如果线路不通,危机危害就会不停地扩大,所引起的连锁反应也会不停地延展。只要线路一开通,危机就基本被隔离,就不会影响全局了。

处理危机应当机立断,及时采取措施,力求在危机危害膨胀前控制住危机。

3. 危机处理对策

事件发生后立即成立一个专门机构,确定一名主要负责人全权负责,制定事件的基本对策和善后工作。

(1)组织内部对策。要号召全体员工齐心协力,共渡难关,要确定对外宣传的统一口径。应立即采取措施制止事件的继续发展,然后全力进行抢救和善后工作。

如果是不合格产品引起的恶性事故,应立即收回不合格产品,或立即组织检修队伍,对不合格产品逐个检验,通知销售部门立即停止出售这类产品。然后,详细地追查原因,立即改进。

如果是由于外界误解或人为破坏造成的严重的产品、企业信誉危机,大的劳动纠纷或股票交易危机和市场危机,要立即查清原因,调动一切力量采取各种措施,公布事实真相,缓解矛盾,挽回形象。

(2)受害者对策。这是针对事件中有人员伤亡或财产受损害者而言的。无论是组织内的员工还是组织外的人员,都应立即通知其家属、亲人,并想尽一切办法进行抢救和善后工作。在和受害者及家属接触时要非常谨慎,要实事求是地承担责任,并尽可能提供他们所需的服务,满足他们的要求,如吊唁或探视。应冷静地倾听受害者的意见,要避免在事故现场与受害者发生争执,即使受害者有一定责任,也不要在现场追究。在有人员受伤特别是有人死亡时,要注意通知方式,避免给受害者亲属突如其来的心灵打击。要把事实真相毫不隐瞒地告诉受害者及亲属,并表示歉意、安慰和同情。隐瞒真相是危险的，它会增加受害者及亲属的焦虑和不安，甚至会因认为自己被欺骗而采取报复行动。要耐心等待受害者及亲属充分宣泄了他们的愤怒、悲伤和不满后，再同他们理智地商谈有关赔偿问题，千万不要在他们怒气未消时就急着谈具体问题，那会引起麻烦。在商谈中要耐心听取他们的意见，最后共同确定赔偿损失的办法。在处理事件的过程中，如无特殊情况，不要更换负责处理工作的人员。

危机事件中，对受害者来说，身体上的伤痛可以得到治疗，但心理上的创伤难以抚慰。受害者在经历了惨烈的场景或失去家庭、亲人的悲痛后，常常会被心理阴影所困扰，如不及时诊治，心理伤害便会转化成躯体疾病。因此，实行灾后精神卫生干预，引入心理治疗方法，医治灾害给人带来的心理创伤和痛苦尤为重要，这在实践中已得到人们的重视。如 2004 年 2 月 5 日，北京密云县密虹公园发生的拥挤踩踏事件使 37 人死亡，多人受伤，密云县政府在处理灾难事件的过程中，就组织了 37 个安慰小组，分赴 37 名死亡人员家庭中进行心理抚慰，收到了很好的效果。

(3)消费者对策。对上门追究、询问的人，应妥善接待，并将事故真相坦率相告，并代表组织表示歉意；另外可通过零售代销部门向消费者分发有关事故的书面材料；如果涉及面较广，可通过报刊、广播、电视等媒体公布事故经过及处理方法。如杭州某家商场曾有一次出现将腈纶毛衫当作羊毛衫误卖的差错，有人前去投诉，但更多的人是对这家商场议论纷纷，连呼受骗上当。为了商场的声誉，也为了消费者的利益，该商场马上在《杭州日报》上登出广告，即凡是在他们商场将某种牌子的腈纶衫误当羊毛衫买去的顾客，都可以去退货或补给差价。

(4)新闻界对策。在危机期间，新闻媒体将自始至终对事件的发展抱关注态度。如何对待新闻界，将成为组织的一项重要任务。组织的形象重建过程将与第一次宣布危机同时开始。

首先要明确一个基本原则，即真实传播，绝不能隐瞒事实真相。隐瞒事实真相只会引起新闻界的猜疑和反感，促使他们千方百计地去挖掘消息，从各种渠道获得材料，甚至凭自己的主观感觉和推测做出判断，这就很不利于组织。明智的做法是保持一条开放的信息渠道，公布事实真相，公开表明组织的立场和态度，勇于承认错误和承担责任。危机事件发生后，首先得到信息的应该是本组织的人员，假如组织对危机的消息不清楚，而是先由社会上传起流言，然后被记者们电话提问，那么组织将处于被动应付的窘迫中。

组织应确定一位高级负责人作为组织的代言人，由他向新闻界讲述事故的发生原因和经过，以及组织正在采取的补救措施。

在公布事实前，组织内部先要统一认识和口径，注意措辞。说明事故时应简明扼要，避免使用技术术语和晦涩难懂的词句，必要时，可以准备一份书面材料发给记者，以免在记者们连珠炮似的提问下做出不合适的回答，使得报道失实。

对待新闻界应尽量主动、合作，但如遇到确实不宜发表的消息，也不要简单地表示“无可奉告”，而应妥善地说明理由，求得记者的同情与谅解。

组织的公关人员和在危机现场的工作人员应将最新的已确定的材料报告给组织的发言人，由他向新闻界通告。有些消息（如伤亡者的姓名）在通知家属之前不要先透露给新闻界，否则会给家属带来更大的不幸。

可建立一个临时记者接待站，集中向他们提供有关情况，如事故的发展情况、组织对受害者的赔偿情况、正在采取的抢救措施等；还可安排记者参观事故现场，但对摄影者要慎重控制、检查，因为记者出于职业习惯，有可能会有意无意地歪曲事实，用夸张的手法来拍摄。

要随时注意纠正错误信息。公关人员应随时注意新闻媒体有关事故的报道情况，发生错误应及时纠正，并提供事实真相。因为记者除了从本组织获取材料、信息外，还有其他信息来源，如消防队、公安局、现场目击者、医院等。

事件处理完后，可通过新闻媒体发表致歉广告，表示对社会公众的歉意和组织知错必改的态度，同时感谢有关方面的帮助和支持。

四、危机后的形象重塑

正如无法准确预料危机是否会出现一样，危机后舆论将持续多久也无法预料，所以在危机事件处理完毕之后，公关部门的工作是要尽快进行形象重塑工作，尽快恢复组织在社会公众心目中的形象和声誉，赢得社会公众的谅解和信任。危机事件往往是组织向社会显示其高超的传播能力及生存能力的好机会。

例如，日本名古屋褚木电力公司曾因污染当地海水，严重影响渔民生计而引起渔民们的强烈抗议，公司形象严重受损，在环境污染风波平息以后又因电的成本提高而引起消费者的不满，所以在以后的几年中，公司花了很大力气开展了一系列消费者亲善运动，尤其是让公司的每一位职工在工作时间访问顾客，让公众了解能源的困境以及公司正在采取的措施。逐渐地，公司在公众心目中的形象随着亲善活动而改变了。

第四节　危机公关管理中的沟通

尽管组织为防范危机的发生已经做了最大努力，但危机会随时降临。当危机发生时，除依据计划与程序确保危机不会对组织造成较大的危害外，制定在危机发生期间和危机发生后如何与公众进行沟通的战略决策也是组织在管理危机中所要做的最重要的决策。沟通战略决策的制定和实施决定危机的发展，决定危机是在几天后就被公众遗忘呢，还是拖延下去，影响企业数年之久。

一、在危机发生时如何进行沟通

先看案例。

某干洗店收到了10位两天前取走衣物的顾客的投诉。这10位顾客都投诉说穿上新干洗的衣服后皮肤发痒。干洗店的所有人和经理检查了过去两天使用的干洗方法，意识到是一位新员工将干洗用的化学溶液配错了。

“我们应该怎么办?”经理问道，“我们应该给每一位顾客打电话告诉他们这件事吗?”“我们不需要告诉那些在过去两天没有来干洗的顾客。”干洗店所有人说，“我们首先要改变化学溶液，以保证其他的衣物不会再使用配错的溶液。然后，我们给所有在过去两天干洗过衣物的顾客打电话道歉。告诉他们我们将免费再为他们清洗一下衣物，并赠与另外一次免费干洗。我们要承认错误，告诉他们我们已经改正了错误，而且以后不会再犯同样的错误。”

这个例子告诉了我们在危机中如何进行沟通。

首先，要确定问题，解决问题。这是沟通的前提条件和基础。干洗店根据顾客的投诉发现是化学溶液出了问题，在继续使用之前迅速改变了溶液，并向公众证明组织已认清了问题，已经采取了解决的措施。

其次，确定需要进行沟通的公众及沟通的程度。危机中需要进行沟通的程度直接同危机本身的复杂程度和受到影响的社会公众相关。决定沟通程度最容易的方法就是把它同每一位主要社会公众联系起来加以考虑:“如果我是他们，我会对发生的情况有疑问吗？如果我没有得到任何消息，我会不会觉得有些难受或是不安呢?”如果回答肯定，则需要加大沟通的力度。例如，干洗店决定联系那些受到影响的顾客，并迅速决定如何向他们和其他一些顾客解释错误。

再次，对沟通的内容进行选择。考虑一下危机会影响到谁以及他们是怎样受到潜在影响的。例如，干洗店选定避免失去顾客的最好方法就是免费再为顾客干洗一次衣服，并提供下次干洗免费的优惠。

最后，沟通时要注意的问题。

据实报道。当你想要遮掩最初歪曲的事实时，一个小小的谎言往往会变成一连串的谎言。这是企业在危机中最不应该犯的错误。

不要对假设发表评论。新闻媒体经常会询问对某些假设情况的看法。“如果……发生的话，你会做什么？”“如果……发生，你的企业会怎么反应？”约束自己不要对假设发表评论。

传递给对方一种强烈的感觉。许多时候，当危机发生以后，向对方传达一种诚实、坦诚、可接近的强烈感觉是很重要的。这是有效管理危机的最重要的因素之一。

保持冷静。不要给人留下惊惶失措的印象。

决策果断。向你的社会公众证明危机会很快得到有效控制和解决。危机迫使企业和它的高层管理者加快步伐，迅速做出明确的决策。在危机发生的早期，证明你的能力和对局势的控制很重要。

不说“无可奉告”。说“无可奉告”只能表明你是一个从未管理过危机的人。

把坏消息一次性传达。如果可能，把所有坏消息一次性传达，这要比企业一次次进行传达、一次次让企业难受更有利。

要有能获得社会公众反馈和建议的方法。仅仅是简单地提供信息是不够的，还应从员工、顾客、经销商和其他社会公众那里得到反馈、建议和想法。无法进行充分的双向沟通常常会导致关系的破裂。

不要停止沟通，很多企业会犯这个错误。

二、在危机发生时如何与员工沟通

1. 危机中与员工沟通的重要性

危机专家认为，在危机中员工是第一类需要进行沟通的人。在所有公众中，员工一般是最复杂和最敏感的。他们既可能成为企业最可信、最强大的同盟军、支持者，也有可能成为企业最大的、极具破坏性的敌对者、反对者。当他们在两者之间进行选择时，沟通会起到关键作用。因此，在企业遭遇危机时，如何与员工进行及时的、开诚布公的沟通，让员工对企业的危机情况有一定的了解，以获得员工对企业的支持就显得尤为重要。

2. 如何与员工进行有效沟通

下列几种做法已被实践证明是卓有成效的，可以指导企业在危机中与员工进行沟通。

(1)在危机发生后尽快和员工沟通。员工们相信他们应该得到在通过其他途径了解情况之前获知任何对企业有影响的事情的权利。让员工们清楚地知道企业要传递哪些信息，让他们知道有关危机的尽可能多的情况。员工们知道得越多，就越觉得自己被信任，自己对企业越重要，就越有可能支持企业。

(2)要为员工提供更多的机会来提问、反馈、提建议和表达看法。在危机发生过程中和危机发生后，员工需要机会来提问题、提建议和表达看法，或发泄不满，或与管理者及其他人员争论。企业应该通过诸如个人对个人，部门、小组或员工会议，员工热线，公告牌，电子邮件及员工调查等途径给他们机会。

(3)用自己希望被对待的方式来对待员工。在所有的沟通活动中这是一个重要的指导性原则。站在员工的立场上，想一想如果你是他们，那么你想知道什么，企业有义务告诉你什么，你希望通过什么途径知道这些消息，你希望隔多长时间知道这些消息。

(4)选派合适的、有效率的发言人。要确定需要传达的信息以及企业中最合适的、能够最有效率地传达此信息的人员。在危机事件中，一般由企业决策层的领导担任发言人比较合适，因为其所发布的信息可信度高，能够承诺兑现。

（5）用各种方式和员工进行沟通。如员工大会、部门会议、单独会见、写信、电话、员工简讯或公告牌、录像展示、备忘录、工资袋、发电子邮件等。

三、在危机中如何与顾客沟通

企业在危机期间与顾客沟通时，应注意以下几点：

第一，要搞清楚企业遇到了什么问题，问题发展的程度，这些问题会影响或牵涉哪些顾客等。在企业与顾客沟通之前把这些情况搞清楚，将信息定位，是非常重要的。虽然这是一个理想化的沟通过程，但对企业解决问题来说永远是有益的。

第二，向顾客传达信息。危机发生后，如果顾客有可能从企业竞争对手、企业投资者、新闻媒体等渠道来获得信息，企业就应该确保第一个直接向顾客传达信息。

企业应该就顾客所关注的那一部分核心内容与顾客进行沟通，包括：

- 已经发生的具体问题或危机。问题是什么？危害性有多大？对顾客的影响如何？
- 问题是如何发生的？有多严重？
- 危机对企业的影响。危机对企业应对顾客承担的责任有什么影响（服务、产品、承诺、最后期限）？它是否会从整体上影响企业？
- 所采取的措施。企业采取了哪些有效控制危机的措施？企业又采取了哪些措施以防止危机的再次发生？这些措施会对顾客有何影响？
- 如果事情发生了实质性的变化，顾客应该得到通知。什么时候顾客会从企业那里再得到有关消息？以后企业以何种方式与顾客联系？

● 对顾客的关心、支持表示感谢。特别是危机影响到顾客的时候，需要对顾客进行额外的激励以便留住他们，感谢顾客一如既往的支持。

企业与顾客交流沟通时，要客观、真实、开诚布公，不要故意封锁坏消息。如果把所遇到的问题或危机坦率地说出来，有可能得到顾客的谅解，但如果对顾客隐瞒事实真相，企业就可能再没有机会得到顾客的谅解了。

如果危机是企业自身的原因所致，企业就应勇敢地承认错误，承担责任，并且向顾客传递企业正在采取确保错误不再发生的措施，向顾客表达企业的积极态度。

第三，使用不同的方式与顾客进行沟通。在危机中与顾客最有效地进行沟通的方式主要包括：

（1）会谈。如果有时间，并且危机对一些重要顾客已经产生了严重影响，就有必要安排一些面对面的会谈，向顾客解释当前的状况并解除他们的疑虑。

（2）打电话。危机期间由于时间紧张和需要联系的方面较多，打电话是沟通的好方法。

（3）写信。写信也是一个很好的沟通方式。如果时间较紧，信件最好用传真的形式发出去。

（4）顾客简讯或特殊公告牌。在危机中，定期向顾客发布一些简讯是一种非常有效的交流工具。组织可以推出一种特殊的、类似公告牌性质的简讯来更及时地发布信息。

（5）电子邮件。组织应有顾客的 E-mail 地址，并把它作为危机计划的一个最初的组成部分。现在很多顾客都通过电子邮件来处理自己的商务活动，通过 E-mail 的方式来让顾客了解组织的危机是一种有效的方法。

（6）互联网站。如果组织拥有自己的 Web 网站，就必须及时更新网站中有关目前危机情况、相关分析、问题的回答等内容。有些顾客会通过查询组织网站来判断组织在危机中所处的境况及将来的发展情况。

（7）顾客热线。为顾客提供一种便捷的方式使其能够从公司得到问题的答案并进行反馈和提供建议是非常重要的。最可能实现的方式就是建立一条免费的顾客热线。这条热线可以由高级经理来负责，但一般情况下是由经过培训的营销员工来负责回答顾客提出的问题。通过建立一个交互式的语言程序可以通知顾客一些重要的新闻或者收集顾客对一些问题的意见。告诉顾客热线电话号码，鼓励他们当遇到问题或有所担心的时候打热线电话。

（8）新闻媒体。在组织与顾客交流沟通的同时，顾客也会通过看报纸、看电视、听广播来得到企业的信息。这些信息只要与企业先前对顾客所做出的承诺不一致，组织对顾客所有积极的努力就会付诸东流。因此，组织要学会与媒体合作，并且确保给它们的消息与给顾客的相一致。

四、在危机中如何与新闻媒体沟通

在危机中，组织可以采用以下方法与新闻媒体进行沟通。

1. 新闻稿

新闻稿是由组织拟写的，用来发布有关组织的信息和看法的新闻报道。通常，新闻稿要通过媒体传播服务机构（例如公关新闻热线或企业网）分发给大量的媒体机构，或者通过传真或邮寄的形式分发给特定的机构。在组织希望把同样的信息同时传递给多家机构的时候，采用新闻稿是最有效的。在多数情况下，新闻稿应该在组织希望媒体报道的时候才使用。

2. 个别联系

当组织要提供特定的线索或消息给独家媒体机构时，最好是采用一对一的电话交谈或面谈。采用这种方法，通常被认为是“提供独家新闻”，可以帮助组织获得一个重要媒体机构对组织的深入报道。在危机中，当组织愿意提供更多的背景情况和消息给特定的记者，或者报道中的错误需要更正时，与个别媒体联系是最好的方法。

3. 新闻发布会或媒体说明会

在危机中，如果事件引起了社会较大的关注，组织应考虑召开新闻发布会或媒体说明会。但是否要这样做，一定要慎重考虑，因为这样做有可能招致大量对公司不利的报道。

4. 媒体采访

组织应派几名发言人应付媒体采访。发言人的选择范围应包括组织的高层管理人员和公关代表。尽管有时组织谢绝采访会更有利，但最好还是不断与媒体加强一些重要信息的沟通，并证实所有可以证实的事情。如果组织不愿出现在摄像机前或电台中，或者不做正面回答，也可以诚恳地谢绝并解释为什么这么做。

5. 电子邮件

比起其他的沟通形式，越来越多的记者和编辑更喜欢利用电子邮件通讯。如果组织的消息相对简要而又比较直接，采用这种形式最合适。

6. 状况分析书

状况分析书一般是公司对特定事件所进行的综合分析，并把它发放给主要的记者、社论作者和编辑。状况分析书有助于强化组织的重要信息，但在篇幅上要有所控制，一般不要超过3页。

7. 卫星采访

在危机中如果组织确信由于来自其他地区的电视台无法到组织所在地区进行采访，因而会对组织的情况进行错误的报道时，可以利用卫星采访技术与它们沟通。

附　录

一、资料阅读

1. 不经历风雨，怎能见彩虹
——从爱立信的危机公关引出危机管理课题

王胜颜

“天有不测风云”

一则“爱立信宣布设在巴西、马来西亚、瑞典和英国的手机制造工厂以及部分美国工厂将由总部设在新加坡的一家公司接管经营”的消息，随后被众多媒体直接演绎为“爱立信退出手机生产领域”。一时间关于爱立信的各种猜测诸如亏损问题、质量问题充斥报端，使多年苦心经营建立起来的爱立信品牌形象与公司信誉遭到重创。

正当人们静观事态进一步演进时，爱立信开始沉着地“反击”——使用一切可能的手段向世人说明事情的真相，消除人们对爱立信退出手机生产的误会。爱立信中国总部的媒介负责人周茜小姐在公司调整的消息宣布之后，向有关客户发出了数以千计的电子邮件，回复了各种渠道的咨询电话。在随后的一周内，先后组织了两次新闻发布会，目的只有一个，告诉世人爱立信调整生产战略的真实目的。

随后,新上任的爱立信中国公司执行副总裁苏德瑞南下广州,会见各路媒体记者,就爱立信“危机”中的质量问题,“火灾”起因回答了媒体的提问,消除了以前的许多误传。

危机管理

有关管理专家在分析爱立信近期的一系列举动后指出,爱立信正在向世人展示一个成熟强大的跨国公司如何去应对突如其来的“风暴”的艺术,管理学上的术语叫作“危机管理”。爱立信在事件之初采取的手段包括控制住信息的发布源,防止危机信息再度错误扩散等,都包含在危机管理的范畴内。

专家们指出,企业如何面对危机是评价一个企业成熟与否的重要尺度。若处理不当,则会使企业的信誉度更加急速地下降。我国的一家营养口服液企业,由于面对“消费者中毒”事件补救措施不当,导致企业从此一蹶不振。而世界著名跨国公司可口可乐也曾在1999年上半年遭遇“消费者中毒事件”,后来公司采取一系列紧急危机公关措施,使自身在短时间内便转危为安。

爱立信的“危机管理”也证明了其不愧为强大的跨国公司,为我们的企业经营管理者上了生动的一课。

让“危机”成为财富

“危机管理”起源于西方管理学中的“救灾式管理”,指利用灾难激发人们的危机感、责任感,最大限度地发挥人的潜力,以期产生特殊效果,在经营中转败为胜。危机管理的根本目的是,以精神激励方式调动人们的危机意识,使之产生一种心理上的危机效应,使人们舍弃各种利益需要,从而同舟共济,共渡难关。如果企业建立了相应的危机管理机制,那么企业面对危机时就会从容应对,同时还会大大提高企业的形象美誉度。巧妙地利用好危机管理,企业领导者就能演出一幕幕壮观的好戏来。

爱立信事件的变化将继续证明这一点。

（摘自2001年2月16日《经济日报》）

2. 国家突发公共事件总体应急预案①

1　总则

1.1　编制目的

提高政府保障公共安全和处置突发公共事件的能力，最大程度地预防和减少突发公共事件及其造成的损害，保障公众的生命财产安全，维护国家安全和社会稳定，促进经济社会全面、协调、可持续发展。

1.2　编制依据

依据宪法及有关法律、行政法规，制定本预案。

1.3　分类分级

本预案所称突发公共事件是指突然发生，造成或者可能造成重大人员伤亡、财产损失、生态环境破坏和严重社会危害，危及公共安全的紧急事件。

根据突发公共事件的发生过程、性质和机理，突发公共事件主要分为以下四类：

（1）自然灾害。主要包括水旱灾害，气象灾害，地震灾害，地质灾害，海洋灾害，生物灾害和森林草原火灾等。

（2）事故灾难。主要包括工矿商贸等企业的各类安全事故，交

① 来源：新华网，2006年1月8日。

通运输事故，公共设施和设备事故，环境污染和生态破坏事件等。

（3）公共卫生事件。主要包括传染病疫情，群体性不明原因疾病，食品安全和职业危害，动物疫情，以及其他严重影响公众健康和生命安全的事件。

（4）社会安全事件。主要包括恐怖袭击事件，经济安全事件和涉外突发事件等。

各类突发公共事件按照其性质、严重程度、可控性和影响范围等因素，一般分为四级：Ⅰ级（特别重大）、Ⅱ级（重大）、Ⅲ级（较大）和Ⅳ级（一般）。

1.4　适用范围

本预案适用于涉及跨省级行政区划的，或超出事发地省级人民政府处置能力的特别重大突发公共事件应对工作。

本预案指导全国的突发公共事件应对工作。

1.5　工作原则

（1）以人为本，减少危害。切实履行政府的社会管理和公共服务职能，把保障公众健康和生命财产安全作为首要任务，最大程度地减少突发公共事件及其造成的人员伤亡和危害。

（2）居安思危，预防为主。高度重视公共安全工作，常抓不懈，防患于未然。增强忧患意识，坚持预防与应急相结合，常态与非常态相结合，做好应对突发公共事件的各项准备工作。

（3）统一领导，分级负责。在党中央、国务院的统一领导下，建立健全分类管理、分级负责，条块结合、属地管理为主的应急管理体制，在各级党委领导下，实行行政领导责任制，充分发挥专业应急指挥机构的作用。

（4）依法规范，加强管理。依据有关法律和行政法规，加强应急管理，维护公众的合法权益，使应对突发公共事件的工作规范化、制度化、法制化。

（5）快速反应，协同应对。加强以属地管理为主的应急处置队伍建设,建立联动协调制度,充分动员和发挥乡镇、社区、企事业单位、社会团体和志愿者队伍的作用,依靠公众力量,形成统一指挥、反应灵敏、功能齐全、协调有序、运转高效的应急管理机制。

(6)依靠科技,提高素质。加强公共安全科学研究和技术开发,采用先进的监测、预测、预警、预防和应急处置技术及设施,充分发挥专家队伍和专业人员的作用,提高应对突发公共事件的科技水平和指挥能力,避免发生次生、衍生事件;加强宣传和培训教育工作,提高公众自救、互救和应对各类突发公共事件的综合素质。

1.6 应急预案体系

全国突发公共事件应急预案体系包括:

(1)突发公共事件总体应急预案。总体应急预案是全国应急预案体系的总纲,是国务院应对特别重大突发公共事件的规范性文件。

(2)突发公共事件专项应急预案。专项应急预案主要是国务院及其有关部门为应对某一类型或某几种类型突发公共事件而制定的应急预案。

(3)突发公共事件部门应急预案。部门应急预案是国务院有关部门根据总体应急预案、专项应急预案和部门职责为应对突发公共事件制定的预案。

(4)突发公共事件地方应急预案。具体包括:省级人民政府的突发公共事件总体应急预案、专项应急预案和部门应急预案;各市(地)、县(市)人民政府及其基层政权组织的突发公共事件应急预案。上述预案在省级人民政府的领导下,按照分类管理、分级负责的原则,由地方人民政府及其有关部门分别制定。

(5)企事业单位根据有关法律法规制定的应急预案。

(6)举办大型会展和文化体育等重大活动,主办单位应当制定应急预案。各类预案将根据实际情况变化不断补充、完善。

2　组织体系

2.1　领导机构

国务院是突发公共事件应急管理工作的最高行政领导机构。在国务院总理领导下，由国务院常务会议和国家相关突发公共事件应急指挥机构（以下简称相关应急指挥机构）负责突发公共事件的应急管理工作；必要时，派出国务院工作组指导有关工作。

2.2　办事机构

国务院办公厅设国务院应急管理办公室，履行值守应急、信息汇总和综合协调职责，发挥运转枢纽作用。

2.3　工作机构

国务院有关部门依据有关法律、行政法规和各自的职责，负责相关类别突发公共事件的应急管理工作。具体负责相关类别的突发公共事件专项和部门应急预案的起草与实施，贯彻落实国务院有关决定事项。

2.4　地方机构

地方各级人民政府是本行政区域突发公共事件应急管理工作的行政领导机构，负责本行政区域各类突发公共事件的应对工作。

2.5　专家组

国务院和各应急管理机构建立各类专业人才库，可以根据实际需要聘请有关专家组成专家组，为应急管理提供决策建议，必要时参加突发公共事件的应急处置工作。

3　运行机制

3.1　预测与预警

各地区、各部门要针对各种可能发生的突发公共事件，完善预测预警机制，建立预测预警系统，开展风险分析，做到早发现、早报告、早处置。

3.1.1　预警级别和发布

根据预测分析结果,对可能发生和可以预警的突发公共事件进行预警。预警级别依据突发公共事件可能造成的危害程度、紧急程度和发展势态,一般划分为四级:Ⅰ级(特别严重)、Ⅱ级(严重)、Ⅲ级(较重)和Ⅳ级(一般),依次用红色、橙色、黄色和蓝色表示。

预警信息包括突发公共事件的类别、预警级别、起始时间、可能影响范围、警示事项、应采取的措施和发布机关等。

预警信息的发布、调整和解除可通过广播、电视、报刊、通信、信息网络、警报器、宣传车或组织人员逐户通知等方式进行,对老、幼、病、残、孕等特殊人群以及学校等特殊场所和警报盲区应当采取有针对性的公告方式。

3.2　应急处置

3.2.1　信息报告

特别重大或者重大突发公共事件发生后,各地区、各部门要立即报告,最迟不得超过4个小时,同时通报有关地区和部门。应急处置过程中,要及时续报有关情况。

3.2.2　先期处置

突发公共事件发生后,事发地的省级人民政府或者国务院有关部门在报告特别重大、重大突发公共事件信息的同时,要根据职责和规定的权限启动相关应急预案,及时、有效地进行处置,控制事态。

在境外发生涉及中国公民和机构的突发事件,我驻外使领馆、国务院有关部门和有关地方人民政府要采取措施控制事态发展,组织开展应急救援工作。

3.2.3　应急响应

对于先期处置未能有效控制事态的特别重大突发公共事件,要及时启动相关预案,由国务院相关应急指挥机构或国务院工作组统一指挥或指导有关地区、部门开展处置工作。

现场应急指挥机构负责现场的应急处置工作。

需要多个国务院相关部门共同参与处置的突发公共事件，由该类突发公共事件的业务主管部门牵头，其他部门予以协助。

3.2.4　应急结束

特别重大突发公共事件应急处置工作结束，或者相关危险因素消除后，现场应急指挥机构予以撤销。

3.3　恢复与重建

3.3.1　善后处置

要积极稳妥、深入细致地做好善后处置工作。对突发公共事件中的伤亡人员、应急处置工作人员，以及紧急调集、征用有关单位及个人的物资，要按照规定给予抚恤、补助或补偿，并提供心理及司法援助。有关部门要做好疫病防治和环境污染消除工作。保险监管机构督促有关保险机构及时做好有关单位和个人损失的理赔工作。

3.3.2　调查与评估

要对特别重大突发公共事件的起因、性质、影响、责任、经验教训和恢复重建等问题进行调查评估。

3.3.3　恢复重建

根据受灾地区恢复重建计划组织实施恢复重建工作。

3.4　信息发布

突发公共事件的信息发布应当及时、准确、客观、全面。事件发生的第一时间要向社会发布简要信息，随后发布初步核实情况、政府应对措施和公众防范措施等，并根据事件处置情况做好后续发布工作。

信息发布形式主要包括授权发布、散发新闻稿、组织报道、接受记者采访、举行新闻发布会等。

二、案例讨论

不该发生的流血事件

××××年初，陕西省××县建成了一座电石厂。该厂坐落在距县城5公里处的××村附近，在正常生产条件下，该厂年上缴税可达200多万元，是该县重要的企业。

这一年的秋冬，气候出现了异常的变化，该地区的树木及家畜死亡率增高，特别是公路两边的白杨树枯死状况尤为严重。当地群众议论纷纷，认为往年都没有这种情况，电石厂一上马就出现树死畜亡的现象，肯定是由于电石厂排放废气所致。群众纷纷登门抗议并制造事端。面对群众的呼声，厂领导束手无策，只好求助于县政府出面解决。但由于政府工作繁忙，耽误了时机。当地村民一气之下，切断了通往工厂的唯一一条大路，致使工厂原料及产品无法出入，只好关门停产。县政府见状，立即派公安部门出面解决，几名干警在执行公务中与村民发生了冲突，使事态越发严重。第二天，公安部门又抽调40多名身强力壮的干警抵达现场，面对400多名手持铁锹镢头的村民，干警们经过多方劝说仍无效果，终于发生了冲突。最后虽然抓了两名带头者，但10余名干警不同程度地受了伤，问题却丝毫没有解决，以后官司一直打到中央。《法制周报》对此事进行了报道，公布于全国。

问题：假若你是电石厂厂长，那么从事件发生起，你将如何运用公关方法，使事件解决得比较妥当？断路之后，问题更复杂了，又如何处理这个危机公关，以达到化干戈为玉帛的目的。假若你是县政府领导，你又该怎样做？

三、危机处理能力测试

测试说明

生活中难免会碰上一些让人意料不到的事情，而对于一些突如其来的变化，有的人能够冷静、积极地采取应变措施来缓和、克服困难，有的人则犹豫不决，手足无措。

下面列出的是10种不同的意外情景，请你如实地说出你习惯上或可能会做出的应急反应。本组试题是测试你的应急能力。

测试题

1. 你在一条僻静的街道上散步，忽然听到一声震耳欲聋的巨响，这时你：

A. 被震惊了一下，但是很快转向巨响的位置，判断出发生巨响的原因

B. 被吓得尖叫一声，本能地转向巨响传来的方位，即使判断出了巨响的原因，心还在怦怦乱跳

C. 被吓得连叫带跳，不由自主地东张西望，心怦怦乱跳，两脚发软

（　　）

2. 你骑自行车下班回家，途中看见马路对面发生了一起车祸。这时你：

A. 放下自行车，很快穿过马路，看是否能助一臂之力

B. 有点儿害怕，但还是走过去看个究竟

C. 看到这种场面心惊肉跳，甚至连看都不敢看一眼就离开了

（　　）

3. 你在电影、电视屏幕上看到德国侵略军砍杀战俘人头的情景时：

A. 有点儿震惊，但并不害怕

B. 感到害怕，赶快把目光转开

C. 很注意，想仔细看个究竟

（　　）

4. 你到朋友家去串门,发现朋友家发生了一件不幸的事情。他们全家都沉浸在悲痛之中,这时你:

A. 尽快向邻居或朋友本人简单了解一下事情发生的大概情况,安慰并帮助朋友

B. 说几句安慰的话,不知怎么办才好

C. 什么都说不出来,也不知怎么办,或和朋友一起悲痛

( )

5. 你骑车急驶到拐弯的地方,突然看到前面有一个小伙子也急驶而来。这时你会:

A. 急着提醒对方,并尽快刹车

B. 还没搞清怎么回事就撞上去了

C. 迅速调整自行车方向,避开对方

( )

6. 你正在聚精会神地考虑处理一件意外事情的对策,突然有人来告诉你一件与你手头无关的事情,这时你会:

A. 只记住其中的一部分

B. 顾不上听,没印象

C. 记得清清楚楚

( )

7. 平时你身体很好,但是在体检时医生告诉你身上某个部位需要动手术,听到这个消息后,你会:

A. 终日提心吊胆,惶恐不安,担心手术会出问题

B. 相信医生,相信手术不会出错

C. 听天由命

( )

8. 你在车间忙着干活,突然发现一位工友触电了,这时你会:

A. 两眼发呆,两脚发软

B. 立即切断电源

C. 慌了手脚，不知如何是好

（　　）

9. 乘公共汽车时，车上人很拥挤，这时一个小偷掏你的口袋行窃，这时你：

A. 不大可能察觉到，等到用钱时才发现被窃，至于时间、地点已没有印象

B. 立即察觉，并将小偷抓住

C. 当时没察觉，事后才回忆起被盗窃时的部分情景

（　　）

10. 飘雪的夜晚，你听到森林里传来几声狼叫，这时你会：

A. 若无其事继续走路

B. 心里有点七上八下

C. 吓得躲起来

（　　）

评分标准

分数 / 试题	A	B	C
1	1	3	5
2	1	3	5
3	3	5	1
4	1	3	5
5	3	5	1
6	3	5	1
7	5	1	3
8	5	1	3
9	5	1	3
10	1	3	5

判断结果

10～18 分:危机处理能力强。你有胆有识,果断、灵活,处理意外事件的能力强。 19～28 分:有一定的危机处理能力。你有一般事故的应急能力,但是对于大的或特别的事故就未必能让人称道了。 39～50 分:危机处理能力亟待提高。今后处事时你一定要学会冷静。在冷静的前提下才能解决一系列问题,从而做到避免更大的损失。

(摘选自《哈佛考考你》,印刷工业出版社,2001 年 9 月出版。)

四、技能训练

如何应付危机事件。

方法:就学校组织可能发生的各类危机事件做出预测分析,并就其中的某一个危机(如学生食物中毒)制定应对计划。

要求:制定一个全面、系统的解决危机事件的预案。

目的:培养学生的危机意识及解决危机事件的能力。

第十二章

公共关系礼仪

我们中华民族是世界文明的发源地之一,几千年来,它创造了灿烂的文化,培育了高尚的道德,也形成了一整套完美的礼仪,素有"礼仪之邦"的美称。

礼仪是社会文明的标志,是人际交往中文明行为的规范。它处处为人们架起友谊之桥。对社会,礼仪能改善社会道德观念,净化社会风气,增进社会主义精神文明的建设;对组织,礼仪能促进其内部和外部各种公众的团结与和谐,能为生产与服务的发展提供一个良好的社会环境;对个人,可以使之建立新型的人际关系,增加自尊与自信,同时增强服务社会的意识与社会责任感,帮助其在事业上获得成功。

对于公关人员来说,礼仪不仅是社交场合的一种"通行证",而且还是体现其修养水平和业务素质的一种标志。礼仪有多种表现形式,在不同场合,针对不同对象,都有不同的礼仪和要求,懂得各种礼仪并能恰到好处地应用,是公关工作者的基本素质之一。

第一节　日常交往礼仪

一、守时守约

遵守时间,不得失约,这是人际交往中极为重要的也是最起码的礼貌或守则。参加社会各种活动或者被人邀请，都应按规定时间到达。过早抵达，会使主人因准备未毕而难堪；迟迟不到，则让主人与其他客人焦急、烦躁。因故迟到，要向主人和其他客人表示歉意。万一因故不能应邀赴约，要有礼貌地尽早通知主人，并以适当方式表示歉意，在条件允许的情况下，可事后登门道歉。失约是很失礼的行为。

二、举止得当

举止是人际交往中一个人的动作和行为，是礼的外在表现。公关人员在与人交往时，举止应落落大方、端庄稳重，态度自然诚恳、和蔼可亲。站立时，身子不要歪靠一旁，不半坐在桌子或椅背上；坐下时，腿不摇，脚不跷。在公共场所不要趴在桌子上或躺在椅子上。走路脚步要轻，遇急事可加快步伐，不要慌张奔跑。两人行走不勾肩搭背，不要放声大笑或高声叫人，不要随手乱扔东西。谈话时手势不要太多。在图书馆、医院、博物馆等公共场所，应保持安静，勿大声喧哗。在隆重的场合，如举行仪式、听演讲、看演出时，要保持肃静。

三、尊妇敬老爱幼

尊妇敬老爱幼，是我国社会生活中的一种美德。在公共场合和社交场所，上下楼梯，进出电梯、门口、车辆等，要让老幼和妇女先行。主动帮助同行的老人、妇女提拿较重的物品，照顾同桌用餐的老人和妇女。这些事情看起来很小、很琐碎，但却能表现出一个人高尚的品德，并给人以良好的印象。

四、尊重各民族风俗习惯

不同国家、民族，由于不同的历史、宗教等原因，各有不同的风俗习惯和礼节。公关人员在人际交往中要接触各国、各民族的公众,必须了解并尊重对方的风俗习惯。入乡随俗,才能赢得人心。例如:伊斯兰教徒不吃猪肉,也忌谈猪;印度教徒不吃牛肉;某些国家如印度尼西亚、沙特阿拉伯等,不能用左手与他人接触或用左手传递东西;在佛教国家不能随便摸小孩头顶;东南亚一些国家忌讳坐着跷大腿;使用筷子进食的东方国家,用餐时不可用一双筷子来回传递食物,也不能把筷子插在饭碗中间;非洲坦噶尼喀湖畔的民族,见面时先拍肚子,然后鼓掌握手;日本人见面和临别时鞠躬示礼,还有抱拳的习惯;我国的满族人忌戴狗皮帽子;哈萨克、蒙古、柯尔克孜、塔吉克等民族忌讳骑快马到门口时才下马;在欧洲乘自动升降扶梯时,要依次排队站在右侧,不要站在左侧等。若对这些风俗习惯不注意,就会使对方误认为对他们不尊重乃至闹出笑话,甚至影响人际交往。

五、注意吸烟场合

在一些场合是不允许吸烟的。例如,在剧场、博物馆、会议厅、商店、公共汽车中等场合不得吸烟。火车、轮船、飞机上往往有专门吸烟的地方。工作、参观、进餐和谈判时,一般不应吸烟,至少应少吸烟。不要边走边吸烟。进入会客厅或餐厅前,应把烟掐灭。遇到不熟悉的场合或是私人住宅、办公室时,可先询问一下主人:“允许吸烟吗?”或“我可以吸烟吗?”在允许吸烟的地方,应先敬左右的人。如有妇女在座,应征得她们的同意。主人不吸烟,又未请吸烟,则最好不吸烟。

六、整洁卫生

一个人无论以什么身份在社会上活动,在仪容方面都要有起码的要求,第一是整洁,第二是得体。服饰是否整洁得体,反映了一个人的审美情趣和修养,同时也代表了组织的形象,反映出组织对公众的尊重与诚意,是可能涉及公关工作成败的一个因素。为此，公关人员在社会交往中须时刻注意自己的仪表。

1. **服饰整洁得体**

在社会交往中，服饰要整洁、合身、大方。全身的色彩要协调，给人以洒脱、充满自信的感觉。不要邋里邋遢，也不要追求奇装异服，更不要穿红戴绿，花里胡哨，俗里俗气。

女士在参加隆重的活动时最好着西装或民族服装。上下衣及鞋帽颜色应协调，可以穿单色裙子，配色要注意反差不要过大，穿旗袍时切忌黑色。裙子的长度至少应齐膝。袜子最好穿连裤袜或长筒丝袜，袜口不要露在裙摆之下。

公关小姐应准备几件漂亮华美的便服，根据工作场所不同，可以适当穿些花衣服。

男士在隆重场合宜穿深色西服或礼服。在我国，通用装是中山装和西服，最好是色彩一致的套服。穿西服最好要穿上西服背心，系上花色搭配得当的领带。要注意鞋帽和衣服颜色的协调，注意整体形象。

外部衣袋和裤子的后袋都不宜放东西，夹子、手帕、钢笔等均应放在外衣的侧袋里，平时不要把手插入衣袋。

风衣是大衣的一种，在正式场合一般不宜穿风衣，但在户外活动时可以例外。如不穿时，可以随意地搭在臂腕上。

深色皮鞋适用于一切正式场合，可与一切正式服装配用。无带皮鞋不适合正规场合穿，西服不宜配旅游鞋或布鞋，中山装可配布鞋。

一般的人际交往对男女服饰没什么特殊要求，但要整洁、合体、行动方便，符合自己的年龄和身份。

2. **个人卫生习惯**

一个人的日常卫生习惯可以在一定程度上反映出其社会地位、个性、爱好、教养等。在日常的人际交往时，应注意自己的个人卫生，头发应梳理整齐，光亮有型，胡子刮净，皮鞋亮泽，女士还可做一些必要的化妆，如描眉、扑粉、涂口红、洒香水等，但要注意施淡妆，不要浓妆艳抹，香气刺鼻。

要保持口腔清洁。如果吃了有刺激性味道的食物，如葱、蒜、鱼等，可在与人交往前嚼一块香口胶或含些茶叶，即可抑制和防止口臭，消除异味。

无论什么颜色的衬衫和领带都要保持清洁。在庄严场合，应穿白衬衫。领带切勿歪斜、松弛、肮脏。

在外出或去公众场合之前，应检查自己外衣的纽扣、裤子的拉链、鞋子的系带，还有领带等。去庄重的场合，衣服应熨平整，裤子熨出裤线，皮鞋上油擦亮，不要穿短裤或超短裙出席宴会或严肃的交际场合。

当着客人的面不要挖鼻孔、搓污泥、剔牙齿、掏耳朵、擦眼屎、剪指甲。打喷嚏时应用手帕捂着口鼻，面向一旁，避免发出大声。更不要随地吐痰、乱扔果皮纸屑。

以上我们介绍的是个人在日常交往中应具有的最基本的礼仪规范。下面我们将介绍在不同的场合下，人们应遵守的礼仪规则以及如何训练才能够达到礼仪规则的要求。

第二节　见面时的礼仪

一、称呼

与人见面、登门拜访或给人写信，碰到的第一个问题就是如何称呼别人。人际交往中，一个热情、友好而得体的称呼，常常如妙音入耳，如春风拂面，使对方感到亲切、温馨，也能为您的风度添彩。

我国一贯通用的称呼是“同志”，前面冠以姓氏或名字。后来，又渐渐通用“师傅”一词，所有行业、阶层的人都用，但显得不太文雅。近年来，随着国际交往的日益频繁，称呼也变得丰富多样起来。

一般来说，对已婚女子或年纪稍大的妇女称“夫人”；对未婚女子称“小姐”；对不了解其婚姻状况的女子可称“小姐”或“女士”；对男子一般称“先生”。在这些称呼前面，可以冠以姓名或职务，如“王先生”“李丽小姐”“经理先生”“护士小姐”等。

在某种场合下，为了工作方便，以职务称呼也无不可，如“张书记”“王厂长”“赵主任”等。在军队里一般多称职务而前面冠以姓氏，如“朱政委”“王排长”“陈副司令”等。

对长辈、老师，或对初次见面和相交不深者，多用“您”而不用“你”，以示有礼。熟人熟友见面称“你”而不用“您”，以示亲切。还可以以对方年龄为准称姓，如大李、老赵、小孙。

一般不要直呼别人的名字，但长辈对晚辈、老师对学生、爱人之间、很熟的人之间用这种称谓会显得亲切。

对医生、律师、教师，可在职业前面冠以姓氏，如“吴老师”“刘医生”“郑律师”等。

应注意的是，不要随便称别人外号（或绰号），尤其不可称呼别人弱点或生理缺陷的外号。但外号若能显示别人的优点，又很雅致，适当称呼反而会显得友好而充满情趣。如称某位会唱歌的人为“我们的百灵鸟”，他听了一定会很高兴。对生人不宜用爱称。

二、打招呼

打招呼，又叫见面致意，是指与相识的人见面时，表示问候、沟通感情的一种方式。

经常见面、双方关系一般或较好但没有要事相告时，面带微笑点点头就可以了。也可以根据见面的时间进行问候，如“早上好”“晚安”等。也可以随便打个招呼，如“出去呀？”“忙呀？”等。被问者应礼貌简单地回答。

彼此关系密切又相隔一段时间未见的,可用“您(你)好!”来问候,并简单询问一下对方近来的工作、身体、生活及家庭等情况,使双方感到温暖亲切。

在公共场合远距离遇到相识的人,一般是举右手打招呼并点头致意,表示认出了对方,打完招呼即可继续办自己的事。即使在很忙的情况下,侧身而过,也应问候一声“你好”。若戴帽子可用手扶一下帽子,以表致意,不必脱帽。在外交场合,遇到身份高的熟悉的领导人,应有礼貌地点头致意表示欢迎。

见面致意的顺序一般是,男性首先向女性致意,年轻人首先向年长者致意,下级首先向上级致意,学生首先向老师致意。但相互致意时,可不拘泥于这个顺序。

见面打招呼时,表情要显得和蔼可亲,彼此交换目光,女性无论在什么场合,微笑点头示意即可。

同路人(无论男女)的熟人向你致意时,即使你不认识对方,也应当还礼。

如果你不想与什么人打招呼,不能在人家跟前故意示威地扭身转向一边,而应在相距尚远就走到一边去或绕道而行。如果迎面走来一位熟人,据你看来,他并不想与你打招呼,那你就尽量不去看他,或在不得已的情况下,假装没有认出他。

打招呼时应注意的事项:

第一,不要相距老远(20 米以外)就高呼其名,也不要无礼貌地高声叫喊,弄得人家尴尬窘迫。

第二,不要不分场合缠住对方,使人生厌。

第三,不要招呼过头,给人轻浮、粗鲁之感。

三、握手

握手是在社交场合中相互见面和离别时,以及在相互介绍时表示热情、礼貌、致意的常见礼节，也是一种国际通用的礼节。

握手的方式是多种多样的。有一著名的盲聋女作家曾写道：我接触过的手，虽然无言，却极有表现力。有的人握手能拒人千里之外，也有些人的手充满阳光，他们伸出手来与你相握时，你会感到很温暖……事实也的确如此，握手的力量、姿势与时间的长短往往能够表达出握手人对对方的不同礼遇与态度。

握手时，手心向下握住对方的手，显示着一个人强烈的支配欲，用无声的语言告诉别人，他此时处于高人一等的地位。实验研究表明，地位显赫的人习惯用此方式。应尽量避免这种傲慢无礼的握手方式。相反，手心向上同他人握手，则显示出一个人的谦卑与毕恭毕敬，如果是伸出双手去捧接，就更是谦恭备至了。

平等、自然、正确的握手姿态应是：伸出右手，手心与身体处于垂直状态，身体微微向前倾斜，握手时，双目要注视对方，面带笑容，3 ~5 秒钟即可。

握手有先后顺序，应由主人、年长者、身份职位高者和女子先伸手；客人、年轻者、身份职位低者和男子见面时先问候，待对方伸手后再握。多人同时握手时，注意不要交叉，待别人握完再伸手。男子在握手前应先脱下手套摘下帽子。军人戴军帽与对方握手，应先行举手礼，然后再握手。主人要主动、热情、适时地与客人握手，以增加亲切感。

关系亲近者可以边握手边问候，甚至可以两人双手长时间地握在一起。一般情况下是握一下即可，不可太用力。男子与妇女握手时，可只握一下手指部分。

握手除了是一个见面的礼节外，还是祝贺、感谢、鼓励、慰问的表示，如可在赠礼、授奖、授学位、吊唁、看望伤病员等时使用。

此外，有些国家见面、告别礼与我国不同，如东南亚国家是双手合十致意，日本人行鞠躬礼，我国旧传统是抱拳作揖。西方人多拥抱、亲脸、贴面颊等。例如：夫妻间拥抱亲吻；父母子女间亲脸、亲额头；平辈之间贴面颊；男子间抱肩拥抱；女子间亲脸；男女间贴面额；男子对尊贵女宾往往亲一下手背以示尊敬。西方在官方和民间交往中，也常用拥抱礼节。一般两人对立，右臂偏上，右手扶对方左后肩，左臂偏下，扶对方右后腰，双方先向左相互拥抱，然后反向向右拥抱，再次向左拥抱后，礼毕。

握手时应注意的事项：

(1)同时与数位新相识者会见时，握手寒暄的时间应大致相同，不要给人造成厚此薄彼的感觉。

(2)陌生人之间初次见面，稍握即可，不必用力。年轻者对年长者、身份低者对身份高者可稍稍欠身，双手握住对方右手，以示尊敬。

(3)在主动和人握手之前，应先想想自己是否受对方的欢迎。如果你已察觉对方无握手之意，那么最好向他点头示意，或微微鞠躬，也是很礼貌的。

四、介绍

1. 介绍他人

在正式场合，首先应介绍地位较高的人和女同志，以表示尊重；当面介绍时，首先把年轻者、男子、未婚的女子、资历较浅的一方，介绍给年长者、女子、已婚女子以及资历较深者，之后，再向另一方介绍。向自己的父母介绍友人时，则是先向母亲引见。介绍时要实事求是，掌握分寸，以免被介绍者尴尬不安。介绍姓名时，口齿要清楚，语言要讲究，如叫“耿××”，这个“耿”字不那么容易分清，可以说：“这位姓耿，忠心耿耿的耿”；或“这位姓时”，对方很可能听成“石”，你可以补充，“时间的时，叫时××”。有时，还应主动提一下双方的工作特点、业余爱好等，为双方提供交谈的机会。介绍别人相识后，不要马上走开，特别是如果被介绍者是陌生的男女或不善交际者，要引导双方交谈。

单独介绍两个人相识，应该首先了解一下他们是否都有想结识对方的意愿，或者主人自己衡量一下两人是否有相识的必要，免得造成不必要的尴尬。

2. **自我介绍**

在交际场合，如果你想结识某人，却又苦于没有一个合适的人从中介绍，那么，自我介绍是一个简便而有效的方法。一般情形下，你面带微笑，先说一声"您好！"以提醒对方注意，然后报出自己的姓名和身份，并简单表明结识对方的愿望和缘由。自我介绍切忌不顾对方反应，一下子说好多话。过于急切地与一个陌生人拉近距离，会使对方感到莫名其妙甚至反感。自我介绍时不能自吹自擂，态度应诚恳，言辞要得体，热情有礼，真诚谦逊。

3. **随意介绍**

如果是非正式场合，对年龄相仿的年轻人可随便进行介绍，不必考虑介绍顺序。如果与友人在路上同行又遇见另一位朋友，一般没有特殊原因可不介绍，两个相识者打个招呼就过去了。如果要停下谈较长时间的话，可以先简单地把两人介绍一下。

介绍时应注意的事项：

第一，为他人介绍时，还可说明其与自己的关系，便于新结识的人相互了解信任。

第二，介绍时，除年长者和妇女外，一般应起立。但在宴会桌上、会谈桌上可不必起立，而被介绍者应微笑点头。

第三，若想与对方继续保持联系，可主动留下地址、联系电话或名片，但一般不得主动要求对方也这么做，否则会显得唐突无礼。

五、礼仪规范训练

握手——反复练习正确的握手方式。

自我介绍——准备一份书面的"自我介绍"，反复背诵。

称呼——检查一下是否得当。

第三节　交谈时的礼仪

交谈是人际间增进了解和友谊的重要手段，也是一种增长见识、获取间接经验的好形式。交谈时的礼仪主要涉及以下几方面。

一、声音与姿态

在正式的社交场合，即使是熟人，谈话的声音也不宜过高，以免妨碍他人，引人反感侧目。

与人交谈时，表情要自然，语言要和气亲切，表达得体。可适当做些手势，但动作不宜过大，特别是不要伸手指对人指点。

谈话时与对方之间的距离要适当，距离较近时，避免正面相对，以防唾沫相溅。

参加别人谈话要先招呼，别人在个别交谈时，不要凑前旁听。若有事需与某人说话，应待别人说完。有人主动与自己说话，应表示乐于交谈。第三者参与谈话，应主动点头微笑或握手表示欢迎。谈话中遇有急事需要处理或需要离开，应向谈话对方打招呼，并表示歉意。

交谈时，无论是坐是站，身体不要太拘谨，但也不能太放松，显得懒散松垮，对人不尊重。聆听他人谈话时，眼睛应该有礼貌地注视对方，并适当地点点头，以示专心。

二、话题

在社交场合，应选择大家都可介入、都方便发表意见的话题，如现场气氛、环境布置、天气、当日新闻等，不要只谈个别人知道的事而冷落了其他人。

谈话的内容一般不要涉及疾病、死亡等不愉快的事情，不谈一些荒诞离奇、耸人听闻、黄色淫秽的事情。一般不宜用批评的语气谈论在场者或其他相关人士,也不要讥笑他人。

话题不要涉及他人的隐私,如对女士不宜问年龄、婚否、衣饰价格等;不宜用身体壮、保养好等涉及身材方面的模糊用语。对男士不应问钱财、收入、履历等。不随便议论他人的宗教信仰和政治信仰,以免犯忌。

遇到不便谈论的话题,不轻易表态,应适当转移话题以缓和气氛。涉及对方反感的问题,应及时表示歉意。

男士一般不参与女士圈内的议论。与女士谈话要宽容、谦让、尊重对方,不随便开玩笑。

三、礼貌用语

交谈时应注意使用礼貌用语。常用的礼貌用语有:您好、请、谢谢、对不起、没关系、打搅了、再见等。

与人打招呼时说"您好";对他人提出要求时说"请";得到别人帮助时说"谢谢";给人添麻烦时说"对不起"或"打搅了";别人向自己致歉时说"没关系";与人分手时说"再见"。

四、交谈时应注意的事项

第一,谈话时,若现场超过三人,应注意和在场的所有人攀谈,不要只顾与一两个人谈话而不理其他人。注意不要一人说得太多,应给每个人以发表意见的机会。

第二,要善于聆听对方谈话,不可轻易打断别人的发言,特别是不要老看表、随意走动、打哈欠等,这会显得烦躁而不重视对方。

第三,交谈时遇有争论,注意以礼相陈,不要恶语相加,不要使用挖苦、讽刺的语言刺激对方。

第四,到别人家里去做客交谈,一般以不超过两小时为宜。如主人没有主动邀请您就餐,应在开饭前一小时左右找借口离开,不要等马上开饭时才起身告辞。

五、礼仪规范训练

按照要求及注意事项检查一下你在社交场合中的表现,并注意如何改进。

第四节　做客与待客的礼仪

一、做客

访友做客,最好事先预约好时间,以避免扑空或影响主人的安排。如果没有预约,则一般安排在节假日的下午或晚饭以后较为适宜。时间约定后要准时赴约,没有特殊情况不要失约。万一迟到了,见面后要先表示歉意,并说明原因。

到主人家要先敲门,经允许方可进入。进门后不要擅自坐下,除非是你很熟的亲戚或朋友。如果主人家有老人或其他客人,要主动地与他们打招呼或微笑点头致意。

若有礼物,可在相互问候后或道别时拿出来奉献给主人,如果是家人让送的礼,一定要说清楚,如称:“这是妈妈让我送的一点薄礼,请收下。”默不作声地送礼物是不礼貌的,会给人没有教养和诚意的感觉。

主人请吃东西时,不要过分推辞,如果你不想吃,也不要过多解释。接过主人递来的水果或烟、茶,别忘了说声“谢谢”。

在别人家做客要注意自己的仪表和言谈举止,衣冠要整齐,彬彬有礼,站有站相,坐有坐相。不要跷二郎腿,不要随地吐痰,乱弹烟灰;不要高谈阔论,毫无节制地大笑;也不要东走西瞧,随便翻书架、找东西。

做客时间不宜过长,如果主人已有暗示,则应礼貌地起身告辞。告辞时，要向主人道谢致意。主人相送时，要说“请回”“请留步”“再见”。不要自己出门后头也不回地大步而去。

二、待客

作为主人要很好地接待客人。若事先知道有人来访，应提前“洒扫门庭”以迎嘉宾，并准备好烟具、茶点、水果之类。如果想留客人吃饭，要事先了解客人的民族习惯、爱好、忌讳等，以便准备好饭菜原料，到时做好请客人品尝。

如果客人是第一次来访，应给家人一一介绍，使相互间很快熟悉起来。如果家里已有客人，又有新客人来访，应将客人相互介绍，一同接待。如果来客不是自己的客人，而是家里其他人员的朋友、同事或同学，也要热情接待，不能摆出一副与己无关的样子，而冷淡了客人。

如果客人来时，自己正忙于做事，或正在看电视、听音乐，应立即放下手中的事情，关掉电视或音响，热情接待客人。与客人交谈时，表情应自然、亲切、和蔼，说话时不要唾沫四溅，不要频频看表，以免使客人误认为你要送客。如果自己确有急事去办，非走不可，可以向客人解释清楚，请客人谅解并约客人改日再来。

客人提出告辞，主人应客气挽留。客人执意要走，也要等客人起身告辞时，主人再站起来相送。注意不要自己先起身，这有逐客之嫌，是不礼貌的。临走时，客人馈赠了礼品，主人应表示感谢，并请客人以后不要破费。同时应回赠些合适的礼物让客人带走。不能对客人的礼物无动于衷。送客一般是送至门口，对远道而来的又是年老体弱的客人，最好送到码头或车站、机场，分别时应邀客人有空再来，待船、车、飞机启动后方可离去。

三、应注意的事项

第一，临时拜访要尽量避开对方可能正在吃饭的时间；若晚上到别人家做客，不宜太晚，以免影响人家休息。

第二，告辞时，如有其他人在场，还应与其他人打招呼。

第五节　其他礼仪

一、主持、参加庆祝活动礼仪

庆祝活动是为重大节日、纪念日举办的。一般分为三类：一是私人之间友好往来祝贺，如生日纪念、结婚日以及获得重大奖励或授予重要学位时，亲朋好友相聚在一起表示祝贺。二是民间庆祝活动，如我国农历正月十五的元宵节、五月初五的端午节、八月十五的中秋节、十二月三十的除夕、正月初一的春节等；又如，我国少数民族的“泼水节”“火把节”“三月三”等以及近年来随着我国改革开放的进行，各行各业进行横向联合的周年纪念等。三是官方庆祝活动，如国庆节、建军节、建交纪念日、友好条约签订日、著名人士诞辰日等。一般举行招待会、联欢会、文娱晚会，邀请各界人士参加。特别重大的活动可互派代表或代表团。若是跨地区、跨省市、跨国界的庆祝活动可通过电函祝贺。

无论是以主人身份主持庆祝活动，还是以宾客身份参加其他单位组织的庆祝活动，对于公关人员来说都是开展公关活动的良机。如果是主持这些活动，应做好以下几方面的工作：第一，对客人一律要以礼相待，提供热情周到的服务，细致地做好迎接、安排席位、送别等环节的工作，不要使任何一位客人感到受到冷遇。第二，对重要宾客如政府要人、社会名流、新闻界人士、合作伙伴、外宾要给予特殊关照，应有专门的休息室供这些宾客休息。如有可能还要安排他们进行简短讲话，这样既可以使他们感到受到了尊重，又可以为庆祝活动增辉。第三，对重要宾客除发出请柬外，还应在活动前通过拜访或电话再次邀请，并商定专车接客的时间。

庆祝活动后，要通过信函或电话表示感谢，并慰问是否劳累。第四，主持人应在活动中始终保持喜庆愉快的表情和精力充沛的神态，即使遇到一些不幸的事或身体疲劳也应如此，否则是对来宾的不尊重、不礼貌。第五，注意个人卫生，衣着举止要给人一种整洁、落落大方、彬彬有礼的感觉。

公关人员如果以客人身份参加庆祝活动，要求做到：第一，不迟到、不早退，尽量参加活动的全过程，以表示对主办单位的支持和尊重。第二，争取机会发表祝词，这样既可以加深和主办单位的感情，又可以宣传自己，提高知名度。第三，利用活动多结识一些新朋友。第四，不在庆祝活动中讲有损于主办单位形象的话，不在庆祝活动中拒绝主人的各项要求，实在做不到时要讲明实情。第五，对主办单位的人士要彬彬有礼、热情问候，对活动中的所有客人要尊重。第六，不喧宾夺主，要摆正自己的位置。

二、礼品礼仪

中国人一向重友情，赠送礼品是表达友情的一种方式。送礼要选择好时间，最好是在重大节日或具有纪念意义的日子，如春节、中秋节、端午节、生日、婚礼日等。另外，若接到朋友喜庆请柬时，也应送礼。

礼品不可太贵重，应强调“礼轻情义重”，注重纪念意义。可选择有纪念意义的、有特色的东西作为礼品，如能馈赠即使有钱也难买到的特制纪念品则更佳。另外，还要考虑到客人的情趣，如对方是文化人，可以送一张国画，对方情趣高雅，可以送音乐盒等。切不可将送礼变成行贿。

喜礼一般在婚前送到。对于深交的朋友，即使对方请柬未到，也可先行送礼。开张祝贺礼必须在揭幕或剪彩之前数小时送到，以送花篮最为普遍，也有送镜屏或镜画的。问候礼在得知朋友、同事患病信息后应及早送去，一般送的礼品是点心或药品之类的东西,也可以送水果或鲜花。朋友帮过你的忙,为了表示谢意,送对方一些酬劳礼也是应该的。凡这类送礼,非寻常可比,所送的礼物,第一要投对方所好,第二要适合对方使用,要因人而定。赴宴礼品可在宴会开始前送到主人家,以表恭敬。如赴私人宅邸访问,应注意为女主人带些小艺术品、土特产等。如果有小孩,可带些糖果玩具。吊丧赠礼通常以花圈、挽联为多。

礼品最好有彩色包装。

送礼时一般应当面赠送,可附上祝词和名片。收礼时最好当面打开包装欣赏礼品,并握手致谢,说“我非常喜欢”“好漂亮”“谢谢”等。

收到寄来的礼品,应及时回复短信或名片致谢。

三、舞会和晚会礼仪

舞会和晚会是颇受人们欢迎的一种社交活动。舞会一般在晚上举行,有大型舞会、一般社交舞会和家庭舞会几种形式,时间大约为 3 小时,遇有重大喜庆节日可延长至 5 ~6 小时。晚会是晚上举行的娱乐活动,与舞会不同的是晚会以演出节目为主。

要定好舞会的时间,应提前向客人发出邀请,并说明起止时间,以方便客人安排时间。对已婚者,一般要请夫妇二人。邀请的男女客人的人数要大致相等。

参加舞会时仪容要整洁,举止要文明,不要穿短裤、背心、拖鞋跳舞。参加舞会前最好不吃蒜、葱等有强烈刺激气味的食物,也不宜喝酒。当患病、身体不适或感到疲倦时,最好不要勉强参加舞会,否则因此咳嗽、打喷嚏、打哈欠等,对舞伴都是不礼貌的。

参加舞会的男女都可以主动邀请别人共舞,但一般是男方向女方主动发出邀请。男方邀女方共舞时,可到对方面前点头示意并伸出右手请舞或说声:“我可以请您跳舞吗?”女方邀男方共舞时,可大方地走到男方的面前说声:“请你带带我跳舞,可以吗?”

一般情况下不要拒绝邀请者的要求，无故拒绝是不礼貌的，如确实太累或别的原因不想跳，可委婉、简要地解释一下。一旦接受邀请，就应同对方跳至一曲终了，不要半途单方退场。

跳舞时要保持良好的风度和正确的舞姿。整个身体要始终保持平、正、直、稳。男方的右手应在女方腰部正中，双方距离两拳。进退移动，都要掌握好身体的重心，不要让身体左右摇晃，胳膊不要大幅度上下摆动，脸部朝正前方并保持微笑，神态自若，声音轻细，给人以美感。

一曲舞完毕，要向对方致谢，男方应将女方送到原来的位子上。中间休息时，不要乱扔果皮纸屑，不宜高声谈笑，随意喧哗，不要随意穿越舞场，更不要同别人争抢舞伴，要始终做到礼貌谦和，有礼有节。

举行晚会要尽可能满足参加者的兴趣，可以是文艺演出、体育表演等。如果是招待到中国访问的外国朋友，最好安排客人看具有中国民族风格的节目，以增进其对中国的了解。还要注意把晚会的其他组织工作如座位、演出节目单、入退席秩序等安排好。

四、男女交往的礼仪

在男女交往中，平等友好、尊重妇女、“女士先行”等是基本的礼节。

外出行路时，男士应走靠外的一侧，女士则走贴近建筑物的一侧，以防汽车及其溅起的泥浆。若两女一男同行，应让年纪稍长或比较弱小的一位走在中间；若是两男一女同行，则让女士走在中间。在不能并行的情况下，应让女士走在前面。如果是生地方，男士应先行带路，女士走在后面。

进门时，如门开着，男士让女士先走；如门关着，男士应把门先推开进去，然后用手拉住门让女士进来。上车时，男士应为女士打开车门；下车时，男士先下，为女士拉开车门，男士随时予以必要的帮助。上楼时，男士在前；下楼时，女士先行。在没有人领路的影院或餐馆里，或可能出现意外情况的路途上，男士应走在前面。

在门口、窄楼梯、电梯口等处与女士相遇，不论认识与否，都应让女士先行。参加社交集会，客人到达时见到在一起的男女主人，应先与女主人打招呼。女客人进入聚会厅，先到的男子应站起来迎接。

陪伴女士外出同乘火车或汽车时，应设法为她找一个座位，然后再给自己找一个尽量靠近她的座位，若找不到，就应站在她附近。应主动帮助她拿一些笨重的背包等物，但不用去帮她拎她的随身小包。

一般场合，尤其是偶遇，支付的费用不一定非男士出，要尊重妇女的意愿；如果女士是在男方的邀请下同往某地，男士当然应付所有费用；相约外出旅游或在餐馆聚餐，可由男士付款，或事先商量付款方式。

带着女伴参加正式宴会或充当婚礼的领路人，应让女士挎着男士的胳膊。男士一般不抓着女士的胳膊、手肘或用手拥着对方行走，只有在协助女士上车或爬楼梯时，才用手托住对方的肘部。在拥挤的场合，男士可以拉着女士的手，走在前面开道。

男女交往既要反对“男女授受不亲”，又不宜过分随便，要尊重对方。任何一方只要有了恋人，就应适当减少往来，以免造成不必要的误解。

五、电话礼仪

电话交谈是一种利用现代通信技术手段进行的现代交际方式，具有跨距长、费时少、方便、快捷、高效等特点。此外，在交际方式上电话也有着特定的要求与规则，和日常交谈有诸多不同。因此，与一般的交谈礼仪相比，对着话筒讲话的礼仪就有着特殊的要求。

第一，要有礼貌。不论是打电话者还是接电话者，都要礼貌第一。拿起话筒首先说一声“您好”并报出自己所在单位的名称，紧接着问对方：“请问您找谁？”或“请问您是哪里？”使双方一开始对话就处于一种亲切、愉快的气氛中。

有些打电话者听到对方接了电话，劈头一句就是：“你是谁？”“你是哪个？”“给我叫李××听电话！”这种居高临下命令式的口气非常不礼貌，易令听者反感，效果不好。如果这时双方都不注意礼貌，情况就更糟了。例如：

接电话者：喂！

打电话者：你是哪位（里）？

接电话者：你找哪位（里）？

打电话者：你是哪位（里）？

接电话者：你管我是哪位（里）？（“咔嚓”一声把电话挂了）。

这种情况在现实生活中是相当普遍的。

有的人打电话时，拿起话筒就是“喂喂……”或“你哪里”，似乎是一种条件反射，对方也跟着“喂喂……”或“你是哪里”，双方对话一开始就不愉快。

有的人打错了电话，接电话的人脱口一句：“你打错了，真讨厌！”随后就把电话挂断了。有时打错电话的人，一听错了，开口一句：“哟，真倒霉！我拨错了。”双方都不礼貌。其实双方若都使用一些礼貌用语，如“对不起，我拨错了”、“没关系”等，虽然拨错了号，却也好似与朋友交谈了一场，感到人与人之间的真诚美好。

第二，要简洁明了。电话交谈要求双方讲话简洁、扼要，不拖泥带水。有些人把电话当成“聊天专线”，闲来无事抱住电话就不放，从时装到发型，从菜篮子到小道消息，没完没了。有些人说话啰唆，摆龙门阵，事情说不清楚，浪费时间。为了避免这些“啰唆”，在打电话前，最好将要说的事情简单地列出来，并要注意说话的语言结构也要简洁，这才是实际和有效的办法。

第三，忌讳沉默。电话交谈中，双方都看不见、摸不着，全靠声音联系，所以，电话交谈忌讳沉默。一方在说话时，另一方必须不断地用“嗯”“对”“是”等简单话语表示你在专心听对方说话。不允许一方或双方长时间的沉默，一方说完话，另一方要紧接着说。

第四，打电话时，语调要热情、愉快、自然，口齿要清楚，音量要适中。不要对着话筒大喊大叫，震得对方耳膜嗡嗡响，使人心烦。也不要边吃东西边说话，这样对方会听不清楚。要以愉快的心情说话，即使心情不愉快，也要先自我调匀呼吸，稳定情绪，然后拿起话筒，亲切地说声“您好！”对方听到这声音，就似乎看到了一张热情、亲切的脸，通话的好心情油然而生。

在电话交谈中，接到对方的各种邀请时，应表示谢意。对于不能接受的邀请，最好不要马上在电话里回绝，可以在打完电话之后，找一个适当的机会再通知回绝对方。

给同学、朋友、同事家里打电话最好在早上 8 点左右、晚上 10 点以前，太早或太晚都不适宜，除非有要事相告或相商。

最后，当结束对话时，不要忘记说声“谢谢”或“再见”，之后轻轻地把电话机放回原处，切不可“啪”的一声挂上。

六、名片礼仪

名片是人际交往中自我介绍和通信联络时用的专门印制的卡片。一般名片上印有姓名、职务、工作单位、通信地址和电话号码，正面用中文印刷、背面用外文印刷，便于国内外交往时使用。

在当今人际交往中，名片往往取代了烦琐的介绍。使用名片时要注意礼节，有名字的一面朝上，双手拿好，双目注视对方，微笑致意再递交对方；收取一方也应双手接过，并轻声道谢，接过名片后可当面读出，对不清楚的地方当面请教，然后郑重地收好。一般情况下在接受别人的名片后，应回赠本人名片。如手头没有，可以向对方说明情况表示歉意并主动介绍自己。一般不要伸手向别人讨取名片，必须讨取时，应以请求的口气说："如您方便的话，请给我一张名片，以便日后联系"，或含蓄地问对方贵姓，这样如果人家有名片就会送给你的。

七、吊唁礼仪

吊唁是对亲友、同事遭遇不幸的关怀、慰问，应予认真对待。

参加追悼会，可送花圈、挽联，以示祭奠、哀悼之情。在追悼会期间，表情要严肃，服装颜色以黑色或深颜色为宜，不要化浓妆，打扮要素雅、庄重，也不要佩戴饰物。

如因距离较远不能亲自前往吊唁的，应写信或致电表示哀悼。

吊唁或参加追悼会，还应视关系的亲疏，对死者家庭予以安慰，劝他们节哀、保重。如果是至亲好友，应帮助处理一些具体事情，逢年过节还应前去探望死者家属。

八、签名礼仪

签名是社会交际活动中经常碰到的事情。一次成功的签名不但有助于树立良好的个人形象，而且能促进人与人之间的感情交流。那么，在签名时应注意些什么呢？

首先要真诚，别人请你签名，表明了对你的尊重和欲与你交往的愿望，所以要以诚相待，友好地满足其要求。

签名要用钢笔或毛笔，最好用专用签字笔，不要用圆珠笔、彩笔，切忌用铅笔。要根据纸张的大小，结合自己姓名字体的结构，采用横写或竖写。

签名时，应做到提笔要"稳"，运笔要"静"，放笔要"轻"，切不可故作潇洒，给人一种漫不经心、随随便便的感觉，这样过于失礼。

签名时，字要写清楚，能让人一目了然，最好用行书体，切忌用"狂草"。字迹过于潦草，易让人感到你办事马虎或不懂礼仪。

若是多人依次签名，自己的字最好与别人的字大小相近，不要过多地超过别人的字体，不然会给人一种盛气凌人的感觉。

在同师长、女士一起签名时，要师长、女士为先，不要“争先恐后”，也不要对他人的签名品头论足。

平时要注意学习一些书法知识，掌握好自己姓名的字体结构，力争在签名时，把字写得既熟练，又美观大方。

第六节　对外交往礼仪

世界之大，无奇不有，各国礼俗，五花八门。随着国际交往的日益频繁，公关人员必须了解和尊重各国的风俗习惯。只有入乡随俗，才能广结人缘，赢得人心。

一、称呼

在国际交往中，一般对男士称“先生”，对已婚女士称“夫人”，未婚女士称“小姐”，或统称为“女士”，这些称呼前面可以加上姓名、职称、官衔等。对地位高的官方人士，按国家习惯可称“阁下”或以职衔加先生相称。如曼丽小姐、维尔逊夫人、市长先生等。

对医生、教授、法官、律师及博士等，可单独称之，同时可加上姓氏或先生。对军人一般以职衔或职衔加先生相称，知道姓名的可以加上姓名。有的国家对将军、元帅等高级官员称阁下。与我国一样用同志相称的国家，均可称同志，在前面不加职衔、姓名或职务等。

各国人姓名的组成顺序不同。英美人是名在前，姓在后，泰国人也是。妇女在婚前一般用自己的名字，婚后一般是自己的名加丈夫的姓，如约翰·维尔逊（John Wilson），这位先生姓维尔逊，名字是约翰；玛丽·怀特（Mary White）女士与约翰·维尔逊先生结婚后，女方姓名为玛丽·维尔逊（Mary Wilson）。书写时，名字可缩写为一个字头，而姓不能缩写。

西班牙、葡萄牙人姓名常有三四节，前二节为本人名字。西班牙人倒数第二节为父姓，最后一节为母姓；葡萄牙人正相反，倒数第二节是母姓，最后一节为父姓。简称时一般是个人名加父姓。

俄罗斯人姓名通常是名字、父名、姓，一般口头称时只称姓或只称名。表示客气尊敬时，才称名字和父名。

阿拉伯人姓名前二节与俄罗斯人相同，第三节是祖父名，第四节才是姓。

匈牙利人和日本人则与我国人名相似，姓前名后。日本人一般口头称姓，正式场合称全名。在日本，对妇女一般不称“女士”“小姐”，而称“先生”。

缅甸人仅有名而无姓。名字前冠的字不是姓而是尊称。

二、赴宴

做客或赴宴，一定要按事先约好或按请柬事先联系好的时间到达。贸然敲响别人家门的不速之客是很无礼的。参加宴会最好带一些花和酒或是有民族风味的小礼品，价值不宜太高。

在赴宴、乘车与行走时，右为上，左为下；三人同行，中为尊；前后行，前为尊；如乘轿车，客人或被尊重者从后右方上车为上，左后方上车为下；三人并坐，中间为大，右次之，左更次之。

女士不宜单独拜访男士，男士也不宜单独拜访女士。一般拜访时间为 15 分钟为宜，时间安排在上午 10 点至下午 4 点左右。一般的宴会、舞会可设在晚上。

赴宴时，坐姿要端正，在自己桌椅范围之内，不可随便伸出、斜翘肘部或手部搭在别人的桌椅上。同时应注意刀、叉、盘的使用。一般左手拿叉，右手拿刀，将食物切成小块，用叉送入嘴里。吃完时，将刀叉并排放在盘内，如没吃完，则刀叉排成八字，刀口向内。吃鸡、龙虾时，经主人示意，可用手撕开吃，也可用刀切成小块吃。切时不要发出撞击盘子的声音。喝汤时，用汤匙。

正式敬酒是在上香槟酒时，不喝酒应事先声明。不应将杯倒置。我国宴请外国人时，可中餐西吃，既摆碗筷，又摆刀叉。

三、送礼、送花

1. 送礼

由于各国文化的差异，加上社会、宗教的影响，送礼就成了较敏感的艺术。送礼得当能加深往来，增进友谊，否则效果适得其反。因此，我们应慎重对待。

首先，要考虑对方的习俗。例如：日本人不喜欢饰有狐狸图案的礼品，因为在日本，狐狸是贪婪的象征，他们注重礼品的包装，认为包装与礼品同样重要，礼物还可以多次转送；在阿拉伯国家，酒类不能充作礼品，而在欧美国家，一瓶葡萄酒就是很好的礼物；法国人讨厌别人送菊花，因为在法国只有葬礼上才用菊花；在英国，受礼人不欣赏有送礼人公司标记的礼品。所以，我们在赠送礼品时，就要重视这些差别。

其次，礼品价值不宜过重。古语说："礼轻情谊重"。实际上，国外许多国家都坚持这个原则。如在欧美国家，礼物过重就会被认为是贿赂，对此，除了贪心者，正派人士是不会接受的。送礼时，不要说客套话，否则会产生贬低对方的感觉。西方人接受礼品时，喜欢当面打开，一般拒绝收礼是不允许的。给一群人中的一个人送礼是很不礼貌的。

最后，是送礼的场合，这一点各国也不一致。对英国人最好是在请人用完晚餐或看完戏之后进行，对法国人则在下次重逢之时为宜。不过有一点各国是一致的，即在初次见面就以礼相赠有失妥当，甚至被认为是贿赂。

2. 送花

送花是爱情、友谊、喜庆、快乐、送别、勉励、探望的表示。花的种类很多，送花的学问也很多。应面对不同的对象、不同的交往深度、不同的感情,送不同的花。下面介绍常见花草的花语。

茗(慈母之爱)　　红罂粟(安慰)
樱草(青春)　　刺玫瑰(优美)
金钱花(天真烂漫)　　红菊(我爱)
冬青(喜悦)　　白菊(真实)
常春藤(结婚)　　紫藤(欢迎)
香罗勒(祝愿)　　薄荷(有德)
胭脂花(勿忘)　　翠菊(追念)
红丁香(勤勉)　　杜鹃花(节制)
紫丁香(初恋)　　白桑(智慧)
白丁香(念我)　　橄榄(和平)
鸡冠花(爱情)　　大丽花(不诚实)
白百合花(纯洁)　　豆蔻(别离)
白栎树(独立)　　垂柳(悲哀)
野丁香(谦逊)　　水仙(尊敬)
万寿菊(妒忌、悲哀)　　黑桑(生死与共)
野百合(幸福又将回来)　　松(哀怜)
野葡萄(慈善)　　牡丹(害羞)
白茶花(真美)　　黄郁金香(爱的绝望)
蓝紫罗兰(诚实)　　红郁金香(宣布爱恋)
……

四、禁忌

1. 颜色的禁忌

日本人忌绿色,认为绿色象征不祥;法国人忌麦绿色,因为这会使他们想起德国法西斯的军装;比利时人忌蓝色,以蓝色作为不吉利的标志;巴西人、埃及人忌黄色,以黄色为不幸、丧葬之色;土耳其人布置房间、客厅绝对禁止用茄花色,因茄花色代表凶兆；印度视白色为不受欢迎的颜色；摩洛哥人一般不穿白衣，认为白色为贫穷的象征；乌拉圭人忌青色，认为它意味着黑暗的前夕；泰国人忌红色，泰国人平时绝对不用红笔签名，因为在那里，人死后，用红笔将死者姓名写于棺上；蒙古人讨厌黑色，认为它象征不幸、贫穷、威胁、背叛、嫉妒、暴虐；欧美人视黑色为哀丧之色；在埃塞俄比亚，出门做客绝不能穿淡黄色衣服，这样的衣服只有哀悼死者时才穿。

2. 数字的禁忌

“3”的忌讳：点烟时，一根火柴只能给两个人点，给第 3 个人点时，应把火熄灭，再换一根火柴给第 3 个人点。

“4”的忌讳：在韩国，旅馆没有 4 层楼，门牌没有 4 号，军队中没有第 4 军、第 4 师、第 4 团、第 4 营，也没有第 4 海域；我国香港地区的人和日本人也讨厌“4”以及“4”组成的数字。

“13”的忌讳：一些西方人认为“13”这个数字是不祥之兆，已经有很长久的历史了。有多种传说，如耶稣被钉在十字架上时是在 13 号星期五；最后的晚餐中，坐在第 13 位的人就是出卖耶稣的犹大。古希腊神话记载，在著名的弗哈拉宴会上，有 12 位北欧之神出席，但有一位不速之客洛基——烦恼与吵闹之神突然降临，使一位最受爱戴的尊神柏尔特丧生，结果“13”就成为不吉的象征。在一些国家和地区，楼房和电梯没有 13 层；航空公司没有 13 号班机；影院、会场没有 13 排、13 座；宴会没有 13 人一桌的。

有一些国家视“星期五”为不祥的凶日，这也有许多传说：夏娃偷吃禁果是在星期五，耶稣被钉在十字架上是星期五，挪威神话中把星期五视为鬼日。“13”碰上“星期五”就更不祥了。

“9”被日本人忌讳。因为日语“九”的发音与“苦”的发音相同。在赠礼时，不可赠送数字为“9”的礼物，这会引起误会，以为你把他看成强盗了。

3. 图案的禁忌

美国人忌用珍贵动物的头部做商标图案,因为这会招致野生动物保护协会的抗议和抵制,也不喜欢在商标图案中出现一般人不熟悉的古代神话人物,蝙蝠在美国人眼里是凶神恶煞;英国人忌用大象或人物肖像做商标图案,山羊在英国是不正经男人的象征;瑞士人忌讳猫头鹰的图案,认为那是“死人”的象征;捷克斯洛伐克忌用“红三角”,认为它是有毒的象征;意大利人忌讳菊花图案,因为他们习惯把菊花敬献给死者;日本人忌用荷花做商标图案,狐狸和獾在日本是贪婪和狡诈的象征;仙鹤在法国是蠢汉和淫妇的代称;土耳其人将绿色三角图案作为免费商品的标志;澳大利亚人不喜欢用袋鼠和树熊做商标图案,因为他们视这些动物图案为本国特权;北非、利比亚忌讳狗的图案。

4. 服饰的禁忌

西班牙女人上街必定要戴耳环,认为没有戴耳环就如同没有穿衣服;即将做新娘的欧洲姑娘,在婚礼之前往往拒绝裁缝要她试穿结婚礼服的请求,原因是怕婚姻遇到破裂;一个外国人到英国,如果系了一条带条纹的领带,那将是一个严重的错误,这种领带可能是军队或学生校服领带的仿制品,这样可能会遇到麻烦;阿拉伯人的“阿格尔”是用来固定披在头和脖子上的白布的头箍,用骆驼毛做成,一般都是黑色,也有少数老年人用白色。

5. 送礼的禁忌

不要给英国人、加拿大人送百合花,百合花被他们认为是死亡之花;不要给西班牙人送大丽花和菊花;不要送紫色的花给巴西人;波兰、德国、瑞士忌送红玫瑰,因为他们认为红玫瑰代表浪漫的爱情;给科威特、苏丹等伊斯兰教的海湾国家的朋友送礼,不能送酒、女人照片和雕像,这是伊斯兰教规所禁止的;对哥伦比亚、阿根廷等国的人,不要送衬衫、领带之类的贴身用品;不能给美国的妇女送香水、衣物和化妆品;忌给东南亚国家的友人送手帕,他们认为手帕是揩眼泪的,不吉利。

6. 交往中的禁忌

与欧美人忌谈私人性质的问题,如年龄、婚姻、收入等,这都涉及个人的权利和尊严;跟英国人打交道,不要系条纹领带,不要谈王室的家事,对英国人要统称“大不列颠”人;印度、印尼、阿拉伯人,不用左手与他人接触,也不能用左手传递东西;佛教国家不能随便摸小孩的头顶;去北欧国家如芬兰、瑞典主人家做客,不要忘了给女主人带些鲜花,最好是 5 朵或 7 朵。

7. 饮食的禁忌

印度教徒不吃猪肉、牛肉;伊斯兰教徒忌谈猪,也不吃猪肉;伊朗人不吃无鳞无鳍的鱼;阿拉伯人不食外形丑恶的不洁之物,不吃死动物,如猪肉、甲鱼、螃蟹等;日本人不吃羊肉;俄罗斯及东欧一些国家的人普遍不爱吃海味,忌吃动物的内脏。

8. 其他禁忌

在印度、尼泊尔、缅甸等国家把黄牛视为“神牛”,因此不准鞭打、伤害、役使,更不能宰杀。“神牛”走到哪里,人们都会把最好的食物送上,逢年过节还要举行敬牛仪式。参观庙宇时不穿皮鞋,不带皮制品,路上遇上“神牛”,行人、车辆都要绕行。

波兰人就餐时不铺桌布不入席。他们对桌布有许多讲究,越是富贵人家越讲究,用镶有金银珠宝的桌布显示豪华。

在欧洲乘自动升降扶梯时,要依次排队站在右侧,不要站在左侧,因为左侧是让给有急事的人乘的。

在东南亚一些国家切忌坐着时跷起大腿。

罗马尼亚最忌过堂风。加拿大哈得孙湾的居民禁止铲除积雪。

沙特阿拉伯的甸蛮人,把笑看作不友好的象征,是奇耻大辱。印度人认为把孩子放在浴盆中洗澡是不人道的。

任何人谈话都有一定的习惯距离,美国人往往习惯双方保持

60 厘米为最合适的距离，亚非人认为应再拉开些距离。欧洲和南美人谈话的距离很近，兴奋时脸几乎挨上。

泰国忌女人盘腿而坐，一般是跪坐或蹲坐。忌用脚指东西给别人看，或把脚伸到别人面前，也不能把东西用脚踢给别人。睡觉时不能头朝西，因为日落西方象征死亡。长辈在座，晚辈必须坐在地上，或者蹲跪，以免高于长辈的头部。小孩的头不能随便摸，认为摸后一定会生病。

在印度和中东一些国家，吃饭、接拿食品只能用右手，不能用左手，因为左手一般被认为是用来洗澡、上厕所的，不洁净，用它来接拿食品是对主人的不敬。

要注意不同手势在不同国家或地区的不同含义，以免犯忌。例如，用拇指与食指弯曲合成一个圆圈，我国表示“零”，在美国表示“OK”，在日本表示“钱”，而在拉丁美洲又成了某种下流动作。跷起大拇指是一种显示积极的信号，表示夸赞或敬服。在英、美、澳大利亚、新西兰等国，这一手势还表示要求搭车，但如果这个动作较猛烈，它又变成了一种侮辱人的信号，如在希腊，急剧地翘起拇指，意思是要对方“滚蛋”。

日本人吃饭用筷子有八忌：①舔筷，用舌头舔筷子；②迷筷，手握筷子，拿不定吃什么菜，在餐桌上四处游寻；③移筷，动了一个菜后，理应吃饭，但不吃饭，接着又动另一个菜；④扭筷，扭转筷子，用嘴舔取粘在筷子上的饭粒；⑤插筷，插着吃菜；⑥掏筷，用筷子从菜中扒弄着吃；⑦跨筷，把筷子跨放在碗、碟上面；⑧剔筷，以筷代牙签剔牙。

第七节　中外民间节日

一、中国主要传统节日

(1)春节。农历正月初一是汉族和其他少数民族共同的最盛大、最热闹的传统节日,又称过年。春节民间习俗贴春联、贴年画、贴剪纸、贴“福”字等,互相寄赠贺年片,点花烛,除夕夜守岁,放爆竹,互相走访拜年。

(2)元宵节。农历正月十五,又叫“上元节”或“灯节”。民间风俗扎彩灯、猜灯谜、耍龙灯、舞狮子、踩高跷、划旱船、吃元宵、放风筝等。

(3)清明节。每年公历4月5日前后,是上坟、祭祖、扫墓、踏青的日子。

(4)端午节。农历五月初五,又叫端阳节,是我国传统的三大节日之一。端午节原是中国古代民族的“龙子节”,又据说是纪念伟大爱国诗人屈原逝世的日子。这一天家家户户要吃粽子,南方还有赛龙舟等习俗。

(5)女儿节。农历七月初七,相传这一天是牛郎织女天河相会的日子,少男少女有拜银河、丢针儿等活动,人们又称为“中国的情人节”。

(6)中秋节。农历八月十五,又叫团圆节。民间有祭月、拜月、赏月之风,吃月饼、饮桂花酒,以示祝福,喜庆团圆。

(7)重阳节。农历九月初九,九月重阳,天高云淡,秋高气爽,五谷飘香,人们登山游玩,喝菊花酒,吃重阳糕。

(8)腊八节。农历十二月初八,每到这一天,民间家家户户都吃别具风味的“腊八粥”。

(9)除夕。农历腊月三十,俗称大年三十儿。送旧迎新的庆典都集中在这一天进行。除夕的晚饭是最丰盛的一餐，全家团拜共祝吉祥。一般吃馒头，象征团圆；年糕，象征生活水平一年比一年高；鱼，象征年年有余等。

除夕夜是一夜连双岁、五更分两年的时刻，据说此时“诸神下界”，是祭祖、迎财神的好时候。这一天晚上，“守岁”、娱乐是延续到今天的习俗。

二、中国现代重要节日

(1)元旦(1月1日)。
(2)国际劳动妇女节(3月8日)。
(3)国际劳动节(5月1日)。
(4)中国青年节(5月4日)。
(5)国际儿童节(6月1日)。
(6)中国共产党建党纪念日(7月1日)。
(7)中国人民解放军建军节(8月1日)。
(8)教师节(9月10日)。
(9)中华人民共和国国庆节(10月1日)。

三、中国少数民族传统节日

(1)藏族。新年称洛萨，西藏绝大部分地区是1月1日开始过年，藏历年节均3~5天。传统节日有：农历四月初八的“浴佛节”，又叫“转山会”；6月14日前后举行赛马、赛牛和骑射的“达玛节”；6月30日吃酸奶子的“藏戏节”，又叫“雪顿节”；8月1日举行一年一度预祝丰收的“望果节”，活动内容有赛马、演藏戏、歌舞、物资交流等。

(2)苗族。农历十月的第一个丑日，苗语叫“冷酿廖”，是苗族新年。四月初八是苗族青年盛装群集贵阳市喷水池旁纵情歌唱的日子，现在成了各族人民友好团结的聚会，也是布依族的节日之一。

(3)蒙古族。一般一年一次的“那达慕”大会,有娱乐或游戏的意思,是自治区、盟、旗都举行的群众性集会。内容有摔跤、赛马、射箭、唱歌、舞蹈等。

(4)回族。开斋节,回族又叫过小年,每年9月(伊斯兰教历)戒斋,10月初开斋。凡戒斋的人,每天从黎明到日落,戒除一天饮食,期满20日,寻看新月,见月即行开斋(如不见则封满30日),次日为开斋节,恢复正常饮食。新疆各族穆斯林称开斋节为肉孜节、尔代节。每年从“开斋节”那天起,后推70天即为“古尔邦”节,回族又称过大年。维吾尔族和哈萨克族把“古尔邦”节作为他们的新年。这个节日,是我国信仰伊斯兰教的回、维、哈萨克、乌孜别克、塔塔尔、塔吉克、柯尔克孜、撒拉、东乡、保安10个民族的宗教节日。

(5)傣族。泼水节是在清明节后的4月13日至15日,此时傣历为6月,是傣族新年,盛大活动就是泼水,所以叫泼水节。

(6)壮族。歌墟(歌婆节)是壮族人民盛大的歌舞节日。节日活动一般在每年农历的正月十五、三月初三、四月初八、五月十二举行。现在“三月三”的规模最大,少则两三千人,多则过万,参加歌唱的不仅有年轻人,也有老年歌手,壮歌一般分五言、七言两种,每首都是四句,既是游戏又能传递感情。

(7)白族。三月街也叫“观音市”,在每年3月15日至20日,是云南及邻县各族人民大的集市和节日,人们汇集大理,交流物资,举行赛马、射箭、歌舞等活动。

(8)彝族。火把节从农历六月二十四日起延续两三天。晚间,男女老幼点燃火把,察看田苗,并饮酒欢聚,尽情歌舞。火把游行过后,青年男女开始欢乐地歌舞直到天明,被称作“阿细跳月”。

(9)哈尼族。新年有两个:一为6月,一为10月。6月的新年也叫祭秋房或祭田节。

(10)水族。过端,水族话叫“借端”,意为过年。农历八月下旬至十月上旬，水历以农历九月为岁首，每逢“亥”日，按习惯互相往来庆祝。自 1959 年以来，水族人民把节日定在农历九月的一个亥日，举行传统的赛马和群众性的文娱活动。

四、外国主要宗教节日

1. 佛教

（1）佛诞节。农历四月初八，也叫浴佛节。这一天相传为释迦牟尼的诞生日，佛教寺院举行诵经活动并用香水洒洗佛像。

（2）成道节。农历十二月初八，相传这一天为佛祖释迦牟尼成道的日子。佛教徒在这一天举行诵经、赞颂佛祖功德等宗教活动。

2. 基督教

（1）复活节。每年春分月圆后第一个星期日为复活节，是为纪念耶稣被钉死在十字架的第三天，即复活升天日。

（2）圣诞节。公历 12 月 25 日。公元 354 年，罗马教会宣布 12 月 25 日为耶稣诞辰纪念日，现已成为信奉天主教与基督教国家的全民性的盛大节日，在欧美都举行盛大的狂欢节，放假 3 ~4 天。

3. 伊斯兰教

（1）穆圣诞节。回历 3 月 12 日，是穆罕默德诞生纪念日。节日期间有诵经、赞至、讲述先知事迹等活动。

（2）开斋节。回历 10 月 1 日，有的地区亦叫肉孜节，是在斋月结束时举行。节日期间穆斯林沐浴盛装，举行礼拜，互相祝贺，交换礼物，施舍穷人。

（3）宰牲节。回历 12 月 10 日，亦叫古尔邦节。每逢节日，穆斯林沐浴礼拜，宰牛羊或骆驼待客，相互馈赠。

五、外国民间节日

（1）巴西狂欢节。每年 2 月中下旬，为期 3 天。节日期间，在巴西的主要城市，到处张灯结彩，无论老幼，不拘平日礼节，尽情地欢乐。

(2)印度泼水节。每年阴历12月(公历2~3月),印度人民要欢度一年一度的泼水节。印度的泼水节亦叫洒红节,这是庆祝丰收的佳节。这一天,无论在城市或农村,人们打破种族、宗教的界限,尽情玩乐。

(3)情人节。这是欧美和大洋洲一些国家特有的奇异节日,在每年的2月14日这天,情侣们一起郊游,有许多引人入胜的情人舞会。熟人之间(一般为异性)互赠小礼物,并附上有祝词的小卡片等。

(4)缅甸泼水节。每年4月中旬,缅甸人民要过这一传统的节日,一般为期三四天。节日期间,城市乡村载歌载舞,男女老少互相泼水,表示涤旧迎新之意。

(5)护士节。每年5月12日是英国女护士、护理学奠基人南丁格尔的生日。她的功绩早已超出了她生活的时代与她所在的国家,现在许多国家相继做出决定,在这一天纪念她对人类社会所做出的卓越贡献。

(6)母亲节。现代意义上的母亲节源于美国。每年5月的第二个星期日,每到这一天,人们就要在胸前佩戴一枝石竹,以示对母亲的敬意;如果母亲已经去世,则要佩戴白色的石竹。这天,每个家庭和教堂都要举行各种仪式和活动。

(7)玫瑰节。保加利亚人民把玫瑰誉为“花中之王”,敬为国花。每年6月的第一个星期天,种植玫瑰的花农们都要举行具有民族特色的盛大喜庆活动,共祝玫瑰丰收。

(8)父亲节。它是由美国的约翰·布鲁斯·多德夫人倡议成立的,定在每年6月的第三个星期日。这一天,子女们都亲手做一些有纪念意义的贺卡和小礼物送给父亲,以表示崇敬的心意。

(9)敬老节。这是日本的节日,每年的9月15日,人们纷纷到退休老人家中拜贺。

(10)美国老人节,又叫(外)祖父祖母节。1978年7月,美国总统卡特正式签署了《将每年9月美国劳动节后的第一个星期日定为(外)祖父祖母节》的提案。老人节定在9月,是因为它象征人的一生正逢秋时。

(11)感恩节。美国每年11月的第四个星期日为感恩节。这个节日原是北美特有的传统节日,是喜庆丰收、增进团结的佳节。感恩节习惯吃烤火鸡。

(12)愚人节。每年4月1日,是西方也是美国的民间传统节日,是一个专门开玩笑的节日。这一天不论外出听人说话还是在家接电话,都得十分小心,否则就会上当受骗。

(13)泰国水灯节。泰历12月15日(公历11月间),是敬奉河神、喜庆丰收的节日。

(14)瑞典仲夏节。每年6月24日,是瑞典规模最大、最具群众性的传统节日。仲夏节前后是这个国家一年中阳光最充足的季节,过了仲夏之后,白天将逐渐缩短。

附　录

一、资料阅读

1. 结婚周年纪念表

如果要祝贺客人、朋友的结婚纪念日,或为此举行庆祝活动,可参照以下内容来撰写祝词、选赠贺礼:

第一年——纸婚

第二年——棉婚
第三年——皮婚
第四年——花果婚
第五年——木婚
第六年——糖婚
第七年——毛婚
第八年——铜婚
第九年——陶婚
第十年——锡婚
第十一年——钢婚
第十二年——丝婚
第十三年——花边婚
第十四年——象牙婚
第十五年——水晶婚
第二十年——磁婚
第二十五年——银婚
第三十年——珍珠婚
第三十五年——珊瑚婚
第四十年——红宝石婚
第四十五年——青婚
第五十年——金婚
第五十五年——绿宝石婚
第六十年——金刚钻婚
第七十年——白金婚

2. 交谈的“十要”与“十戒”

“十要”为：

一要使用文明礼貌语言，如“您好”“请坐”“谢谢”“对不起”“拜托了”“给您添麻烦了”之类的词句。

二要说些对方中听的话，使其高兴，以奠定交谈的心理基础。

三要有幽默感，让对方感到你谈吐高雅，富有风趣，以创造轻松活跃的交谈气氛。

四要有感情色彩，人情味浓，使人乐于接受。

五要使用简明的话语，使人一听就懂，尽量少用书面语言。

六要生动委婉，侃侃而谈，娓娓动听。

七要有新内容，富有吸引力，使人听有教益。

八要用谦虚、平等的口气，便于彼此思想感情交流。

九要掌握分寸，说话恰到好处，不要夸大其词，言过其实。

十要留有余味，订好后约，表示加强联系的愿望。

“十戒”为：

一戒说粗话、脏话，出口伤人，让人感到你没有教养。

二戒用命令的口气说话，使人感到不平等待人。

三戒讽刺挖苦，使对方感到尴尬难堪。

四戒开过火的玩笑，以免伤害对方自尊心，伤了感情。

五戒揭对方伤疤，以免引起不愉快的痛苦回忆。

六戒触及对方忌讳，以免对方不高兴。

七戒涉及对方生理缺陷，以免使对方恼火。

八戒使用对方听不懂的语言，以免妨碍互相沟通。

九戒轻诺寡信，以免被人认为不可靠、不可信。

十戒封门，以留有余地。

二、技能训练

组织联谊舞会。

方法：学生自己组织联欢会和舞会

要求：把握时机，广交朋友，注重自身形象，按规定的礼仪礼节交往。

目的:训练学生的交际礼仪、交往技巧,学会如何在短时间内与他人有效沟通,建立友谊。